中国人才研究会指导
山东省高等教育人才研究会 编

人才发展研究丛书

赵霞 著

科技人才引进发展的比较研究

中国社会科学出版社

图书在版编目(CIP)数据

科技人才引进发展的比较研究 / 赵霞著. —北京：中国社会科学出版社，2020.9

(人才发展研究丛书)

ISBN 978-7-5203-6489-8

Ⅰ.①科… Ⅱ.①赵… Ⅲ.①技术人才—人才引进—研究—中国 Ⅳ.①C964.2

中国版本图书馆 CIP 数据核字(2020)第 082994 号

出 版 人	赵剑英
责任编辑	安　芳
责任校对	张爱华
责任印制	李寡寡

出　　版	中国社会科学出版社
社　　址	北京鼓楼西大街甲 158 号
邮　　编	100720
网　　址	http://www.csspw.cn
发 行 部	010-84083685
门 市 部	010-84029450
经　　销	新华书店及其他书店
印　　刷	北京君升印刷有限公司
装　　订	廊坊市广阳区广增装订厂
版　　次	2020 年 9 月第 1 版
印　　次	2020 年 9 月第 1 次印刷
开　　本	710×1000　1/16
印　　张	19.5
插　　页	2
字　　数	320 千字
定　　价	109.00 元

凡购买中国社会科学出版社图书，如有质量问题请与本社营销中心联系调换
电话：010-84083683
版权所有　侵权必究

《人才发展研究丛书》
编委会

顾　　问　何　宪　王通讯　吴　江　余兴安　郑其绪
　　　　　张体勤　韦智敏
主　　编　齐秀生　薛永武
副 主 编　夏季亭　司江伟　刘　军　杨峰丽　江　岩
材料工作　王金凤

总　　序

　　办好中国的事情，关键在党，关键在人，关键在人才。人才是我国经济社会发展的第一资源，也是促进人类社会发展进步、增强人民富裕幸福和国家繁荣昌盛的重要推动力量。党和国家高度重视人才工作，特别是党的十八大以来，大力推动实施人才强国战略，陆续制定出台了一系列加强人才工作的政策措施，在人才培养、人才发现、人才任用、人尽其才、人才评价、薪酬激励等诸多方面，营造了良好的人才环境。

　　当今世界正处在大发展、大变革和大调整时期，我国正处在改革发展的关键阶段，新的形势和任务更加凸显了人才的重要性。从未来的发展看，加快人才发展是我们在激烈的国际竞争中赢得主动的重大战略选择。站在世界宏观的大格局下，我们必须清醒地看到，当前我国人才发展的总体水平与世界发达国家相比仍存在较大差距，与我国经济社会发展需要相比还有许多不适应的地方，高层次创新型人才匮乏，人才创新创业能力不强，人才结构和布局不尽合理，人才发展体制机制障碍尚未消除，人才资源开发投入不足，等等。

　　习近平总书记在党的十九大报告中强调指出："人才是实现民族振兴、赢得国际竞争主动的战略资源。要坚持党管人才原则，聚天下英才而用之，加快建设人才强国。实行更加积极、更加开放、更加有效的人才政策，以识才的慧眼、爱才的诚意、用才的胆识、容才的雅量、聚才的良方，把党内和党外、国内和国外各方面优秀人才集聚到党和人民的伟大奋斗中来，鼓励引导人才向边远贫困地区、边疆民族地区、革命老区和基层一线流动，努力形成人人渴望成才、人人努力成才、人人皆可成才、人人尽展其才的良好局面，让各类人才的创造活力竞相迸发、聪明才智充分涌流。"我们要认真贯彻落实习近平总书记的重要指示和十九大精神，按照中央《关于深化人才发展体制机制改革的意见》提出的要求，坚决破除束缚人才发展的思想观念和体制机制障碍，最大限度激发人才创新创造创业活力，把各方面优秀人才集聚到党和国家事业中来，构建科学规范、开放包容、运行高效的人才发展治理体系，形成具有国际竞争力的人才制度优势。

　　人才理论研究对人才发展和人才制度建设等至关重要。长期以来，中国人才研究会高度重视人才理论研究，致力于各种类型的人才研究活动。近年来组织人才强国研究出版工程，大力开展各种人才学术研讨，推出一大批优秀学术成果，为形成中国特色的人才理论体系做出了积极贡献，也为党和国家人才工作方针政策的落实以及地方人才工作的开展发挥了重要作用。近几年来，中国人才研究会加大了对地方人才研究会工作的指导力度，积极推动地方人才研究机构紧密结合社会现实问题，开展学术和应用研究，收到了很好的效果，山东省高等教育人才研究会即是其中的杰出代表。该会在中国人才研究会的具体指导下，每年围绕人才发展战略和人才学科建设等议题召开学术会议，为地方人才战略的实施和人才学科建设出计献策；坚持每年出版《人才研究》辑刊，发表国内人才研究的最新成果；举办人才研究培训班，邀请王通讯、叶忠海等国内著名人才专家做学术报告，培养人才研究后备人才；组织人才研究专家开展课题研究，多种方式进行成果交流等，积极发挥人才研究的社会作用，受到了各方面的好评。由中国人才研究会指导，山东省高等教育人才研究会组织撰写，中国社会科学出版社出版的《人才发展研究丛书》，即是近期倾力打造的人才理论研究精品，是我国人才理论研究的最新成果，可喜可贺。

　　该丛书的作者都是我国人才研究领域的骨干，集中了中国人才研究会原副会长、人才学专委会原理事长郑其绪，中国人才研究会常务理事、人才学专委会副理事长齐秀生、薛永武、司江伟等老中青三代人才研究专家，体现了人才研究队伍的传承发展。该丛书主题鲜明，立意新颖，视角多元，视野开阔，内容丰富。作者运用哲学、社会学、管理学、心理学和人才资源管理等多种研究方法，围绕实施人才强国战略、人才发展的特点和规律等，从多个角度出发，进行了多维视角的研究，探索了人才发展的一般规律和特殊规律，体现了人才研究的丰硕成果和创新突破。其中，郑其绪的《人才发展定力与活力》以特殊英才或者英才群体的成才之路为背景，对人才发展进行了探索、总结和升华，指出了人才发展定力与活力的要素、地位、作用与培养,告诉人们成才的必然规律和必由之路,启迪与引导人们尊重规律缩短成才周期;齐秀生的《人才发展的组织环境》系统论述环境对人才发展的重要作用,紧紧围绕坚持党对高校的领导、全面贯彻党的教育方针、落实立德树人根本任务,突出时代主题,突出人才发展的重点难点问题,深入系统研究了社会需求、大学教育、规划布局、基层党建、干部教育、宣教工作、思政工作、通识教育、学习教育、人才研究等内容,提出了人才发展的创新思路和措施;薛永武的《人才发展的主体性因素》运用哲学、社会学、心理学、脑科学和美学等多种研究方法,从主体性觉醒、精神个性、多元情商和创新思维等多种角度,对影响人才发展的主体因素进行跨学科和多角度的理论研究;司江伟的《人才发展的理论与实践思索》从知识经济与人才开发、人才国际化能力开发、人才发展环境评价、人才发展制度环境等多种角度,系统研究了人才培养与开发研究、人才引进与使用研究、人才评价与考核研究、人才激励与保障研究等内容;刘翠兰的《民办高校人才发展研究》在对民办高校人才队伍建设开展实证研究的基础上,比较系统地研究了民办高校管理干部发展研究、民办高校教师能力建设研究,揭示了民办高校干部队伍建设与教师队伍建设的特殊规律和一般规律;周安忠的《自我管理与人才发展》从自我管理促进人才发展的四维架构出发,系统分析人的发展、自我管理和人才的管理与发展等问题,阐明自我管理与人才发展的内在关系和外在联系,探索了新时代自我管理与人才发展的趋势与基本规律;赵霞的《科技人才引进发展的比较研究》以宏观与微观相结合的视域,从省际、城际比较的维度,对我国科技人才引进发展中的一系列理论与实践问题进行了比较深入的探讨,提出了有针对性的科技人才引进发展对策。

希望丛书的出版发行,对深入学习贯彻党的十九大精神,践行习近平总书记关于人才工作的重要论述,完善人才发展体制机制,实施人才强国战略,推动人才研究工作的开展,发挥积极的促进作用。

中国人才研究会会长 何宪

2020 年 5 月 29 日

序

"为政之要，惟在得人"；"治国之要，首在用人"。人才问题关系国运兴衰、事业成败，是自古及今的通理。真正值得思考和研究的是如何"得人""用人"的问题，即人才的识别、培养、聚焦、引进、激励等问题。无论一个国家、一个地方政府，还是一个具体的组织，都需要通过积极地培养、引进、激励和使用人才来促进事业持续发展。随着以互联网、大数据、人工智能以及新能源、新材料等新一轮高科技革命的快速崛起，创新成为当代经济社会发展的核心动力，成为改善人们生活质量的主导因素，而作为创新主体的各类科技人才，尤其是高层次科技人才已经成为各个国家、政府、企业、社会组织等竞相引进、发展的重点，一场波澜壮阔的科技人才竞争和开发浪潮正在全球范围内、在各个区域间、在各类企业中普遍展开。科技人才的竞争、流动是一个社会、区域发展活力和发展潜力的集中体现，而科技人才竞争考验的其实是一个国家、区域的经济发展活力、公共创新政策、人才成长空间、企业创新能力乃至创新文化环境等综合因素。同样地，无论是一个国家，还是一个企业或其他组织，科技人才的引进以及引进后的持续发展，也是一个从政府、社会到用人单位都需要认真对待、持续改善的现实问题。因此，科技人才引进发展问题，既是一个科技人才管理与开发中的重要理论问题，也是一个从政府到企业都必须面对的现实问题，值得认真加以研究。

改革开放 40 多年来，我国经济社会发展取得了历史性成就，特别是教育事业的改革与发展不仅显著提高了全体国民的文化素质，而且为经济社会发展培养了大量各层次、各专业的人才资源，而在体制机制改革和对外开放中形成的人才的合理流动与竞争也进一步激活了人才的创造力，成为支撑我国经济社会发展的强大动力。随着中国特色社会主义进入新时代,随着我国经济发展进入高质量发展的新阶段,特别是面对全球范围新一轮高科技人才竞争的形成,人才特别是科技人才的培养、引进和作用的发挥正在成为一个国家层面的战略问题,成为地方政府致力于经济发展的关键问题,也成为每一个企业竞争成长的核心要素。特别是在我国经济发展仍存在不平衡性和人口红利渐趋消失的双重态势下,区域之间、不同地方政府正在展开一个人口、人才尤其是科技人才的争夺战,一方面,以珠三角、长三角为代表的经济发达地区凭借优越的发展环境、良好的薪酬待遇、优异的自然环境和人文环境等正在对全国各地的人才形成一个强大的集聚效应,成为典型的"人才洼地";另一方面,以武汉、西安、深圳、青岛为代表的大城市正在依靠优越的城市环境和越来越优惠的政策积极地吸引、"抢夺"全国各类人才,甚至人口。如近年来以深圳、青岛为典型的城市引进、新办、合办高校或研究机构,就代表国内科技人才引进发展的新动向。国内各区域之间的人才竞争与流动正在重塑我国新时代经济社会发展新格局和行动力,必将产生持久而深远的影响。在此背景下,各地方政府都把引进科技人才、科技成果(招才引智)同"招商引资"(所谓"双招双引")一样,作为地方经济社会发展的关键性举措,不惜投入巨大的人力、财力和通过优惠的政策措施来招揽各类人才,成为我国地方政府间所谓"锦标赛"式竞争的新的风向标。然而,一个地方人才的培养、引进和发挥作用绝不只是一个岗位安置、物质待遇、住房优惠等方面的比拼问题,即便是科技人才引进之后,更重要的是人才留下来、待得住、发挥好的问题,或者说,科技人才的发展是一个比单纯引进更加重要也更复杂的问题。从这个角度看,地方政府招才引智一定要杜绝浮躁心态、短期效应,系统完整地来设计和实施人才引进的公共政策,尤其在改善政府公共人才服务、营造公平有序创业环境、改进区域人文环境等方面持久发力,将引进之后的持续发展和作用发挥纳入人才引进的整体规划之中,这样才能源源不断地吸引科技人才。从这个角度看,将科技人才的引进与发展整合起来,作为一个问题——科技人才引进发展——来加以系统深入的研究,也就成为一个具有很强的现实针对性和政策意涵的问题。

山东省在我国是一个经济、文化、人口大省,不仅经济总量、人口数量居全国前列,而且以儒家文化为代表的传统文化底蕴深厚,山东人向来以诚实厚道、热情大方而著称。改革开放以来,山东省的经济、教育、科技、文化、社会等各项事业蓬勃发展，总体发展水平走向全国前列。但是，随着改革进入攻坚阶段和国内外环境的变化，山东省经济、教育和科技发展面临新的挑战和问题，甚至陷入某种程度的"困境"之中，这主要表现在：经济发展持续动力不足、产业结构不合理、民营经济不发达、全社会创业创新意识滞后、营商环境不佳以及政府公共服务能力不强、官本位和人情关系浓厚，等等，内外部因素叠加导致山东各地经济发展乏力、动力不足，居民收入不高，文化积淀深厚但创新能力不强，社会发展不平衡不充分问题较为突出，各项经济社会发展指标与广东、上海、浙江、江苏等省市相比较，原有的优势正在削减，而原有的差距正在扩大。特别是山东作为人口大省，基础教育发展不够充分，高等教育发展相对滞后，各层次人才，尤其是高层次科技人才的数量和质量严重不足，成为制约山东省经济社会进一步发展的重要因素。仅以省内各地饱受诟病的"中考难"（指初中升普通高中）和"高考难"这一侧面就可反映出山东在发展中依然未能破解的一大难题，特别是在培养高层次科技人才的知名高校方面，不仅驻鲁重点大学数量有限（仅有三所，另有几所分校区），而且省属高校的整体实力与经济文化大省地位严重不匹配（如无一所省属高校入选第一轮"双一流"高校），这就使较大的人口数量不能享受较高程度的文化教育，更无法把大量人口资源培养和转化为各层次人才。更严重的是，近年来的统计显示，山东省人口呈现净流出的态势，高校毕业生在本省（本地）就业的比例不断降低且对省外毕业生的吸引和容纳能力不强，而科技人才的引进难度加大、数量有限，这些都给山东省未来经济社会发展增添了新的不确定因素。如果不能显著提高山东省的普通高中和本科生的录取率和省属高校的总体实力，如果不能进一步优化人才培养、引进和竞争的区域环境，可以预想，山东省科技人才的培养不仅难以满足经济社会进一步发展的需要，而且科技人才的引进发展也将面临更大困难，甚至在新一轮全国范围内人才竞争遭遇更大的人才流失。也正是认识到这一点，山东省从政府到民众，都表现出一种强烈的忧患意识和奋起直追的改革意识，甚至表现出某种程度的"焦虑"或"着急"，正在掀起新一轮思想解放、观念转变和改革再出发的热潮。山东省及各地方政府在推进新旧动能转换试验区建设和"双招双引"过程中，必须一方面进一步深化一切不利于人才培养、引进和使用的体制机制改革，切实转变政府职能和改进政府服务，培育"尊重人才、鼓励创新创业"的良好氛围；另一方面坚持把发展教育、培养人才与吸引人才、引进人才有机结合起来，充分发挥企业和高校在科技人才引进发展中的主导作用，努力把人口大省转变为人才强省，才能使山东在新一轮高科技革命中继续挺立潮头，在新时代高质量发展中继续走在前列。

赵霞副教授一直对人力资源管理、人才开发问题有着浓厚的理论兴趣和执着的研究热情，并长期在我校行政管理专业人才培养方面从事人力资源管理、公共部门人力资源开发等方面的教学与研究工作，具有良好的理论基础和丰富的研究经验，在人力资源管理和人才开发方面发表了许多研究成果。特别是近年来，赵霞副教授以学者的高度责任感和服务山东发展的热诚，紧密围绕山东省科技、人才强省的需要，着眼于为政府决策提供咨询服务，积极承担并完成了山东省、青岛市、东营市等多项人才研究课题，为政府决策提供了有实践价值的研究报告，并赢得了多方面赞誉。这部著作既是这些研究课题及其成果的系统化，也是赵霞副教授善于思考、勤于耕耘的具体体现。该著作以宏观与微观相结合的视域，从省际、城际比较的维度，对我国科技人才引进发展中的一系列理论与实践问题进行了比较深入的探讨，特别是基于鲁浙苏粤沪、青沪深杭比较视域进行的具体分析，最后落脚在山东省、青岛市的科技人才引进发展问题，反映出作者对山东发展问题尤其是科技人才发展问题的高度关切，希冀以自己有限的研究与见识为山东省科技人才发展贡献一份微薄之力，也为进一步加强山东省科技人才培养、引进和开发问题研究表达鼓与呼之意。尽管该著作还存在理论基础不够充分、研究的系统性和逻辑性有待加强等不足，但该著作仍不失为一部专门探讨科技人才引进发展问题的拓荒之作，值得后续研究者参考和借鉴。

我作为赵霞副教授在行政管理专业教学上年长的同事，一直见证了她的研究历程，也很高兴看到她在教学、科研上的不断成长。当该著作完成的时候，赵霞副教授"要求"我为之作序，我虽然自知没有为他人作序的资格，但为她的诚恳和勤奋所感动，只得勉为其难，借此表达一点自己作为山东人对山东省科技人才培养与引进问题的关切，也表达与赵霞副教授相互学习与共勉之意。相信并期待赵霞副教授在以后的研究中继续秉持问题导向的研究思路,努力把论文写在山东的大地上,创造出更多更有价值的研究成果。

纪光欣
2019 年 8 月 1 日

目 录

第一篇　科技人才引进发展的理论概述

第一章　导论 …………………………………………………（3）
第二章　理论概述 ……………………………………………（20）
　第一节　科技人才概述 ……………………………………（20）
　第二节　科技人才引进发展概述 …………………………（28）
　第三节　习近平关于科技人才引进发展的重要论述 ……（33）
　第四节　我国古代人才引进发展的典型案例 ……………（44）

第二篇　我国科技人才引进发展状况分析

第三章　我国科技人才引进发展基本状况 …………………（55）
　第一节　我国科技人才引进发展概况 ……………………（55）
　第二节　典型科技人才引进发展情况分析 ………………（64）
第四章　我国科技人才引进发展的政策分析 ………………（96）
　第一节　科技人才引进发展的政策界定 …………………（96）
　第二节　我国科技人才引进发展的主要政策 ……………（99）
　第三节　我国科技人才引进发展政策的完善 ……………（125）

第三篇　科技人才引进发展的比较分析

第五章　科技人才引进发展的省际比较——以鲁浙苏粤沪为例 …（133）

第一节　比较的方法与要素 …………………………………（133）
第二节　鲁浙苏粤沪高层次科技人才引进发展概况 …………（134）
第三节　鲁浙苏粤沪科技人才引进发展因素比较 ……………（139）
第四节　山东省科技人才引进发展的现状分析 ………………（164）
第五节　山东省科技人才引进发展的完善对策 ………………（177）

第六章　科技人才协同发展的省际比较——以京津冀鲁为例 …（187）
第一节　基本概念与相关理论 …………………………………（187）
第二节　京津冀鲁科技人才协同发展对比分析 ………………（194）
第三节　国内外区域人才协同发展经验借鉴 …………………（212）
第四节　京津冀鲁科技人才协同发展的路径选择 ……………（216）

第七章　科技人才引进发展的城际比较——以青沪深杭为例 …（230）
第一节　青沪深杭科技人才引进发展总体概况 ………………（230）
第二节　青沪深杭科技人才引进发展影响因素评估 …………（231）
第三节　青岛市科技人才引进发展的现状 ……………………（242）
第四节　促进青岛市科技人才引进发展的对策 ………………（254）

第八章　国外科技人才引进发展的比较分析 ……………………（258）
第一节　世界发达国家科技人才引进发展实践 ………………（258）
第二节　世界发达国家科技人才引进发展经验借鉴 …………（277）

结论 ……………………………………………………………………（282）

参考文献 ………………………………………………………………（283）

后记 ……………………………………………………………………（294）

第一篇 科技人才引进发展的理论概述

第一章 导论

一 研究背景与意义

2016年5月，习近平总书记在全国科技创新大会、两院院士大会、中国科协第九次全国代表大会上的讲话提出"为建设世界科技强国而奋斗"的号召[①]，并明确了我国要建设世界科技强国的关键是科技人才队伍的建设，"要建设一支规模宏大、结构合理、素质优良的创新人才队伍"[②]。习近平总书记指出"科技革命总是能够深刻改变世界发展格局"，"人才是创新的第一资源。没有人才优势，就不可能有创新优势、科技优势、产业优势"。[③] 科技兴的关键是科技人才，科技人才是发展之基、创新之要、竞争之本。在加快创新驱动发展、推动产业转型升级的征程中，如果缺少科技人才的引领，动力就会枯竭。随着国家"一带一路"倡议的实施，我国各地正处于经济发展、产业升级、创新创业的关键时期，人才尤其是科技人才队伍，是其不可或缺的发展智力保障。如何运营科技人才人力资本、集聚国内外高端科技人才、加快科技人才的引进并且促进他们的发展，已经成为我国国际化都市建设乃至全国完成"十三五"规划使命面临的重大课题。目前我国很多地区虽然也相继出台了一系列与科技人才相关的政策，但是实施效果仍然不够明显，无法达到预期的效果，也不能充

[①] 习近平：《为建设世界科技强国而奋斗》，2016年5月31日，新华网（http://www.xinhuanet.com//politics/2016-05/31/c_1118965169.htm）。

[②] 习近平：《习近平谈治国理政》第二卷，外文出版社2017年版，第275页。

[③] 中共中央文献研究室编：《习近平关于科技创新论述摘编》，中央文献出版社2016年版，第116页。

分发挥科技人才效能，进而影响了我国整体创新实力的提升。而位于我国东部沿海的江苏、浙江、广东等省和北京、天津、上海、杭州、深圳等地区的科技人才工作开展的却如火如荼，人才强省战略基本实现，因此，有必要对这些地区科技人才引进发展的政策制度做一对比，从而找出我国现有的科技人才政策存在的可优化与改进的空间，为我国经济快速发展助力。所以研究本课题具有以下意义：

1. 可以有助于我国引进发展科技人才，进而促进经济的持续发展。对科技人才引进发展进行研究，一方面通过对比找到我国科技人才引进发展方面的短板，提出有针对性的解决措施，加快创新创业平台建设，优化环境建设，提升人才满意度，吸引更多科技人才来我国发展，进而推动我国经济的持续发展。

2. 可以在激烈的人才竞争中占得先机。未来的竞争是发生在人才方面的竞争，谁拥有了科技人才，谁就可能成为时代的领跑者。作为"一带一路"倡议的发起国家，我国经济的发展也和世界产生了联系，成为人才争夺的角逐者。本问题有助于打开我国集聚科技人才工作新局面，突破瓶颈，加快构筑人才比较新优势，打造区域人才高地，顺利实现经济转型升级，在激烈的人才争夺战中取得先机。

3. 可以增强我国自主培养科技人才的能力。科技人才的引进只是开启了人才工作先河，要想在激烈的世界经济竞争中获得持续的动力和源泉，人才更需要自主培养和得到相应的发展。通过比较，找出我国科技人才发展之殇，加强人才自主培养的能力建设，才是解决问题之道。

二　研究思路及方法

（一）研究思路

本书遵循整体到部分，从国内到国际的研究思路，基本的分析框架是现状分析—问题剖析—完善对策。先整体分析了我国科技人才引进发展的总体概况，并就我国典型地区科技人才的引进发展现状做出分析，结合现行的科技人才政策找出其中的引进发展政策中取得的成效和存在的问题，然后结合具体省市的比较分析典型地区科技人才引进发展的现状，根据存在的问题找到解决问题的思路。具体的结构如下：

第一部分，科技人才引进发展的理论概述，包括两章内容，首先介绍了研究科技人才引进发展比较研究的背景和意义；梳理国内外的相关理论研究与应用研究，介绍论文的研究内容、研究方法和技术路线；界定科技人才的内涵与特征、科技人才成才特点和成长规律、科技人才成才影响因素，分析科技人才引进发展的概述、习近平总书记关于科技人引进发展思想和我国古代人才引进发展的典型案例。

第二部分我国科技人才引进发展状况分析，包括两章内容。主要介绍我国高层次科技人才代表类型如长江学者百人计划、杰青、院士等政策及发展现状和状况，分析我国高层次科技人才成长规律和动因，为后续科技人才的发展影响因素研究做理论上的铺垫；结合我国科技人才引进发展的政策分析找出我国在政策制度设计上的短板，以期为后文各省市如何搭建系统完善的科技人才引进发展的制度体系做顶层的设计。

第三部分科技人才引进发展的比较分析，包括四章内容。通过搭建比较指标，从引进与发展的总体情况、影响因素如职业发展因素、生活环境因素、引进与发展政策环境因素分析比较鲁、苏、浙、沪、粤五个代表性省际科技人才引进发展状况，京、津、冀、鲁四个省际科技人才协同发展战略以及青、沪、深、杭四个城际的科技人才引进发展对比情况，并结合研究结论深入剖析我国科技人才引进发展存在的问题，提出完善我国科技人才引进发展的对策建议。

（二）研究方法

1. 文献研究法：通过阅读大量的相关文献，全面、深入地了解科技人才基础理论，以使所做的研究具有扎实的理论基础和较强的说服力。在此基础上，结合学术界研究现状，科学界定科技人才的内涵、特点、分类、成长规律等；运用统计年鉴等资料，对典型地区科技人才总量、人才结构、人才效能、人才环境等进行分析并发现其存在的问题。

2. 访谈与问卷调查法：通过实地访谈及问卷调查法，对典型地区的科技人才的引进、培养、激励和保障等方面的工作进行调研比较分析，并着重分析制约我国科技人才发展的体制、机制及政策等方面存在的问题。

3. 比较研究法：运用所掌握的可靠资料，比较分析并评价国内外典型地区科技人才的差异及成因，探讨其共性和个性，提供我国科技人才引进发展方面的经验借鉴。

除上述方法外，在研究中还辅之以 SWOT、PEST 等研究工具，对比较地区的宏观环境以及自身的优势、劣势、机会、威胁等方面进行分析，为促进我国科技人才引进发展提供可资借鉴的建议。

三 国内外研究现状

(一) 国外研究现状

从20世纪50年代起，西方学者认识到了人才的重要性，并开始对人力资源成本进行了系统性的研究。与此同时涌现了很多知名的学者。"管理学之父"彼得·德鲁克（1954）在《管理的实践》一书中提出了"人力资源"概念，从企业的微观层面认识到经济发展战略中人力资源的重要地位；[1] 怀特·巴克（1958）在《人力资源功能》一书中发现人力资源职能同其他职能一样均不可忽视；[2] 美国经济学家舒尔茨（1960）认为是人的能力影响人类前途，从微观层面对人力资本的形成、发展进行了研究和探讨等。[3]

1. 人力资本理论

人力资本理论是人才引进理念的基础，也是西方发达国家意识到人才对于国家发展意义的体现。经济学家西奥多·舒尔茨（1960）最早提出人力资本理论，他认为人在经济发展中是与其他经济增长要素同等重要的一种资本，肯定了人力资本的作用；[4] 卢卡斯（20世纪80年代）又对经济发展、科技进步和人力资本关系进行界定，肯定了这三者之间的联系，将人力资本理论同经济增长理论结合起来。[5]

2. 关于科技人才引进的研究

对于科技人才引进工作的研究，各国也从未停止过脚步。国外对高层次科技人才引进的相关工作的研究主要集中在人才流动方面。S. 马赫鲁姆（S. Mahroum, 2001）对国家间人才流动类型进行了研究，在OECD区

---

[1] [美]彼得·德鲁克：《管理的实践》，机械工业出版社2009年版。

[2] Mark L. Lengnick - Hall, *Hidden Talent: How Leading Companies Hire, Retain, and Benefit from People with Disabilities*, Praeger Publishers Inc. 2007.

[3] [美]舒尔茨：《人力资本投资》，北京经济学院出版社1990年版。

[4] S. Mahroum, "Europe and the Immigration of Highly Skilled Labour, Immigraion of Highly Skilled Labour," *International Migration*, No. 5, 2001, p. 127.

[5] Adam B. Jaffe, "The 'Science of Science Policy': Reflections on the Important Questions and the Challenges They Present," *Technology Transfer*, No. 33, 2008, pp. 131 - 139.

域内把高新技术人才流动的原因归结为推拉两个因素。① 科技人才需求的最高需求，而这个需求是由工作环境和组织管理情况所决定。科技人才往往会将职业发展前景和自身能力水平进行全面分析，再考虑自身利益最大化来决定流动方向；学者马奇（2010）将人才引进过程看作移民过程；英国学者大卫·布兰德（David Brand，1973）提出成功的引进科技人才是一个国家或地区经济得以高质量发展的必要条件。

3. 关于科技人才发展的研究

科技人才的竞争在国际上也发展到白热化的程度，许多国家均已制定吸引和发展科技人才工作居住的特有政策。近年来国外对科技人才发展政策的相关研究也依然没有放松，在政策评估研究领域中，定量评估时有精彩表现。美国学者亚当 B. 贾菲（Adam B. Jaffe，2008）提倡科学地制定科技政策，认为必须通过制定指标、测量科技产出才能评估公共政策，进而最终发现政策系统变化趋势和面临的新问题。② 日本国立科学技术政策研究所学者塔达希萨·科加（Tadahisa Koga，2005）基于223家日本高科技创业公司的面板数据分析了政府提供公共研发补贴的政策和企业研发的关系，认为公共研发补贴是促进公司资助研发的有效工具，而且成熟企业对公共研发补贴的需求更强。③ E. 卡拉扬尼斯（E. Carayannis，2014）等为制定一套评估生产力、创新和竞争力的综合措施，提出基于多目标数学规划原则的定量模型，该模型具有基于完整的时间序列数据进行动态分析的能力，为每个国家和每一年的检查提供了一套总体的绩效指标，从而进行趋势分析。④ 例如美国拥有极其宽松的人才移民、签证政策，建立了开放包容的科技人才移民体系；英国推崇精英主义，给予科技人才很高的社会地位，用以吸引科技人才来英国发展；日本则通过扩招留学生方式来壮

---

① S. Mahroum, "Europe and the Immigration of Highly Skilled Labour, Immigraion of Highly Skilled Labour," *International Migration*, No. 5, 2001, p. 127.

② Adam B. Jaffe, "The 'Science of Science Policy': Reflections on the Important Questions and the Challenges They Present," *Technology Transfer*, No. 33, 2008, pp. 131–139.

③ Tadahisa Koga, "R&D Subsidy and Self-Financed R&D: The Case of Japanese High-Technology Start-UPS," *Small Business Economics*, No. 24, 2005, pp. 53–62.

④ E. Carayannis & E. Grigoroudis, "Linking Innovation, Productivity, and Competitiveness: Implications for Policy and Practice," *The Journal of Technology Transfer*, Vol. 39, No. 2, 2014, pp. 199–218.

大本国的科技人才总量;韩国为引进的国际化科技人才提供创新创业税收优惠政策;新加坡通过引进世界一流大学的师资,充实自身的教育资源,掌握优秀科研资源,将其转化为生产力,培养科技人才。

(二) 国内研究现状

"人才"一词最早出现于《诗经·小雅》,中华人民共和国成立后严格的人事管理制度,严重影响了我国人力资源管理的发展。直到近十几年我国才真正意义上对人力资源管理进行了发展与研究。虽然与国外仍存在一定的差距,但国内学者从中国的实际国情出发,吸收国外理论精髓,在人力资源管理的相关理论上也取得了一定的成就。

1. 科技人才概念、内涵

关于科技人才概念。目前学术界关于科技人才虽有大量研究,但对科技人才的定义却仍未形成统一的标准,在理解科技人才时主要以科技人才的不同要素为基础。

杜谦、宋卫国(2004)从人才特长方面对科技人才进行定义,认为科技人才是指有品德有科技才能的人、有某种特殊科技特长的人,是掌握知识或生产工艺技能的人。王蕊、叶龙(2014)从科技与人才两个范畴对科技人才进行阐述。总体上,科技人才是具备专业知识和技能、从事科技工作或与科技工作相关、对科学技术的创造传播具有积极贡献的一类人才。

首先,专业知识和专业技能,这一类观点从专业知识和专业技能的角度对科技人才进行理解,杜谦、宋卫国(2004)认为普遍意义上的科技人才是具有科技才能、科技特长,并且掌握知识或生产工艺技能的人,这一定义包含了文化知识或职业技能两方面的资格条件。[1] 在此基础上,郭强等人进一步强调了科技人才的工作领域,如郭强、张林祥(2005)认为科技人才主要包括各专业领域的高级学者、专家和知名教授,科学研究人才,工程技术人才,科技教育人才,科技管理人才,以及经济管理人才等。[2]

---

[1] 杜谦、宋卫国:《科技人才定义及相关统计问题》,《中国科技论坛》2004年第5期,第137—141页。

[2] 郭强、张林祥:《科技人才科学管理研究》,《软科学》2005年第2期,第63—65页。

其次，通过梳理发现，在认定科技人才专业知识和专业技能基础之上，学者们还强调了科技人才对社会、对科学技术和社会经济等方面的突出贡献。如苗绿等（2017）将科技人才界定为有知识或技能从事（或有潜力从事）科学研究或技术工作，具有较高的创造能力或创新能力，能为科学技术进步和社会经济发展作出突出贡献的人。[①] 高显扬、周尊艳（2019）认为科技人才是指具有专业知识或专门技能，具备科学思维和创新能力，从事科学技术创新活动，对科学技术事业及经济社会发展做出贡献的劳动者。[②]

再次，也有学者根据活动领域对科技人才的概念进行理解，如娄伟（2004）根据人才"四不唯"理念，将科技人才界定为正式或非正式从事科技工作并能在其领域做出一定贡献的工作者。[③] 叶忠海（2005）认为所谓的高层次科技人才，是指在一定的时间和空间范围内，得到同行专家评价和确认，对某领域某方面发展作出卓越贡献并处于领先地位，正在发挥引领和带头作用的高级科技人才群体。[④] 贺德方（2005）认为科学家与工程师是国际上比较通用的人力指标，其数量可以反映出一个国家或地区科技人力资源的质量，而他所指的科技人才是科技活动人员中的科学家和工程师。[⑤]

最后，还有学者将科技人才进行分类，分别进行界定，如盛楠等（2016）综合其他研究的概念阐述，以及创新驱动战略背景将科技人才分为科技创新人才和科技创业人才两类。[⑥]

总结以上观点，本书认为的科技人才是具有一定专业知识或专业技能

[①] 苗绿、王辉耀、郑金连：《科技人才政策助推世界科技强国建设——以国际科技人才引进政策突破为例》，《中国科学院院刊》2017年第5期，第521—529页。

[②] 高显扬、周尊艳：《我国高层次科技人才引进政策研究》，《合作经济与科技》2019年第1期，第99—101页。

[③] 娄伟：《我国高层次科技人才激励政策分析》，《中国科技论坛》2004年第6期，第139—143页。

[④] 叶忠海：《高层次科技人才的特征和开发》，《中国人才》2005年第17期，第25—26页。

[⑤] 贺德方：《基于知识网络的科技人才动态评价模式研究》，《中国软科学》2005年第6期，第47—53页。

[⑥] 盛楠、孟凡祥、姜滨、李维桢：《创新驱动战略下科技人才评价体系建设研究》，《科研管理》2016年第37期，第602—606页。

的，在各自领域从事科技活动或创新活动的，能够为社会、经济、科技做出贡献的群体，可以是科学家、工程师，也可以是广大的工作人员。这一定义突出了科技人才的专业性、创新性和贡献性，另外科技人才还具有稀缺性、增值性。① 王广民、林泽炎（2008）在对84名创新型科技人才的研究时发现，该类人才还具有创新意识和创新能力，深厚的专业积累与稳定的研究方向，敏锐的观察力、严谨的方法，以及系统思维能力等4个典型特质。②

科技人才的类型有很多，从不同的角度、用不同的标准可以划分出不同的类型，如易经章、胡振华（2003）以社会专业分工将科技人才划分为自然科技人才和社会科技人才；以知识结构将科技人才划分为专业型人才和复合型人才；按人才岗位的特点和职业特点将科技人才划分为科研型科技人才和应用型科技人才两大类。③ 而刘亚静等（2017）从引进和培养高层次科技人才的目的出发，将其划分为战略科学家、科技管理专家、研究科学家；从科技人才所处科学研究阶段，将其分为基础研究型、工程技术型和创新创业型高层次科技人才。④

关于科技人才的特征。郑文力（2005）认为作为科技人才应具备稀缺性、专业性、增值性的特点。刘瑞波、边志强（2014）认为具有"趋群"性和"趋外"性，即科技人才更倾向于向高新技术产业集群和国内外资企业流动的趋向。上述研究体现出了其与一般人才的不同，科技人才更加稀少、具有更高的创造性和聚集性等特点。

关于科技领军人才笔者认为领军人才除了具备一般人才的基本特质外，还需具备领导能力，对人才团队或所处行业形成带头作用。国内首次提出"科技领军人才"这一定义，是在2004年上海公共行政与人力资源研究所的"上海科技领军人才开发（实证）研究"课题。苏津津、乔英

---

① 郑文力：《论势差效应与科技人才流动机制》，《科学学与科学技术管理》2005年第2期，第112—116页。
② 王广民、林泽炎：《创新型科技人才的典型特质及培育政策建议——基于84名创新型科技人才的实证分析》，《科技进步与对策》2008年第7期，第186—189页。
③ 易经章、胡振华：《科技人才测评指标研究》，《湖南工程学院学报》（社会科学版）2003年第1期，第8—12页。
④ 刘亚静、潘云涛、赵筱媛：《高层次科技人才多元评价指标体系构建研究》，《科技管理研究》2017年第24期，第61—67页。

霞（2012）从学科领域对科技领军人才进行界定，他们认为高层次科技领军人才具有稀缺性、不可复制性、难以替代性等特点。

关于海外高层次人才引进方面。董克用（2012）认为应加快建立适用海外高层次人才发展需要的基本公共服务体系，为海外高层次人才来中国发展提供适应期；吴爱军（2009）提到在引进海外留学人才回国工作创业时，要着重解决创业机制不顺畅、信息不对称、政策和资金等方面缺少的问题。同时要帮助海外高层次人才办理落户、子女入学、配偶就业等方面的事项。

关于科技人才引进发展的政策制定方面。郑代良、章小东（2015）提出，引进发展科技人才政策应该具有国际化的视野以及开放的国际化方式，积极地挖掘、吸引、留住科技人才。不断改革科技人才管理机构，完善科研环境等方面；萧鸣政（2009）认为当下我国的科技人才引进与培养政策存在以下两个问题：一是没有与出台的政策相对应的实施措施；二是政策实施后缺乏效果评估机制。这两个问题成为制约我国提高制定科技人才引进政策质量的限制因素，应该高度重视寻找解决办法。林泽炎（2013）指出我国目前的科技人才激励和保障措施方面存在许多问题，例如在我国根深蒂固的官本位思想，导致在制定科技人才激励保障政策时出现重物质轻精神、目光短视只顾眼前利益的等问题，使科技人才激励保障措施实际效能降低，影响科技人才发展。

关于科技人才引进发展的影响因素方面。一是经济发展水平方面。杰克逊（Jackson，2005）等提出，人才国际流动的经济因素包括实现更高的收入和获得更多的经济机会。[1] 巴里恩托斯（Barrientos，2007）研究发现，发达国家的高收入和低失业率会在人才的回流抉择中产生较大的拉动作用。[2] 牛冲槐和张永胜提出，经济环境是科技人才集聚环境系统诸要素中最关键的要素，起着基础性和根本性的作用。[3] 周扬认为，人才资源的

---

[1] Jackson D., Carr S. C., Edwards M., "Exploring the Dynamics of New Zealand's Talent Flow," *New Zealand Journal of Psy-chology*, Vol. 34, No. 2, 2005, pp. 110–116.

[2] Barrientos P., *Analysis of International Migration and Its Impacts on Developing Countries*, Development Research Working Paper, 2007. pp. 1–29.

[3] 牛冲槐、张永胜：《科技型人才聚集环境及聚集效应分析——市场环境对科技型人才聚集效应的影响分析》，《太原理工大学学报》（社会科学版）2009年第1期，第10—12页。

流动是人才为实现自身价值增值而进行的市场投资和运作,收入水平是人才"留"与"流"的关键。①李灵稚和顾婷指出,一个地区的整体经济发展水平可以预示产业的发展潜力和空间,所以经济发展水平是集聚人才的重要因素。②

二是生活环境质量方面。希尔特洛普(Hiltrop,1999)指出,为人才及其家属提供良好的生活环境显得尤其重要,如提供好的子女教育以及医疗条件等。③夏皮罗(Shapiro,2006)研究表明,人力资本水平高的地区吸引高人力资本流入,很大原因是生活质量的提高。④陈振汉和厉以宁指出,社会服务体系越完善,教育水平越高,科技文化生活越丰富,医疗水平越高,这个地区就越容易集聚高端人才。⑤丛潇潇认为,为了吸引人才流入,应该为人才提供舒适、安全、便利的生活环境。王辉耀提出,人才的家庭特征,如孩子求学状况等都会影响海外人才最终的回流抉择。朱杏珍提出,加快人才集聚的重点是要切实解决人才的后顾之忧,改善人才的生活环境。⑥

三是研发投入水平方面。弗伦岑(Frenzen)认为,人才集聚受到人才集聚地对科技成果的认可程度以及科研投入的影响。⑦宋克勤发现,美国研发投入长期以来居于世界前列,R&D 投入占 GDP 的比重在 20 世纪 80 年代就超过了 2.3%;同时,R&D 人员人均经费在 1995 年就达到了 17.32 万美元,是发达国家中最高的。⑧周桂荣和刘宁指出,出国留学的

---

① 周扬:《论人才集聚》,《人才开发》2011 年第 10 期,第 127—128 页。
② 李灵稚、顾婷:《江苏省高端人才流动原因及对策分析——以高技术产业为例》,《经济与社会发展》2013 年第 3 期,第 50—54 页。
③ Hiltrop J. M., "The Quest for the Best: Human Resource Practices to Attract and Retain Talent," *European Management Journal*, Vol. 17, No. 4, 1999, pp. 422 – 430.
④ Shapiro J. M., "Smart Cities: Quality of Life, Productivity, and the Growth Effects of Human Capital", *The Review of Eco - nomics and Statistics*, Vol. 88, No. 5, 2006, pp. 324 – 335.
⑤ 陈振汉、厉以宁编:《工业区位理论》,人民出版社 1982 年版,第 3 页。
⑥ 朱杏珍:《人才集聚的动力因素分析——以浙江省为例》,《社会科学战线》2010 年第 1 期,第 280—282 页。
⑦ Frenzen P. D., "Economic Cost of Guillain Barre Syndrome in the United States," *Neurology*, Vol. 72, No. 1, 2008, pp. 21 – 27.
⑧ 宋克勤:《国外科技创新人才环境研究》,《经济与管理研究》2006 年第 1 期,第 29—33 页。

科技人才不愿回国，主要原因在于担心回国后国家科研经费不足而导致英雄无用武之地。① 张樨樨研究表明，科研因素仅次于经济因素。科研投入的增加能够改善科研环境，海外人才回国创业有了更优越的条件，更容易实现自身价值。② 周建华指出，像新加坡这样的新兴发达经济体，政府非常重视研发投入，在 1996 年以前 R&D 资金的年增长率就已达到 19%。③

四是事业平台建设方面。蔡永莲认为，想要有效地集聚优秀人才，关键在于集聚地拥有促进优秀人才不断发展的运行机制和让优秀人才大显身手的舞台。④ 阎光才提出，国内较差的科研环境是人才回归率低的主要原因。⑤ 同时，美国拥有高质量高校的数量居世界前列，根据英国《泰晤士报高等教育》2013 年度的排名，全球高校前 10 强中共有 7 所美国大学，前 200 强中有 77 所美国高校；前 300 强中，仅有 6 所中国高校。宋丰景也指出，我国只有增强高校综合竞争力，建设高水平的实验室等科研机构，才能大量引进高端人才。⑥

五是自然环境质量方面。苏特（Soete）研究了人才流动的客观原因，他认为，一个地区的自然环境越优越，人才就越愿意流入该地区。⑦ 王顺指出，空气质量、水源质量、城市绿化和地理位置等都是影响人才流动的重要因素。⑧ 曾颖认为，自然环境不仅制约和影响人才个体的生理发育和心理发展，还间接影响、制约着人才总体的数量、类型和空间分布。中国

---

① 周桂荣、刘宁：《吸引人才资源回流的经济与科技因素》，《现代财经》2006 年第 2 期，第 71—75 页。

② 张樨樨：《我国海外人才流失的动因分析》，《工业技术经济》2009 年第 3 期，第 128—130 页。

③ 周建华：《发达国家吸引海外高层次人才的主要做法》，《中国人才》2011 年第 21 期，第 56—57 页。

④ 蔡永莲：《实施优秀人才集聚战略》，《教育发展研究》1999 年第 1 期，第 28—32 页。

⑤ 阎光才：《海外高层次学术人才引进的方略与对策》，《复旦教育论坛》2011 年第 9 期，第 49—56 页。

⑥ 宋丰景：《努力打造创新创业人才成长发展的良好环境——中关村人才特区建设的实践与思考》，《第一资源》2012 年第 4 期，第 6—17 页。

⑦ Soete L., "The Impact of Technological Innovation on International Trade Patterns: The Evidence Reconsidered," *Research Policy*, Vol. 16, No. 2, 2006, pp. 101—130.

⑧ 王顺：《中国城市人才环境综合评价研究》，硕士学位论文，中国农业大学 2005 年，第 15 页。

自改革开放以来，经济得到持续快速发展，环境污染也受到越来越多的重视，尤其是近年来环境污染问题集中出现，自然环境质量不提高，吸引海外高端人才的速度就会放慢，因此，自然环境质量也是影响因素。[①]

关于科技人才引进研究。有关科技人才引进的研究主要有三个方面：一是我国科技人才引进的现状及问题；二是其他国家科技人才引进的主要做法；三是关于科技人才引进的具体对策。第一个方面，我国引进海外人才的政策发展主要有两个阶段：一是改革开放至2006年科技大会；二是2006年全国科技大会至今。经过数十年的发展，我国地方引进海外人才的政策视野更趋开放、对象更加多元、内容日趋综合、力度逐步增强、政策制定更注重协同。[②] 虽然人才引进政策正在不断完善，但仍有许多不可忽视的问题。如法维纳（2016）在分析了国家、省市和部委出台的人才计划和人才项目时，发现现行政策面临着宏观协调有待加强，缺乏统筹管理；项目设计不够深入，缺乏严谨考虑；政策执行有所偏差，缺乏有力控制；评估体系尚需完善，缺乏科学设置四个方面的问题。[③] 除了宏观层面对人才引进的高度重视外，在各地区"抢人大战"的背景下，我国各地方引进海外人才政策存在"趋同化""落地难"和"不到位"等问题。[④] 企业层面在引进高层次创新创业人才时也存在许多问题，如主导产业引才缓慢、企业引才意识不强、创业平台规模偏小、配套服务供给不足、金融资本支撑乏力等。[⑤] 而涉及具体的科技人才引进工作面临着人才引进规划不健全、缺乏动态监控体系、没有形成相对完善的绩效考核目标责任制等问题。[⑥]

---

① 曾颖：《我国城市人才环境综合评价研究——以北京市为例》，硕士学位论文，首都经济贸易大学2008年，第13页。

② 顾承卫：《新时期我国地方引进海外科技人才政策分析》，《科研管理》2015年第S1期，第272—278页。

③ 法维纳：《国内外人才项目现状分析及若干思考》，《人才资源开发》2016年第14期，第253—256页。

④ 顾承卫：《新时期我国地方引进海外科技人才政策分析》，《科研管理》2015年第S1期，第272—278页。

⑤ 杨冬生：《凝聚科技工作者力量 服务高质量发展实践》，《科协论坛》2018年第7期，第44—46页。

⑥ 梁玮：《优化环境加大高层次科技人才引进和成长研究》，《科技创新与应用》2018年第36期，第61—62页。

除了科技人才引进政策方面的问题外，当前的科技人才引进、培养与发展方面也面临着诸多问题，如在引进和培养方面缺乏科学的考核体系和评价机制、缺乏有效的激励机制和吸引机制、缺乏多样化的培养计划和培养模式等。① 我国科技人才发展面临发展规划执行力度不够、引进政策有待完善、培养力度不强、激励措施不健全等问题。②

第二个方面，是对国内外科技人才引进做法的归纳与总结，如罗剑钊（2017）总结了国外的人才政策主要有注重人才引进与留用、为高校科研创造条件、产学研联合推动人才培养、科技人才政策大众化四个方面的常用做法。③ 张兰霞等（2017）在明确海外科技人才引进政策实施的四个目的（引得进、留得住、用得好和流得动）以及海外科技人才引进政策的六个维度（招聘、使用、培养、激励、考核和退出）的基础上，采用QFD方法评价了海外科技人才引进政策的实施效果，并以辽宁省为例进行了具体评价。

第三个方面，是科技人才引进工作相关对策的研究，主要有以下几个角度。

首先是战略政策层面，该类研究从政策和战略的角度出发，从宏观层面提出了科技人才引进的对策。苗绿等（2017）在借鉴国际科技人才引进政策的基础上提出放宽留学生在华实习就业限制、改革人才体制机制、实施华裔卡制度、推动科技人才职业资格国际认证、推动创新资源向国际科技人才开放以及强化国际科技人才知识产权保护和服务等，助推我国建设世界科技强国的对策。④ 付革、王静（2017）在分析京津冀科技人才资源的流动时，针对京津冀区域科技人才资源分布失衡与流动僵化的问题，指出三地要共同解决这些问题，需以中央部署和政策统筹为龙头，以科技平台建设为抓手，遵循"市场主导、政府引导"原

---

① 涂晓群、朱毅：《科技人才引进和培养路径探究》，《科技广场》2015年第4期，第67—72页。
② 陈建武、张向前：《我国"十三五"期间科技人才创新驱动保障机制研究》，《科技进步与对策》2015年第10期，第138—144页。
③ 罗剑钊：《国外人才政策对我国优化科技人才战略的启示》，《科技创新发展战略研究》2017年第2期，第43—48页。
④ 苗绿、王辉耀、郑金连：《科技人才政策助推世界科技强国建设——以国际科技人才引进政策突破为例》，《中国科学院院刊》2017年第5期，第521—529页。

则，建设符合三地定位的科技平台，形成人才集聚效应；还需以政策激励为导向，发挥政府统筹协调作用，强化中央顶层设计，实施央地联动机制，破除行政区划和地方保护主义，提高户籍管理灵活度，引导科技人才合理有序、高效自由流动。[①] 除了实施灵活的科技人才引进政策外，还需完善人才培养机制、营造工作环境、建立科学的评价体系和激励机制，保证科技人才的活力。[②]

其次是科技人才引进的平台建设层面，如杨冬生（2018）认为加快高层次创新创业人才需组建招才引智大机构、打造招才引智大平台、拓宽招才引智大通道、规划招才引智大项目。[③]

最后是科技人才引进的路径对策，郭强、张林祥（2005）认为科技人才的引进需提前部署，还需有科学的组织机制和良好的管理体系。[④] 涂晓群、朱毅（2015）从多渠道、多层面、多形式和多途径四个方面制定了科技人才引进和培养的路径选择。[⑤] 高显扬、周尊艳（2019）在分析我国各省市科技人才引进政策的基础上，认为当前的科技人才引进工作需要做到按需引进、精准引进；要依据问题导向优化建设，引入第三方评估机制；要建立科技人才引进跟踪服务系统等建议。[⑥]

关于科技人才发展研究。关于科技人才发展的研究主要有三个方面：一是科技人才的激励机制；二是科技人才的评价体系；三是科技人才的政策体系建构。科技人才激励机制方面主要是通过对各种激励途径和手段的分析比较，构建有效的激励机制，以激发和保证科技人才的创新活力，使科技人才在竞争中得到长远的发展。如陈丹红（2006）从政府的宏观管

---

① 付革、王静：《科技人才高效流动引领京津冀协同创新》，《理论建设》2017年第3期，第31—37页。
② 陈建武、张向前：《我国"十三五"期间科技人才创新驱动保障机制研究》，《科技进步与对策》2015年第10期，第138—144页。
③ 杨冬生：《凝聚科技工作者力量 服务高质量发展实践》，《科协论坛》2018年第7期，第44—46页。
④ 郭强、张林祥：《科技人才科学管理研究》，《软科学》2005年第2期，第63—65页。
⑤ 涂晓群、朱毅：《科技人才引进和培养路径探究》，《科技广场》2015年第4期，第67—72页。
⑥ 高显扬、周尊艳：《我国高层次科技人才引进政策研究》，《合作经济与科技》2019第1期，第99—101页。

理与用人单位的微观实施两个方面入手，探讨了科技人才激励机制的有效措施。[1] 王小琴（2007）在研究高科技企业人才时，总结出企业层面的科技人才激励机制首先是竞争激励机制，其次是目标激励机制，再次是待遇激励机制，此外还有精神激励机制，最后还应重视负面激励机制。[2] 除了要加强对科技人才的激励，以激发其创造活力，还应该加强科技人才的管理，实现效益的最大化。郭强、张林祥（2005）认为科技人才的管理要针对科技人才的特点，既要服从科学技术的发展规律，又要服从科技人才成长规律，充分掌握适才适岗原则、动态管理原则、群体效果原则、有效激励原则。[3] 另外还要加强科技人才梯队建设，陈嫒嫒（2019）在分析首都科技人才梯队建设问题时提出，科技人才的梯队建设需有宏观布局，应注重发挥科技人才梯队建设的团队作用，应加强对青年科技人才的支持与培育，还应推进科技人才梯次成长的体制机制改革。[4]

各地区及各单位在科技人才的发展方面均采取积极的举措，但实践效果却难以达到预期的效果，其中对科技人才的评价评估不科学是一个重要原因。王鲁捷、侯健（2005）以科技人才的科研能效与人才的可持续发展为基本指导思想，从直接和间接绩效两个方面对评估指标进行了再设计，从投入/产出角度重构了科技人才的绩效评估指标体系。[5] 赵伟等（2012）依托胜任力模型理论与个体创新行为理论，提出了创新型科技人才评价冰山模型，该模型包括创新知识、创新技能、影响力、创新能力、创新动机和管理能力六大方面。[6] 刘亚静等（2017）以冰山模型为基础，结合高层次科技人才的素质特征构建高层次科技人才评价

---

[1] 陈丹红：《科技人才激励机制的宏观构建与微观实施》，《企业经济》2006年第10期，第34—36页。

[2] 王小琴：《高科技企业科技人才评价与激励》，《科研管理》2007年S1期，第45—51页。

[3] 郭强、张林祥：《科技人才科学管理研究》，《软科学》2005年第2期，第63—65页。

[4] 陈嫒嫒：《首都科技人才梯队现状、问题与对策研究》，《全国流通经济》2019年第4期，第59—61页。

[5] 王鲁捷、侯健：《科技人才绩效评估指标体系探讨》，《中国人力资源开发》2005年第1期，第48—51页。

[6] 赵伟、林芬芬、彭洁、包献华、屈宝强、白晨：《创新型科技人才评价理论模型的构建》，《科技管理研究》2012年第24期，第131—135页。

指标体系。以人才类型、评价目的不同划分多元化的评价应用场景，采用层次分析法确定指标权重，确定简化应用评价体系。综合考虑不同类型人才基于不同评价目的素质特征需求的多样化，提出高层次科技人才的多元评价指标体系。[①] 盛楠等（2016）结合创新驱动战略实施需求，进行科技人才评价体系建设研究，提出有关建设流程、指标体系和管理流程等内容，旨在通过优化科技人才管理流程，为创新驱动战略实施提供坚强的科技人才保障。[②] 而贾明媚等（2017）构建了包括"品德、知识、能力、业绩、影响力"五位一体的高层次科技人才评价指标体系，并采用能够凸显个体优势的竞优评析法，设计出指标权重以及相应评价模型。[③]

政策体系构建研究方面主要是对国内外科技人才发展政策进行纵向研究或横向研究，分析当前政策存在的问题及不足，并分析其原因，提出相应的优化路径。如肖志鹏（2004）对美国自建国以来不同时期的科技人才流动政策进行了探讨，并分析了其对我国经济、科技发展的启示作用。[④] 苗绿等（2017）以国际科技人才引进政策为例，指出加快世界科技强国建设，需建立具有竞争力的科技人才政策体系，具体包括放宽外国留学生在华实习就业限制，吸引全球优秀的科技人才苗子；加快人才体制机制改革，构建优秀留学人员回国引力场；实施华裔卡制度助力构建海外"科技人才银行"，促进海外华人中的科技人才回流环流；推动科技人才职业资格国际认证；进一步推动创新资源向国际科技人才开放；强化国际科技人才知识产权保护和服务。[⑤] 顾玲琍等（2019）运用专家访谈、问卷调查等方法构建科技人才政策实施效果的评估指标及权重，并运用该指标

[①] 刘亚静、潘云涛、赵筱媛：《高层次科技人才多元评价指标体系构建研究》，《科技管理研究》2017年第24期，第61—67页。

[②] 盛楠、孟凡祥、姜滨、李维桢：《创新驱动战略下科技人才评价体系建设研究》，《科研管理》2016年第S1期，第602—606页。

[③] 贾明媚、张兰霞、付竞瑶、张靓婷：《基于竞优评析的高层次科技人才评价》，《科技进步与对策》2017年第16期，第120—125页。

[④] 肖志鹏：《美国科技人才流动政策的演变及其启示》，《科技管理研究》2004年第2期，第19—21页。

[⑤] 苗绿、王辉耀、郑金连：《科技人才政策助推世界科技强国建设——以国际科技人才引进政策突破为例》，《中国科学院院刊》2017年第5期，第521—529页。

体系对上海科技人才引进政策展开实施效果评估，并结合问题及调研需求反馈，进一步提出完善建议。[①]

通过以上研究表明，上述研究普遍存在不足：其一，研究视角层面，既有研究更多侧重于从国家宏观层面，从学理性的视角来分析和探讨科技人才引进与发展的内涵、功能、构成要素以及运行机制等，但甚少契合省市发展的定位和战略视角，来分析我国如何高质量的招才引智，导致政策缺乏一定的精准性、可操作性，落地效果不佳。其二，数据论证与决策支撑的合理性和系统性欠缺。在实际人才工作中，科技人才引进发展作为一个系统性工程，涉及人才工作如何进一步优化，在数据收集、论证分析、构思设计等层面，需要调研。基于此，我国要推动高质量科技人才引进发展工作，既需要着眼于国际发展形势与人才竞争角逐的焦点，从顶层设计层面，进行战略布局和架构设计，也需要结合我国的战略定位、基础条件以及未来发展方向，以新旧动能转换为载体，拓展优势、补足短板，撬动制度杠杆的调节、激励、监督等作用，构建出科技人才引进发展工作体系，营造出效能强、支撑强的人才工作生态，继而促使人才效能充分释放和竞争能力提升，实现我国综合实力和发展水平的整体跃迁。

[①] 顾玲琍、王建平、杨小玲：《科技人才政策实施效果评估指标体系构建及其应用研究》，《中国人力资源开发》2019年第4期，第100—108页。

第二章 理论概述

第一节 科技人才概述

一 科技人才概念

（一）人才的界定

《辞海》中对人才的解释是"有才识学问的人，德才兼备的人"。我国学者对人才的定义众说纷纭，尚未形成统一的定论。叶忠海（1983）[①]认为人才是指那些在各种社会实践活动中，具有一定的专门知识、较高的技术和能力，能够以自己的创造性劳动，对认识、改造自然和社会，对人类进步作出某种较大贡献的人。王通讯（1985）[②]提出，人才是为社会发展和人类进步进行了创造性劳动，在某一领域，某一行业或某一工作上作出较大贡献的人。黄津孚（2001）[③]对人才的定义是对社会有价值的知识、技能和意志方面有超常水平，在一定社会条件下能作出较大贡献的人。罗洪铁（2002）[④]提出人才是指那些具有良好的内在素质，能够在一定条件下通过不断地取得创造性劳动成果，对社会的进步和发展产生较大影响的人。2010年4月，国家颁布《国家中长期人才发展纲要（2010—2020）》，文件中明确指出，"人才是指具有一定的专业知识或专门技能，进行创造性劳动并对社会作出贡献的人，是人力资源中能力和素质较高的

[①] 叶忠海、陈子良、缪克成、杨永清编：《人才学概论》，湖南人民出版社1983年版，第96—99页。

[②] 王通讯：《人才学通论》，天津人民出版社1985年版，第1—2页。

[③] 黄津孚：《人才是高素质的人——关于人才的概念》，《中国人才》2001年第11期，第31页。

[④] 罗洪铁：《再论人才定义的实质问题》，《中国人才》2002年第3期，第23—24页。

劳动者。"这是中央第一次以文件的形式对人才进行明确的定义。

综上可知,关于人才的定义具有以下几点共性:一是要具有较高的素质和能力;二是进行创造性劳动;三是要对社会进步和人类发展做出一定的贡献。

(二)科技人才的界定

科技人才,顾名思义是指科学技术方面的人才,是"科技"与"人才"两个概念的结合。"科技人才"至今没有一个规范统一的说法,我国较早的、较为权威的对"科技人才"的界定是20世纪80年代刘茂才主编的《人才学辞典》(四川省社会科学院出版社1987年版),该辞典中对"科技人才"做过这样的定义:"科学人才和技术人才的略语。是在社会科学技术劳动中,以自己较高的创造力、科学的探索精神,为科学技术发展和人类进步做出较大贡献的人。"这个定义是我国较早的、较权威的关于"科技人才"的定义,一直沿用至今。娄伟(2004)认为"科技人才"主要是指所有正式或非正式从事科技工作并能作出一定贡献的科技工作者。[①] 在中国科协发布的《中国科技人力资源发展研究报告》(2008)中,则认为科技人才主要包括从学历上获得中专以上的正规人员,从职称上获得技术员级以上的专业人员。《国家中长期科学和技术发展规划》中指出,科技人才是指从事或有潜力从事科技活动,有知识、有能力、能够进行创造性劳动,并在科技活动中做出贡献的人员。科技人才队伍主要包括科学研究与技术开发队伍、科技管理队伍和科技支撑队伍。

本书采取的概念出自《中国科技统计年鉴》,该书认为科技人才需要具备三个条件:一是从事科技事业;二是需要具备研究能力和专业技术能力;三是能够促进科技进步。[②] 该书认为现今我国社会存在三种类型的科技人才:一是专业技术人员,包括工程、卫生、农业、教学、科研领域;二是与国际标准中"科学技术人员"相类似的科技活动人员;三是主要负责课题研究、科技服务、科技行政管理的学术实验研究人员。综合以上研究内容可知,科技人才的定义符合人才内涵的基本特征,相对于一般意

---

① 娄伟:《我国高层次科技人才激励政策分析》,《中国科技论坛》2004年第6期,第139—143页。

② 伊博:《完善辽宁省科技人才支撑体系的对策研究》,硕士学位论文,东北大学2013年,第21页。

义上的人才，科技人才专门指从事科学技术研究活动领域的人才。

（三）高层次科技人才的界定

高层次科技人才在"科技人才"的前面加了"高层次"限定词，意味着高层次科技人才除具备"科技人才"的内涵之外，还必须具备两层内涵：第一，"高层次"意味着要出类拔萃，是专业领域内公认的杰出人才并做出过重大贡献。如两院院士、享受国务院政府特殊津贴的高级专家、有突出贡献的中青年专家、长江学者、学术和技术带头人以及国家级重大项目的负责人等公认的杰出人物。第二，"领军"意味着能够带领并培养出一支优秀的专业团队，是团队的核心和灵魂。要求其具有不断培养和发掘后备人才的能力，并能带领团队不断创新突破，推动和引领该领域的发展。关于高层次科技人才的界定，本书采纳的是山东省出台的《引进顶尖人才"一事一议"实施办法》规定，分为杰出人才和领军人才两类杰出人才。杰出人才，主要包括诺贝尔奖、格拉芙奖、沃尔夫奖、泰勒奖、菲尔兹奖、维特勒森奖、拉斯克奖、图灵奖等国际性重要科学技术奖获得者；中国科学院院士、中国工程院院士（均含外籍院士）；美国、英国、德国、法国、日本、意大利、加拿大、俄罗斯等国家最高学术机构会员；国际著名学术组织主席、副主席；全球自然指数最新排名前100位的高校与科研院所的校长（院长）、副校长（副院长）；世界500强企业总部首席技术官；其他获得国际权威机构认可的杰出人才。领军人才，主要包括：全球自然指数最新排名前100位的高校与科研院所的重点学科带头人；近5年国家科学技术奖励首位完成人；国家"万人计划"和"国家杰出青年科学基金""长江学者"等国家级人才称号获得者，且现为国家自然科学基金重点项目、国家科技重大专项、国家重点研发计划等国家级重大科技项目首席科学家或项目第一负责人；国家级技术创新平台（国家实验室、重点实验室、工程研究中心、工程实验室、技术创新中心等）首席科学家或技术负责人；经省人才工作领导小组研究，与上述人才水平层次相当的其他领军人才。[①] 本书在比较分析科技人才数量和质量时，主要从高层次科技人才来分析，研究对象是高层次科技人才。

---

① 中共山东省委组织部办公室：《引进顶尖人才"一事一议"实施办法》2017年1月4日。

二　科技人才的特点

具有较高的内在素质。主要表现在具有高目标的成就动机、优化的智能结构体系、坚韧的个性心理品格；这种内在素质能帮助科技人才保持旺盛的创造力和自主创新的能力。

价值上的珍贵性。科技人才的价值是非常珍贵的。科技人才决定了一个国家创新能力和技术革新水平，决定了其在价值上的珍贵性。

地位上的战略性。科技人才对于一个地区的发展具有战略性的意义，能够极大地促进该地区在经济、文化方面的发展进步，因此有着十分重要的战略地位。

技能上的创新性。他们分布在战略性新兴产业相关领域，在规划布局、组织管理、科技研发、设计创新、制造生产、商业运营等环节，具有较强的创新能力和研发能力。

知识上的广博性。科技人才之所以能成为战略性的人才，与其丰富的理论知识和实际操作经验是分不开的，这些知识和经验使科技人才成为一个地区更有价值、更宝贵的财富。此外，科技人才还应该具有超强的预见性和较强的创新能力，具有一定的判断力和对事件和理论内容的概括力。

三　科技人才的成才特点与成长规律

（一）科技人才的成才特点

科技人才的成才具有长周期性。这类人才的成长往往要经历长期的学习教育和漫长的科研经验积累过程，通过系统的科学知识学习、科学方法训练、科研经验积累，慢慢地经历由非人才向人才、科技人才、高层次领军科技人才的转化。

科技人才的成才具有高难度性。科技人才从事的是脑力劳动，研究的是人类未知的领域或前人研究未解决的难题，意味着需要开拓创新，因而具有高难度性。

科技人才的成才具有团队协作性。高层次领军科技人才从事的研究具有高难度性决定了其研究需要团队协作才能更好地完成。近年来的重大科研成果几乎都是靠团队协作完成的，通过组建科研团队进行科技创新已成为普遍形式，也是高层次领军科技人才成才的关键。

(二) 科技人才的成长规律

科技人才的成长呈现阶梯型渐进性的特点。所谓阶梯型指的是科技人才的成长历经学习期、适应期、成长期、成才期几个阶段，每个阶段的划分不是绝对的，是相对的，阶段之间是相互联系相互影响互相递进的，呈现渐进性的特点。在学习期，科技人才的成长要具备良好的教育背景，家庭要有良好的学习氛围，一般高层次领军科技人才出身于名校，接受过名师的指导；在适应期要接受组织和领导的指导，快速地适应组织创新的氛围，激发自己的创新潜力；在成长期要勇于接受工作任务的挑战，在实践中学习掌握科学研究的方法，提高自己的思辨和创新能力；在成才期呈现出旺盛的创造能力，可以作为团队创新的领军人物，具备攻关较高难度人物的能力。除了具有一般人才成长的规律外，更具有共生效应规律、累积效应规律、马太效应规律、海归回流效应规律。[①]

共生效应规律。共生是德国真菌学家德贝里在1879年提出来的，指不同种类的生物共同生活在一起的现象，比如海葵和小丑鱼之间的共生关系。人与人之间、人与自然之间、自然生物之间是可以相互依存、和谐、统一的命运关系。这种共生关系使每个成员都因为这个系统而获得比单独生存更多的利益，即所谓的"1+1>2"的共生效益。共生效应规律是指人民在一个群体中，群体成员的智慧、能力以及知识水平能够互相影响，从而使彼此的能力水平得到提高的效应，这种效应是潜移默化的、日积月累的、良性循环的。共生效应规律应用在科技人才的引进发展中，体现了两种含义：一是指引入一个杰出人才，可以发挥虹吸效应，吸引更多的人才加盟，从而逐渐形成一个人才群体，发挥以才引才、人才集聚的规律；二是在一个群体之中，群体成员的知识、技能、信息可以互相交流、互相影响、相互学习提高，进而促进群体成员知识能力的提高。共生效应规律一旦形成，对组织人才的集聚、成员能力的发挥会起到极大的促进作用，因此，组织应该形成一个有利于发挥科技人才共生效应的氛围和管理机制。

累积效应规律。累积本是个生物学概念，指的是刺激—反应现象，是

---

① 宋成一、王进华、赵永乐：《领军人才的成长特点、规律与途径——以江苏为例》，《科技与经济》2011年第6期，第92—95页。

指感官受到刺激时，会随着刺激时间或刺激面积的增加，反应时间缩短的现象。用在科技人才的引进发展中，首先，知识具有累积效应。人口资源、人力资源与人才资源是三个逐层收缩的金字塔，知识随着存量的增长其所蕴含的生产能力将呈倍增的扩张趋势，科技人才居于塔尖，科技人才的生成数量取决于整个人才队伍的基数。其次，科技人才的引进发展受到各种环境影响。这种环境包括政策环境、生活环境、经济环境、教育环境、发展环境，等等，环境的累积影响会随着环境的改善和积累在长时间和大空间范围显著影响到科技人才的发展。最后，会引起科技人才的回流效应和扩散效应。科技人才、资金会由落后地区向发达地区流动，引发落后地区要素流失，发展更慢；扩散效应也叫溢出效应，是指发达地区的资金和劳动力因为各种因素，向落后地区流动，促进落后地区的发展。这可以作用在区域一体化中的协同发展，当发达地区和落后地区处于一个经济体中时，经济发展过程首先是从一些较好的地区开始，一旦这些区域由于初始发展优势而比其他区域超前发展时，这些区域就通过累积过程，不断积累有利因素继续朝前发展，导致增长区域和滞后区域之间发生空间相互作用。

马太效应规律。马太效应本是个社会学和经济学的术语，本意指强者越强、弱者越弱的现象，常常用来表现社会上两极分化的现象，富的更富，穷的更穷。马太效应来源于《圣经·新约》，一个国王给了三个仆人每人一锭银子，让他们去做生意。国王出行回来后，找来三位仆人，第一位仆人说他已经用这锭银子赚了10锭，于是国王奖励他10座城池，第二个仆人说他赚了5锭银子，国王奖励给他5座城池，第三个仆人说自己怕银子丢了，就用手帕好好包好，放在贴身处。结果，国王命令将第三个仆人的1锭银子赏给第一个仆人，说："凡是少的，就连他所有的，也要夺过来。凡是多的，还要给他，叫他多多益善。"这就是"马太效应"，反映当今社会中存在的一个普遍现象，即赢家通吃。城市的竞争力决定了人才的吸引力，这就是马太效应规律在科技人才引进上的主要表现，一二线城市由于各种资源丰富、平台多、机会多，于是在城市人才争夺战中处于优势，而三四级城市由于各方面相对落后，在人才争夺中处于劣势，陷入大城市人才扎堆、小城市人才匮乏的恶性循环。"智联招聘网"《2017年大学生求职调研报告》指出应届毕业生选择的就业城市中，一线城市和新一线城市占了66.6%。"58同城网"统计数据显示，2017年全国应届毕业生就业城市选择，排名前十的城市吸引了大约22%的应届毕业生。①马太效应规律用在科技人才的发展中，表现为：知名科技专家教授在发展中得到的经费和支持比一般科技人才得到的多，越是教授和专家越是凸显这种效应，各种评奖似乎是为他们设立的。在科技人才的引进和后续的发展中，这种效应非常不利。科研经费的使用基本被垄断，少数专家成了科研寡头，实际上有些科研项目可能从立项开始到结项和某些专家没有任何关系，但是因为科研项目的人情因素，这些成果最后却归这些专家所有。

海归回流效应规律。从国际经验看，一个国家或地区当人均GDP达到5000美元时，会出现部分海外人才回流，当人均GDP达到7000美元时，就会出现大规模海外人才回流。根据人社部2016年数据，2009年至2015年我国人才引进总数达4.4万人。截至2016年底，中国留学回国人员总数达到265.11万人。仅2016年就有43.25万留学人员回国，较2012年增长15.96万人，增幅达58.48%。②为此，要引导人才往"低处"回流，重点在引得去。西部地区、贫困地区、艰苦边远地区情况特殊，要把政策和待遇大幅度向人才倾斜，不拘一格，唯才是举，才能对人才构成吸引力。人才引得进还要留得住，不仅要待遇留人，还要感情留人、文化留人、事业留人、环境留人。在工资待遇、职级晋升等方面适度倾斜，使人才的价值能得到较好回报。要主动为人才解决好子女上学、家属就业等问题，消除人才干事创业的后顾之忧。

四 科技人才成才的影响因素

科技人才成才的影响因素包括内部因素和外部因素。内部因素是人才成长的根本驱动力，外部因素是成才的重要保障，内因和外因共同作用，促进科技人才成才。

内部因素是指的人才主体的内在素质，主要有以下几个方面：第一，强烈的爱国心、事业心和责任感是科技人才成才的内在动力。这种强烈的爱国热情、事业心和责任感，转变成无穷的精神动力，使他们在平时工作

---

① 林健：《人才发展要避免"马太效应"》，共产党员网（http://www.12371.cn/）。
② 刘庆传：《权力抢抓人才"回流潮"》，《新华日报》2017年11月20日第1版。

中严格要求自己，对本职工作极端地负责任，爱岗敬业，奉献自己的聪明才智和专业知识。第二，扎实的专业知识和较强的学习能力是科技人才成才的基础条件。专业理论知识扎实，实践业务能力出众，始终保持学习的动力是成才的基本。第三，旺盛的创新思维和探索精神是科技人才成才的精神源泉。科技人才只有始终保持一颗对未知探索的好奇心，具备旺盛的创新思维，才能不断推陈出新。第四，敢于奉献和付出的团队合作意识是科技人才成长的必备要素。重大问题的解决往往需要进行多学科、大团队的综合研究，成果的获得往往是团队协作完成的，这就要求科技人才除个人的努力和奋斗之外，还必须具有团队精神和协力创新的气度。第五，持续经验的积累和良好的机遇是科技人才成才的有利条件。在科技人才的成长过程中，需要通过多种方式不断叠加、强化自身的科研优势，一般需要在专业领域内进行8—10年的科研经验积累，才能为以后的重大科技创新创造良好的基础条件。机遇是一个人的才能得以显示和发挥的机会，科技人才只有及时抓住机遇，才能更好地实现自己的理想和追求。当然机遇是留给有准备的头脑的，需有前期刻苦的努力，再加上良好的机遇才有可能取得成功。

外部因素主要有四个：家庭、学校、政府和社会因素。首先是家庭因素。和睦的家庭氛围、父母耳濡目染的读书上进的影响、衣食无忧的家庭经济条件和创新求知的家庭文化会直接刺激科技人才的求知欲和创新欲。其次是学校教育因素。科技人才的成长和成才都需要经过学校的培养和造就，良好的学校教育不仅为科技人才奠定了扎实的科技基础，也培养了成才必需的道德品质，为此各个国家都很重视教育的投入。再次是政府的政策制度环境。政府的科研政策支持是科技人才成才的坚强后盾，在政策的支持引导下，涌现出更多优秀的科技人才。最后是包括良好的自然环境、工作单位的工作环境和整个社会利于研究发展的社会环境。这可以说是保障环境，在这里面，重要的是以下几项：良好的自然环境。自然环境是影响科技人才成才的直接因素，因此要创造良好的自然环境。单位宽松的科研环境和充足的科研经费支持。科技人才进行的是脑力劳动，探索的是人类未知的领域，需要有充足的自由思考的时间。比如中国科学院实行的弹性工作制、对不同学科实行不同评估考核周期等，努力营造宽松自由的科研氛围，对科技人才的成长起到了积极的推动作用。科研仪器设备、科技数据、标本及科研文献等需要大量的资金投入，良好的科研条件是科技人才成才的基本保障，解决科技人才的经费之忧才能使其全身心地投入科研事业中。鼓励创新、宽容失败的社会氛围。创新具有偶然性和机遇性，失败是成功之母，创新的成功是来源于前期千百次失败的经历。

第二节 科技人才引进发展概述

一 科技人才引进概述

（一）科技人才引进概念

狭义的科技人才引进是指人才的招聘和录用，其中包括根据科技人才需求制订人才招聘计划、人才应聘、招聘笔试及面试、入职培训、考核以及正式入职就业。广义的科技人才引进是指除上述外，还应有的科技人才后续管理，主要指如何发挥人才的效能，使其达到引进时制定的目标，以及如何能留住科技人才，使其能够长期为我所用。本书所指的科技人才引进是指广义的科技人才引进。

（二）科技人才引进模式

1. 借助人力资源服务中介组织

即雇主们通过人力资源服务中介组织猎取科技人才。中介组织有自己强大的人才资源数据库，关系网络延伸到各个领域，并且拥有完善的科技人才引进程序。但是也存在一定的缺点，比如市场化的竞争使中介组织为追求利益鱼目混珠、滥竽充数，一些中介组织甚至存在严重的违法经营行为，提供的人才质量难以保证。

2. 借助用人单位自身影响力

即用人单位通过壮大自身规模以及经济实力或者借助媒体宣传，提高知名度，扩大其影响力，从而使科技人才主动选择。这种做法便省去了中介组织这一中间环节，节省了科技人才引进费用及时间，让人才和用人单位直接对接，提高了引进效率。但其缺点就是用人单位的虚假宣传，利用电视网络等媒体，大量投放资金进行虚假宣传，会给科技人才传递虚假信息，影响人才选择判断，导致科技人才资源浪费。

3. 借助政府力量

即借助政府现行的各种科技人才引进政策，通过给科技人才提供政策优惠的方式吸引科技人才。现在各个城市在人才引进方面相继出台了优惠政策，如近年来有突出成绩的武汉市，一再放宽的落户政策和不断提高的人才激励政策，使大批的科技人才引进到武汉。越来越多的实践证明，政府主导型的科技人才引进模式将更大范围的被推广，政府的宏观调控作用不可忽视。

二　科技人才发展概念及培养模式

（一）科技人才发展概念

根据 2016 年中共中央印发的《关于深化人才发展体制机制改革的意见》，科技人才的发展是指遵循社会主义市场经济规律和科技人才成长规律，通过改进科技人才培养、创新人才评价、畅通人才流动、强化人才激励等措施推进人才管理机制，形成科学规范、开放包容、运行高效的人才发展体系。[①]

（二）科技人才培养模式

1. 校企合作办学模式

指高校和企业利用各自的优势，在学校和企业内设立人才培训基地等，为企业培养能够适应经济社会发展需求的科技人才。这样可以节省人才从校园走进企业的这一适应过程，在校园中将知识理论进行实践检验，更有助于推进科研成果转化为经济生产动力。

2. 企业博士后工作站模式

将博士后工作站开设进企业，充分发挥工作站研究氛围浓郁、科研成果质量高、技术力量强以及企业资金雄厚、实践环境良好的优势，加快科研信息流通，促进产学结合，为国家及用人单位培养出满足现实需求的人才，同时给企业带来经济效益，提升企业的科研学术氛围。

3. 企业自办大学模式

现如今许多企业自己创办大学，吸取过去公司的成功经验，开设多方位的课程，包括讲座及专题讨论等课程的设置，购买先进管理或技能教材，增添企业中出现的现实案例，由学生一起进行分析，这样便为企业有针对性地培养了一批适合企业自身发展要求的科技人才，大幅提高企业内

---

① 中共中央：《关于深化人才发展体制机制改革的意见》2016 年 3 月 20 日。

员工素质，形成企业独有的企业文化。

三 科技人才引进发展概念

一个城市一个地区能不能吸引人才，取决于这里的环境适不适合人才的发展。本书所称的科技人才的引进发展指人才引进后的继续发展，因为引进人才靠的是政策和资金，那么，留住人才靠的就是发展和服务，本书重点探讨我国地方政府在人才引进的影响因素中，如何营造良好的职业发展、服务保障、政策环境，以确保人才引得进、用得好、留得住。这里的科技人才重点指的是高层次科技人才。

四 科技人才引进发展理论体系

（一）科技人才引进发展的内容体系

1. 科技人才"引得进"——人才的引进

科技人才的"引得进"是指在科技人才引进之初给予人才的各种物质精神奖励以求吸引人才的政策设计。它关注的是人才如何"引得进"的措施，解决的是人才回流引力的问题。良好的营商环境、出色的优质企业、强有力的科研平台是引进人才的重要因素。

2. 科技人才"用得好"——人才的发展

人才"引得进"，更要"用得好"。我国各个地方的落户、补贴只是刺激人才加入的短暂性措施，如何善用人才，人尽其才，让人才充分发挥才智和能力，才是当下政府和各部门应该思考的。主要应从制定有利于科技人才发展的政策和营造科技人才职业发展的政策和环境入手。发展性政策是指为了促进科技人才的个人发展、发挥他们的积极性、主动性、能动性，实现个人价值最大化而进行的政策设计，涉及的是科技人才"用得好""留得住"的问题。从当前的政策来看，在发展性政策方面主要包括了税收优惠、职务职称评定、投融资支持、企业技术转化支持、研发支持等政策内容。职业发展环境是影响人才引进和培养的根本因素，是促进人才集聚的引力源泉和决定因素。通常职业发展环境好的城市人才吸引能力要强。它包括经济环境、新兴产业环境、研发环境、教育环境、创业环境，等等。

3. 科技人才"留得住"——人才引进发展的保障性措施

留住人才，服务是关键。人才引进发展保障环境是影响人才引进发展的动力因素，是促进人才集聚的基本动力和必要条件。人才引进发展保障环境包括收入状况、生活成本、住房保障、医疗保障、子女教育等一些福利政策因素，为科技人才提供良好的收入和安家优惠条件，解决人才的后顾之忧。地方政府出台的政策优惠条件构成了吸引人才和培养并留住人才的政策因素。基于"人才资源是第一资源"的理念，地方政府常借助人才政策的出台来提升地区人才吸引力。人才政策环境因素是影响人才引进与培养的保障因素，是促进人才集聚的强大后盾和环境依托条件。人才引进发展政策环境包括高层次领军科技人才的界定、引进政策、培养政策、人才补贴和服务政策、创新平台建设、出入境/居留便利度，等等。

在很多时候，人才的引进和发展是相互结合的，引进中有发展作为吸引人才的条件，发展是能鼓励更多的优秀科技人才的加盟，引进发展的保障性措施也是为了更好地留住人才和用好人才，所以引进发展相辅相成，彼此促进，所以在后文分析时有时两者也放到一起分析。

（二）科技人才引进发展的有关理论

1. 人力资本理论

人力资本理论创立于20世纪60年代，由美国经济学家舒尔茨和贝克尔提出。该理论认为人力资本是体现在人身上的资本，比如知识、专业技能、健康素质等。它是区分于物质资本的。人力资本可以通过对劳动者进行开发、教育、培训从而获得人身上的知识、劳动和技能等素质。根据这个概念，我们可以从两个要素来理解：内在要素和外在要素。内在要素指人力资源质的管理，可以通过科学的方法，对人的思想、心理和行为进行有效的管理，从而调动人的主观能动性，发挥人的价值。外在要素是指人力资源量的管理。可以通过合理的培训、组织和协调，使得人力和物力达到最佳的结合，使人和物发挥最大的效应。科学家经过研究发现，对人力资本的投资回报率要远远高于对物质资本的投资回报率。所以，人力资源是第一资源，人力资本是第一资本。因此，根据这个原理，世界各国都非常重视人才，重视教育，我国各个地方的人才争夺大战也是基于这个原因。在人力资本理论的指导下，科技人才的引进不仅要重视量的增加还要注重质的提高，即真正发挥人才价值，加大对科技人才的投资，改善人的环境,加大科技人才的激励,创造条件使人才真正用得好,留得住。

2. 推拉理论

推拉理论是 D. J. 巴格内(D. J. Bagne)于 20 世纪 60 年代提出来的。他认为人口的迁移是因为向往好的生活,这是促进人才流动的"拉力",而流出地的不利条件就成了人才流失的"推力",人才的流动因为这两种力量的推动而引起。随后,E. S. 李(E. S. Lee)对推拉理论从迁移的因素、数量、流向和特征方面做了补充。在迁移因素方面,他认为存在迁出地和迁入地的经济社会发展因素,迁移的障碍是可能存在的距离、语言文化障碍以及个人原因。教育、收入会影响迁移的数量,教育越好、收入越高的地区会吸引更多人迁入。迁移的障碍因素越多迁移量越少。发展到现在,推拉理论的影响因素又增加了获得更好的发展、更好的事业、更好的教育以及更好的环境。这和本书研究的科技人才引进发展的影响因素是类似的。

五 科技人才引进发展保障因素

人才引进发展方面的法律体系建设。我国科技人才的引进发展工作主要依靠不断出台的政策文件,未正式出台的、权威的法律文件来规范人才引进工作。人才引进发展方面的法律体系建设不完善,将会导致我国在科技人才的引进发展过程中缺乏法律依据,存在人才利益落实不到位的风险,从而降低我国对科技人才的吸引力。

人才引进发展的配套制度建设。人才引进发展需要有完善的配套措施保障,做好人才的后期保障服务工作,如配偶工作、子女教育、户口问题及住房安排等,有利于增强对科技人才引进和培养的吸引力,充分激发人才的工作积极性。

人才引进的渠道拓宽,投入机制完善。出于对风险和成本的考虑,我国在人才引进方面很少使用猎头机构,造成人才引进渠道比较狭窄。此外,我国科技人才的引进发展工作以政府为主导,用人单位的作用没有得到充分发挥。这严重影响了用人单位人才引进的积极性,在一定程度上制约了科技人才对工作单位性质的选择。在人才的发展上,存在僵化模式,用才机制不灵活,没有国际竞争力,投入不足,导致人才发展不利。所以要建立多元投入机制,人才优先发展机制,具有国际竞争力的引才用才机制,强化人才创新创业激励机制,健全人才顺畅流动机制,创新人才评价机制，改进人才培养支持机制，推进人才管理体制改革。

第三节　习近平关于科技人才引进发展的重要论述

习近平总书记对科技人才问题曾发表过许多重要论述，理论界也对习近平总书记的人才思想进行了广泛而深入地研究，但探讨习近平总书记科技人才引进发展思想的文章却很少。本节就习近平总书记的科技人才引进发展重要论述做一初步探讨，以期推进我国的科技人才引进发展的工作。

习近平总书记关于科技人才引进发展的重要论述是建立在其人才思想基础上的。人才中最重要的是科技人才资源。对人才问题的论述，也就间接地论述了科技人才的思想。习近平总书记科技人才引进发展的重要论述主要包括以下几个方面的内容。

一　科技人才的地位和作用

科技人才是我国现代化建设的原动力。科技人才是我国科技创新的最关键因素。习近平总书记从历史发展的角度，高瞻远瞩地论述了科技对我国经济发展、科技进步的重要作用，他在2016年全国科技创新大会、两院院士大会、中国科协第九次全国代表大会上的讲话中指出"科技是国之利器，国家赖之以强，企业赖之以赢，人民生活赖之以好"[1]，进而指出了重视科技人才培养、发展科技和教育的必要性和重要性。"人才资源是第一资源，也是创新活动中最为活跃、最为积极的因素。要把科技创新搞上去，就必须建设一支规模宏大、结构合理、素质优良的创新人才队伍。"[2]"两院院士和广大科技工作者是国家的财富、人民的骄傲、民族的光荣"[3]。

---

[1]　习近平：《在全国科技创新大会、两院院士大会、中国科协第九次全国代表大会上的讲话》，《人民日报》2016年5月31日第1版。

[2]　中共中央文献研究室编：《习近平关于科技创新论述摘编》，中央文献出版社2016年版，第116页。

[3]　习近平：《在全国科技创新大会、两院院士大会、中国科协第九次全国代表大会上的讲话》，《人民日报》2016年5月31日第1版。

科技人才是我国参与国际竞争的核心力量。当今各国均把增强人才特别是科技人才的竞争优势作为构建国家核心竞争力的重要抓手，党的十八大以来，习近平总书记明确提出了"人才是创新的根基，是创新的核心要素"等一系列重要论述①，他的科技人才思想精准判断了"致天下之治者在人才"，将科技人才资源视为党执政兴国的根本性资源，更强调"当今世界的综合国力竞争，说到底是人才竞争"，深刻认识和准确把握国际之间的竞争的本质。为破解高层次科技人才流失带来的严峻挑战，习近平总书记以更加长远的思维谋划人才事业发展，提出"要实行更加开放的人才政策，更加积极主动地引进国外人才"②，体现出一种高瞻远瞩、务实朴素的人才观。

二 科技人才引进发展的原则

（一）爱国是首要的原则

习近平总书记强调，科技人才要有强烈的爱国情怀，这是对我国科技人员第一位的要求。科技人才只有把个人理想融入国家和民族事业，坚持报效祖国，报效人民，勇于担当，敢于创新，才能成就一番事业。数千年来，那些名垂青史的知识分子，无不是投身于国家建设之中，贡献自己的聪明才智甚至是生命。习近平总书记要求科技人才，第一要始终把热爱祖国作为自己追求的宗旨。习近平总书记谈道："科学无国界，科学家有祖国。要热爱我们伟大的祖国，热爱我们伟大的人民，热爱我们伟大的中华民族，牢固树立创新科技、服务国家、造福人民的思想，把科学论文写在祖国大地上，把科技成果应用在实现国家现代化的伟大事业中，把人生理想融入为实现中华民族伟大复兴的中国梦的奋斗中。"③ 第二要继承我国优良的传统。他指出："要继承中华民族'先天下之忧而忧，后天下之乐而乐'的传统美德，传承老一代科学家爱国奉献、

---

① 中共中央文献研究室编：《习近平关于科技创新论述摘编》，中央文献出版社2016年版，第119页。

② 习近平：《在上海召开的外国专家座谈会上的讲话》，2014年5月22日，中国共产党新闻网（http://cpc.people.com.cn/pinglun/n/2014/0609/c78779-25122442.html）。

③ 习近平：《在中国科学院考察工作时的讲话》，2013年7月17日，中国新闻网（http://www.chinanews.com/gn/2016/02-29/7777202.shtml）。

淡泊名利的优良品质。"① 第三要坚持爱国和爱党、爱社会主义相统一。习近平总书记指出："祖国的命运和党的命运、社会主义的命运是密不可分的。只有坚持爱国和爱党、爱社会主义相统一，爱国主义才是鲜活的、真实的，这是当代中国爱国主义精神最重要的体现。"② 第四要发挥艰苦奋斗的精神。习近平总书记指出："追梦需要激情和理想，圆梦需要奋斗和奉献。"③ 特别是在现如今这个竞争激烈的环境下，更需要科学家保持创新的激情，既要坐得住冷板凳，刻苦努力，坚持不懈，又要抵得住诱惑，坚守初心，牢记使命。

（二）坚持党管人才

习近平总书记在党的十九大报告中明确强调："要坚持党管人才原则，聚天下英才而用之，加快建设人才强国。"④ 党管人才是人才工作的根本原则，也是中国特色人才制度优势的集中体现。党管人才既是爱才的体现，又是吸引人才、发展人才的制度保障，是我国做好新时代科技人才工作的独特制度优势，唯有坚持党的领导和党管人才的原则，才能确保新时代科技人才工作沿着正确的方向前进，为党、国家和人民伟大事业的发展提供智力支持和人才保证。遵循党管人才原则，要做到以下几点：首先要注意"管什么"。管什么的问题决定了党管人才的总方向，管理的内容是什么？是宏观上的管、政策上管、协调上管、服务上管；也是微观上的管，是主要对象和工作重点要明确的管。"要以识才的慧眼、爱才的诚意、用才的胆识、容才的雅量、聚才的良方，广开进贤之路，把各方面知识分子凝聚起来，聚天下英才而用之。"其次要注意"如何管"。如何管的问题决定了管理的如何执行，即管理的方式方法，要会管、能管，管理要适度，管理要遵循人才成长的规律。"要按照人才成长规律改进人才培

---

① 习近平：《在中国科学院考察工作时的讲话》，2013 年 7 月 17 日，中国新闻网（http://www.chinanews.com/gn/2016/02-29/7777202.shtml）。

② 倪邦文：《知识分子要在奋斗中砥砺爱国之情担当之志》，2018 年 10 月 12 日，《光明日报》（http://theory.people.com.cn/n1/2018/1012/c40531-30336476.html）。

③ 习近平：《习近平在北京大学师生座谈会上的讲话》，《人民日报》2018 年 5 月 2 日第 1 版。

④ 习近平：《决胜全面建成小康社会 夺取新时代中国特色社会主义伟大胜利——在中国共产党第十九次全国代表大会上的报告》，《党的十九大报告辅导读本》，《人民日报》2017 年 10 月 28 日第 1 版。

养机制,'顺木之天,以致其性'。"① 再次要注意做好党管人才的考核工作。考核分两个方面:一方面,要把人才工作作为考核一把手政绩的重要指标;另一方面,要建立责任追究制,高层次科技人才引进来,没有用好,却任人唯亲、浪费人才、埋没人才,造成人才的流失,要追究领导的责任。② 最后还要注意保障条件,要想引进更多的优秀科技人才,给科技人才更多发展机遇和更大发展空间,需要通过制定政策、创新机制、改善环境、提供服务,切实为科技人才解决后顾之忧。

(三)以人为本原则

以人为本的直接解释是以人为"根本"。严格意义上说,以人为本是尊重人、发展人、爱护人、育好人、留住人,这正是科技人才引进与发展的内容范畴。习近平总书记始终坚持"以人为本"的理念,并把这种理念贯穿人才思想的始终。他在全国组织工作会议上讲道:"我们要树立强烈的人才意识,寻觅人才求贤若渴,发现人才如获至宝,举荐人才不拘一格,使用人才各尽其能。"③ 他的"以人为本"的思想表现在以人民为中心的国家发展事业中,表现在执政为民的作风建设中,表现在以人为本的教育发展事业中,表现在落实人才发展机制体制改革中,更表现在人才培养理念中。在习近平总书记看来,唯有不断彰显和突出以人为本的理念,才能更好调动起人民的积极性和创造性。让人真正成为自己的主人,成为社会的主人,成为自然宇宙中最具生命活力和创造力的主人。最根本的是遵循科技人才成长的规律,特别是对于最具有创造性和创新性的科技人才。2012 年,习近平总书记对于高层次创新型科技人才的培养就指出,要根据科技人才的特征制定有针对性的培养内容和发展途径。2014 年 6 月,习近平总书记在两院院士大会上又进一步强调了人才的培养要遵循其发展的规律,要形成与青少年的成长特征和发展规律相适应的动态发展机制,避免揠苗助长的理念。以人为本的原则要求在引进科技人才后,一是

---

① 习近平:《在中国科学院第十七次院士大会、中国工程院第十二次院士大会上的讲话》,2014 年 6 月 9 日,人民出版社单行本,第 18 页。

② 沈荣华:《习近平人才观的核心:聚天下英才而用之》,2017 年 6 月 29 日,人民网(http://theory.people.com.cn/n1/2017/0629/c40531-29370538.html)。

③ 习近平:《在全国组织工作会议上的讲话》,《十八大以来重要文献选编》(上),中央文献出版社 2014 年版,第 344 页。

要创造良好的环境。这个环境包括职业发展环境、政策环境、生活环境、经济环境、保障环境、教育环境、创新创业环境，等等。二是要实现制度设计人性化，人性化、人文化地制定关于科技人才的各项制度和行为规范，提供有竞争力的配套条件吸引科技人才的回流，解决他们的后顾之忧，让各项条件更有利于他们的发展。三是满足科技人才的需求，切实解决科技人才发展的一切障碍。最后，要坚持人尽其才、才尽其用的原则，在实践中尊重个体差异，根据科技人才的个性特点和能力水平，最大限度地挖掘其效用。

（四）扩大人才开放原则

只有一流的人才强国，才能创造一流的科技强国。人才开放是人才工作的内在要求和重要规律，习近平总书记多次强调了人才开放的重要性，总书记在浙江视察工作时就讲到"人才引进要有新思路、宽眼界、大举措，这就要有国际眼光"[①]。为了应对日益激烈的不同国家和地区科技人才竞争的现象，习近平总书记指出，"发展的中国需要更多海外人才，开放的中国欢迎来自世界各地的英才"[②]，强调"一个国家对外开放，必须首先推进人的对外开放，特别是人才的对外开放。如果人思想禁锢、心胸封闭，那就不可能有真正的对外开放"[③]。一是要求针对国际日益激烈的科技人才竞争局势，在科技人才的引进发展中要树立全球视野和战略眼光，充分开发利用国际国内科技人才资源，主动参与国际人才竞争，对标国际标准，完善营商环境，建立更加开放、更加灵活的人才培养、吸引和使用机制，不唯地域引进人才，不求所有开发人才，不拘一格用好人才，确保人才引得进、留得住、流得动、用得好。二是加强科技人才的交流和流动。科技部于2017年印发的《"十三五"国家科技人才发展规划》中，明确指出我国科技人才发展仍存在"科技人才流动渠道不够畅通，在产学研之间的流动存在制度性障碍"的问题，提出要清除人才流动障碍，完善科技人才流动配置机制，按照市场规律让科技人才自由流动。完善科

---

① 习近平：《引进人才要防止"近亲繁殖"》，《之江新语》，2013年1月17日，宣讲家网（http://www.71.cn/2013/0117/701538.shtml）。

② 《党的十八大以来习近平总书记关于人才工作重要论述摘编之一》，2014年10月23日，人民网（http://theory.people.com.cn）。

③ 同上。

技人才市场，健全法规制度，让科技人才能够自由流动，完善人才双向流动机制，科研机构和高校与企业建立产学研交流合作机制，允许科技人才去企业挂职，形成可进可出的双向流动机制。还要推动人才向基层和欠发达地区流动，鼓励科技人才出国交流与合作，创新科技人才的人才服务保障机制。

三　习近平科技人才引进思想：聚天下英才而用之

（一）聚天下英才而用之

习近平总书记的"聚天下英才而用之"是个内涵丰富、系统完整、思想深刻的理论体系，为我国科技人才引进定下了基本的战略方向，包含着科技人才引进的重要性、引进的要求、引进的方式，等等。第一，引进科技人才的重要性。要充分发挥好现有人才作用，同时敞开大门，招四方之才，招国际上的人才，聚天下英才而用之。他在上海视察工作时谈道："人才是创新的根基，创新驱动实质上是人才驱动，谁拥有一流的创新人才，谁就拥有了科技创新的优势和主导权。引进一批人才，有时就能盘活一个企业，甚至撬动一个产业。要择天下英才而用之。"[1] 第二，引进的要求。针对全球新一轮科技革命和产业变革方兴未艾，高层次创新型人才竞争日益激烈，基于新时代中国特色社会主义伟大事业的发展需要，习近平总书记敏锐地指出了科技人才引进的要求，"我们比历史上任何时期都更需要广开进贤之路、广纳天下英才。要实行更加开放的人才政策，不唯地域引进人才，不求所有开发人才"。[2] 第三，是引进的方式。习近平总书记提出"完善人才引进各项配套制度，构建具有全球竞争力人才制度体系"的战略目标。[3] 准确把握国际科技人才流向的新变化，各级党委和政府要积极探索集聚人才、发挥人才作用的体制机制，完善相关政策，进一步创造人尽其才的政策环境，充分发挥优秀科技人才的主观能动性。

---

[1]　习近平：《在参加十二届全国人大三次会议上海代表团审议时的讲话》，2015 年 3 月 5 日。

[2]　习近平：《在上海与外国专家座谈会上的讲话》，2014 年 5 月 22 日，中国共产党新闻网（http://cpc.people.com.cn/pinglun/n/2014/0609/c78779-25122442.html）。

[3]　《构建具有全球竞争力的人才制度体系》，《光明日报》2016 年 6 月 22 日第 2 版。

（二）引进海外高层次科技人才

除了对本国科技人才的重视和培养，习近平总书记也非常重视吸引海外高层次科技人才。他把引进海外高层次科技人才的重要性总结为三个必然要求，"从海外引进一批能够突破关键技术、发展新兴产业、带动新兴学科、培养创新人才的高层次人才，是顺应世界科技进步、参与国际人才竞争的必然要求，是壮大我国人才队伍、加快建设人才强国的必然要求，是提升我国自主创新能力、建设创新型国家的必然要求"[①]。为吸引更多的海外优秀人才为我国科技事业服务，要制订更加积极的人才引进计划。习近平总书记提出了三个重要原则：充分尊重、积极支持和放手使用。[②] 尊重人才是要充分认识和肯定海外高层次科技人才的重要性，让他们引得进、用得好、留得住；积极支持就是在工作和生活中给他们提供和创造有利条件，解决他们的后顾之忧，还要注意科技创新要鼓励成功、宽容失败；放手使用就是在充分认识到科技人才作用的基础上，把他们放到关键位置，调动他们的积极性、主动性和创造性，尽一切努力做到人尽其才、才尽其用、用当其时、各展所长。这些重要论述都有助于我国在更高的起点上自主创新，补齐人才短板，提高创新能力。[③]

（三）遵循国际科技人才流动规律

习近平总书记指出："要遵循国际人才流动规律，更好发挥企业、高校、科研机构等用人单位的主体作用，使外国人才的专长和中国发展的需要紧密契合，为外国专家实施才能、实现事业梦想提供更加广阔的舞台。"[④] 这一重要论述，是对引进外国科技人才工作的科学把握和理性思考，是对引进外国科技人才新思路、新举措的高度概括。科技人才流向不是自然而然发生的，受经济动力、政策环境、科研条件、生活水平等因素的综合影响，遵循规律则事半功倍，违背规律则事倍功半。这就要求我们

---

① 习近平：《要更好地发挥海外高层次引进人才作用》，2010年7月29日，中国新闻网（http：//www.chinanews.com/gn/2010/07-29/2434951.shtml）。

② 同上。

③ 赵华、要修富：《习近平科技创新人才思想研究》，《新西部》，2018年7月中旬刊，第5—6页。

④ 习近平：《在上海与外国专家座谈会上的讲话》，2014年5月22日，中国共产党新闻网（http：//cpc.people.com.cn/pinglun/n/2014/0609/c78779-25122442.html）。

深刻认识规律、尊重规律、按规律办事，不断提高引才引智工作科学化水平。① 国际人才的流动是有规律可循的，研究表明，当人均 GDP 达到 4000 美元以上，产业技术资本密集达到 60% 以上，第三产业贡献率达到 64% 以上，人才会大幅回归。当然科技人才的流动不是经济基础唯一决定的，文化、教育、环境、政策、制度等很多人文的因素也日益发挥重要作用。科技人才的引进是个系统工程，不是仅仅给予优厚的物质待遇就能让科技人才安心留下来的，更需要创造良好的营商环境、文化环境、政策环境和完善的法规制度体系，这一工作对我们来说任重而道远。

（四）重视海外科技人才引进体制机制改革

面对国际竞争新形势，习近平总书记强调要"完善外国人才引进体制机制"，并就创新和完善科技人才引进体制机制做出了重要指示，提出了一系列具体务实的改革意见，例如切实保护知识产权、保障外国人才合法权益、畅通海外人才流动机制、完善激励评价体系改革、提供良好的工作平台环境和便利的政策服务体系，切实保障他们的合法权益，使他们放心地、安心地、舒心地为我国的发展贡献力量，解决海外人才的后顾之忧。习近平总书记的思想有助于指导我们最大限度地吸纳海外优秀人才为我所用，加快打造具有全球竞争力的科技创新人才集聚中心。为了吸引更多优秀的海外科技人才，总书记强调要实施更加开放的人才政策，不唯地域引进人才，不求所有开发人才，不拘一格用好人才，切实解决外国专家来得了、待得住、用得好、流得动的目标。总书记的这些论述有助于进一步增强我国在全球配置人才资源的能力，是中国以更加积极开放的姿态融入全球人才大循环的直观体现，也是充分调动和激发外国专家积极参与我国社会主义现代化建设的制度保障，有助于加快实现海外引才用才的长效性、常态化。

四 习近平科技人才发展思想：功以才成，业由才广

（一）用好科技人才

重视科技人才，如何用好科技人才是关键。对此，习近平总书记

---

① 张建国：《引进用好外国人才》，《学习时报》，2018 年 1 月 31 日，http://theory.people.com.cn/n1/2018/0131/c40531 - 29796915.html。

2013 年在沈阳考察时，提出了"尽最大力气"的要求。① 如何"尽最大力气"？习近平总书记提出"三要"：要坚持德才兼备，以德为先；要着力破除体制机制障碍；要树立强烈的人才意识。坚持德才兼备，以德为先。这是用人的基本。习近平总书记为此提出了要坚持政治品德、职业道德、家庭美德和社会公德并重的"四德"标准，坚持用人就要以德为先，首要的就是德行。第二要着力破除体制机制障碍，"要深化科技体制改革，坚决扫除阻碍科技创新能力提高的体制障碍，有力打通科技和经济转移转化的通道，优化科技政策供给，完善科技评价体系，营造良好创新环境"②。要坚持以用为本，按需引进，重点引进能够突破关键技术、发展高新技术产业、带动新兴学科的战略型人才和创新创业的领军人才。要放手使用人才，在全社会营造鼓励大胆创新、勇于创新、包容创新的良好氛围，既要重视成功，更要宽容失败，为科技人才发挥作用、施展才华提供更加广阔的天地，让他们人尽其才、才尽其用、用有所成。各地政府在引进和发展科技人才时，不能跟风和扎堆，不考虑自己的实际情况和实际人才需求而盲目引进，需要按需引才。一是要精准识别地方和企事业单位需求。引进的科技人才要坚持"以地方经济发展为中心"，能够与地方发展"融为一体"，根据本地优势产业和战略发展规划，调研企业实际需求，制定"人才需求清单"，做到特色引进、按需引进。二是要把脉科技人才发展需求。要了解引进的科技人才的特长、学识、知识专长、技能优势，把他们放到合适的地区合适的岗位，做到人岗匹配，优势互补，根据他们的需求提供发展的支持条件和配套环境，发挥他们的积极性、主动性和创造性。三是变"人才为我所有"为"人才为我所用"。对于高层次顶尖科技人才，不一定非要花费巨额资金和财力引进，可以借用他们的智力、能力和技术优势以及人脉资源，进行技术研发、项目合作、科研指导等之类的能力引进，不求"才为我所有"，只追求"才为我所用"。这样引进的科技人才才是撬动经济飞速发展的省力杠杆。

---

① 习近平：《尽最大力气用好人才》，2013 年 8 月 30 日，新华网（http://www.xinhuanet.com/politics/2013-08/30/c_117161217.htm）。

② 习近平：《在中国科学院考察工作时的讲话》，2013 年 7 月 17 日，中国新闻网（http://www.chinanews.com/gn/2016/02-29/7777202.shtml）。

(二) 注重培养青年科技创新人才

强大的科技创新能力是实现中国梦的支撑,而科技创新潜力的培养更多地依赖于人才尤其是青年人才的培养。习近平总书记特别重视对青年科技创新人才的培养,早在2013年参加全国政协十二届一次会议中就讲道,"要完善促进人才脱颖而出的机制,完善人才发现机制,不拘一格选人才,培养宏大的具有创新活力的青年创新型人才队伍"[①]。从而为我国培养青年科技人才指明了方向和路径。习近平总书记进而指出,要将培养和选拔青年干部作为我们党的事业薪火相传的一项战略任务。青年科技人才是创新创造的生力军,是代表着科技发展的潜力和方向的,在全球经济时代,对于科技人才尤其是青年科技人才的引进和培养也已经成为各地政府科技创新的主要方式。针对习近平总书记对于青年科技人才所做出的各种重要论述,我国制订了一系列针对青年人的培养计划,例如"长江学者计划""国家杰出青年科学基金"等,还有移民政策、出入境政策的变化,扩大国外学生来我国留学的规模,以此来吸引国外的优秀青年人才。

(三) 建立完善的科技人才发展机制

一是要创新科技人才培养支持机制,加大科技人才的教育和培养。习近平总书记特别重视科技人才的培养。对此,他把科教兴国定为我国的基本国策,在不同场合多次强调要深化教育改革,推进素质教育,创新教育方法,提高人才培养质量;高校要争创世界一流学科,鼓励高校引进境外优质教育资源,举办高水平中外合作办学机构和项目。

二是要建立科学合理的科技人才评价机制。针对科技人才的知识稀缺性和性格独特性,有些是怪才奇才的特点,习近平总书记指出要"对特殊的人才有特殊的政策"[②],不要求全责备,不要论资排辈,不能用一把尺子衡量,要建立起科学合理的人才评价机制,"以实际能力为衡量标准,不唯学历,不唯论文,不唯资历,突出专业性、创新性、实用性"[③]。

---

① 习近平:《在参加全国政协十二届一次会议科协、科技界委员联组讨论时的讲话》,2013年3月4日,中国共产党新闻网(http://theory.people.com.cn/n1/2016/0405/c402884-28249531.html)。

② 习近平:《网络安全和信息化工作座谈会的讲话》,2016年4月19日,党建网(http://www.wenming.cn/djw/djw2016sy/djw2016yw/201804/t20180419_4659731.shtml)。

③ 同上。

三是要建立灵活的科技人才激励机制，根据人才所需，创新激励方式，不只局限于物质激励，更要发挥精神激励的作用。"既要用事业激发其创新勇气和毅力，也要重视必要的物质激励，使他们'名利双收'。名就是荣誉，利就是现实的物质利益回报，其中拥有产权是最大激励。"① 习近平总书记很重视对科技人才的激励措施，他认为有付出就要有回报，要让作出贡献的人才有成就感、获得感。同时他指出要探索科研成果、知识产权的归属、利益分配机制，在人才入股、技术入股以及税收方面制定专门政策。这些重要论述不仅承认了人才的创造性劳动成果，而且把人才的发展和事业发展紧密结合在一起。

四是鼓励科技人才的有序流动。人才只有在流动中才能实现最大的价值，人才资源只有在流动中才能实现优化配置。在科技人才流动上要打破体制界限，让科技人才能够在政府、企业、智库间实现有序顺畅流动。国外那种"旋转门"制度的优点，我们也可以借鉴。②

（四）营造良好的科技人才发展环境

开发和利用科技人才的关键在于创造一个有利于高素质科技人才生存、发展的制度环境。习近平总书记指出，"环境好，则人才聚、事业兴。环境不好，则人才散、事业衰"③，这里的"环境"就是指人才成长和发挥作用的各种内外部条件的总和，包括了社会环境、生活环境、生态环境和制度环境。首先是社会环境。对于科技人才而言，要"大力营造、勇于创新、鼓励成功、宽容失败的社会氛围"④。创造尊重科技人才的社会环境。在社会中树立尊重、爱护、支持科技人才的良好氛围，摒弃约束科技人才发展的旧观念，推动良好的创业环境，进一步促进人才观念的强化，从而激发全社会创新创业热情。这不仅仅是一种氛围，更是一种战略，是一种理性的态度和认识。只有这样才会激发起科技人才勇于探索的

---

① 习近平：《在中央财经领导小组第七次会议上的讲话》，2014年8月18日，中国共产党新闻网（http：//theory.people.com.cn/n1/2016/0405/c402884 - 28249531.html）。
② 习近平：《网络安全和信息化工作座谈会的讲话》，2016年4月19日，党建网（http：//www.wenming.cn/djw/djw2016sy/djw2016yw/201804/t20180419_ 4659731.shtml）。
③ 习近平：《青年科技人才要勇做创新先锋》，2008年5月4日，人民网（http：//www.most.gov.cn/kjrcgz/rcgzdt/201703/t20170328_ 132202.htm）。
④ 习近平：《深化科技体制改革增强科技创新活力真正把创新驱动发展战略落到实处》，《人民日报》2013年7月18日第1版。

创新热情,最大限度地发挥科技人才的潜能。其次是营造舒适安定的生活环境。要充分考虑科技人才在生活工作中可能遇到的实际困难,解决他们的生活需求,在生活上提供更多便利。创造良好的生活环境是科技人才创新工作的基本保障。再次是"营造良好的生态环境。打造一流的生态环境,优化创新生态,使生产要素得到合理配置,通过相互作用、相互影响,达到人才和科技的不断创新"[1]。最后是制度环境。习近平总书记指出,要让领衔科技专家有职有权,有更大的技术路线决策权、更大的经费支配权、更大的资源调动权,防止瞎指挥、乱指挥。习近平总书记遵循社会历史发展的客观规律,立足我国国情分析我国科技人才发展的社会需要,创造环境以满足科技人才的发展需要。

第四节 我国古代人才引进发展的典型案例

我国古代关于人才引进最典型的案例便是刘备"三顾茅庐"请诸葛亮出山的故事。为求得贤才放低身段,礼贤下士,尊重人才。将诸葛亮引进之后,刘备充分授权,极少干预,将诸葛亮设为"丞相",给予其极高的政治地位和权力,完善的配套措施使人才无后顾之忧。这样诸葛亮才有了充分的自主权和施展才能的广阔空间,从而为刘备"鞠躬尽瘁,死而后已",创建了割据西南的蜀国。

始于汉兴于隋废于清,历经1300余年的科举制度可以说是世界历史上最具开创性的相对公开公平的人才选拔方式,它为我国古代的统治者选拔了大量的优秀人才。隋朝统一全国后,为了巩固政权,扩大封建阶级参与政权的需要,废除了九品中正制,以科举制而代之,用考试的方式来选拔人才。普通百姓和官员都可自愿报名,通过考试按照成绩优劣选拔人才。这个时期的人才标准和人才选拔机制呈现多元化,从这个时期开始学校也成为人才成长的摇篮。[2] "科举"一词中的"科"是科目,"举"是选拔的意思,"科举"即是分科选拔人才的考试制度。科举制度不仅吸引

---

[1] 习近平:《在广东考察工作时的讲话》,2012年12月7日,中国共产党新闻网(http://theory.people.com.cn/n1/2016/0405/c402884-28249531.html)。

[2] 胡平:《我国古代人才选拔评价方法的研究》,《中国考试》2012年第3期,第50—52页。

了全国的儒学精英投身于科考的大军，奉行"学而优则仕"的理念，选拔培养了大批的优秀官员，更是吸引了东亚、东南亚、中亚、西亚各国的士子踊跃来中国应试，可以说是古代海外人才引进选拔培养的一个很重要的方式了。

门客文化是我国古代人才培养发展的一个重要方式。春秋战国时期，诸侯争霸，群雄并起，各国统治者为在群雄角逐中取得霸主地位开始招揽一些有智谋、有胆识、有才学的人才为其服务，这些人才群体便被称为门客。引进和培养的门客或有着深厚的知识结构，或有着独到的政治见解，或有着一身技艺可为主人出生入死，他们活跃于政治、外交舞台，为主人的争霸事业奔走效劳。招揽门客的统治者则负责他们的衣食住行，为他们提供优渥的学习环境进行培养，并给予表现优秀的人才以崇高的政治地位和荣华富贵。历史上著名的门客有蔺相如、冯谖、吕不韦等，他们对当时的政治格局和社会的发展都产生了深远的影响。其中吕不韦在成为秦相之后，更是召集手下门客编纂《吕氏春秋》一书，内容包罗万象，为历史文化的传承和发展做出了重大贡献。

书院制度是我国古代封建社会中的一种特色教育制度，为我国封建时期学术文化的发展和人才的培养起到了巨大的推动作用。书院制度在唐朝开始萌芽，兴盛于宋朝，在清朝之后随着封建制度的瓦解和科举制度的废除而退出历史舞台。最初的书院是官办的收藏、校勘书籍的场所，不具备教育功能。北宋统一全国之后，随着社会的稳定和经济的发展，国家需要大批人才，私人创办书院的风气便兴盛起来，满足了广大士子读书的需求，也得到了北宋政府的大力支持。学者们在书院进行讲学，开展学术讨论，其中最著名的便是朱熹邀请陆九渊来白鹿洞书院讲学的故事。书院逐渐发展成为教育活动中心，为我国古代学术的发展和人才培养做出了重大贡献。

1. 科技人才引进发展的前提——孔子的识人观

为了更好地引进科技人才和发展人才，首先要有伯乐的眼光和培养人才的卓见。提到伯乐的眼光，我们不得不提到孔子。1988年，75位诺贝尔奖的获得者在巴黎集会，会议结束后发表联合宣言，呼吁全世界"人类如果要在21世纪生存下去，就必须回首2500年前，去孔子那里汲取智慧"。孔子作为伟大的思想家、教育家、政治家，有着丰富的人才管理思想，尤其是他关于识人的观点，值得我们现代企业学习和借鉴。孔子识别人才的原则可以用他的一句话总结为：毋意，毋必，毋固，毋我。① 意思是做事情不能凭主观臆测，不绝对偏执，不固执己见，不唯我独尊。要求选拔人才的管理者和团队领导，要有境界和胸怀，不求全责备，要善于包容和用人所长。

毋意，孔子认为，引进人才首先为识别人才。识别人才不要拘泥于过去的主观臆猜，选拔人才应坚持"无求备于一人"②的原则。孔子曾给予生活不检点的卫国大夫孔文子以充分肯定，此事遭到学生子贡的反击，孔子给以解释说孔文子敏而好学，不耻下问，所以给他以"文"这个谥号。毋必，孔子认为贤才不必是无暇之人，可以不完美，不必固守人才的缺点，所以孔子说："成事不说，遂事不谏，既往不咎。"③ 过去的就过去了，不要紧抓住不放。毋固，选择人才不要囿守于过去的小事，"人洁己以进，与其洁也，不保其往也"④。人家把自己的缺点改正了，要求进步，就不必去追究其过去的污点。他以管仲为例，极力肯定管仲的丰功伟业，认为他虽缺少德，但他以外在事功消除了民众在乱世中的痛苦，甚至献身，这比那些把号称显德却封闭在个体生命心性之域的人要高大得多，辩证地把管仲推举为"仁人"。毋我，在选拔人才上，孔子提倡民主选举而不是局限于自己的宗亲血缘关系，要赦免小过，不要有自私之心。他说："尔所不知，人其舍诸。"⑤ 要不拘一格选拔人才，每人都把自己熟悉的贤才推举出来，而且是自下而上的推举，不是由上面圈定。关于如何对待人才，孔子提倡设身处地为人着想，他说："己所不欲，勿施于人"⑥；"不患人之不己知，患不能也"⑦。要理解别人而不要苛求别人，要站在别人的立场上而不是囿于自我去评价一个人，不要把自己的喜好强加给别人。在科技人才管理中要搞好组织的整合力与凝聚力，领导者同样应坚持

---

① 《论语·子罕》。
② 《论语·微子》。
③ 《论语·八佾》。
④ 《论语·述而》。
⑤ 《论语·子路》。
⑥ 《论语·卫灵公》。
⑦ 《论语·宪问》。

"己所不欲，勿施于人"的思想，搞好内部协调是提高战斗力的内在因素。用人不要求全责备，诸葛亮对人才求全责备，希望人才像自己一样样样俱全，结果放逐李严、廖立等偶犯小错误的人才，使这些大才不能为蜀国的发展贡献力量，结果诸葛亮死后，蜀国人才匮乏，成了三国中最早灭亡的国家。科学研究要有容错机制，要给予时间，宽容失败，如果经常有"眼里容不进沙子"的思想，因为一次错误就把科技人才打入冷宫，致使科技人才挂冠离去，加盟另一个企业却如鱼得水，成为本企业的强劲对手。"水至清则无鱼"，我们必须摒弃这种求全责备的错误做法，在识人上做到"毋意，毋必，毋固，毋我"，才能留住优秀的科技人才为我所用。

引进科技人才的过程就是一个观察、了解、认识、评价人的过程，是一个复杂的过程，关于如何在过程中发现和培养人才，孔子的建树颇丰，可以用我们中医上的"望闻问切"四个字做一下总结。

所谓"望"，就是要观察人才的行为，通过日常生活和复杂的工作情况来侧面观察人才。孔子说识人要"观其行"[1]。孔子之所以认为"观其行""望"非常重要，是从他生活经验中总结来的。因为宰予擅长言谈，孔子一度认为他非常勤奋好学，结果发现宰予白天睡觉非常怠散，得出结论"听其言"还要"观其行"[2]，注重从行为中观察评价他人。他对"望"有具体的要求：第一，不能以貌取人。他曾自责说，"以貌取人，失之子羽。"[3] 第二，不能以出身取人。他说："犁牛之子骍且角，虽欲勿用，山川其舍诸？"[4] 英雄不问出身，重要的是要品德高尚和才干突出。第三，要客观公正，不能人云亦云，众口铄金。他说："众恶之，必察焉；众好之，必察焉。"[5] 评价人要有自己的德才标准，要客观公正，不能人云亦云，要细心观察。第四，要加强特殊情况下的观察：在面临艰难时表现如何？他认为贤人要能经受得住社会的磨炼："岁寒，然后知松柏

---

[1] 《论语·卫灵公》。
[2] 《论语·公冶长》。
[3] 《史记·仲尼弟子列传》。
[4] 《论语·雍也》。
[5] 《论语·卫灵公》。

之后凋也。"① 从一个人在犯了错误时的表现，可以评判他是一个怎样的人，从一个人对过错的反应，可以测知他是否严格要求自己："观过，斯知仁矣。"②

闻，就是"听其言"。孔子认为，一个人的言谈，常常可以反映其秉性、知识水平和思想水准，可以从言谈上来判断一个人的性格、学识、能力、经验、职业道德等。孔子认为，应从听其言开始，言为心声，不能通过人的语言来分析人的思想，就无法了解人。他说："不知言，无以知人也。"③ 言为心声，要深入地了解一个人就要"听其言"。如何听一个人的言论分析他是否是个人才，首先，要看他在众人里面的言谈是否有分量、有影响力。孔子还说过："群居终日，言不及义，好行小慧，难矣哉！"④ 意思是，同大家整天在一块儿，话说不到点子上，只喜欢卖弄小聪明，这种人难有作为。其次，英雄不问出处。孔子不以人的出身判断人是否贤能。再次，闻之要客观公正，不"一言而蔽之"⑤。不能仅凭一个人说的好听就推举他，也不能因为一个人不好，而抹煞他讲得正确的话，即孔子提出的"君子不以言举人，不以人废言"。⑥

问，除了"听其言，观其行"来识别一个人之外，孔子还非常重视在实践中调查和询问的作用，通过富有成效的"问"，大致了解对方的常识、知识、技能。孔子特别推崇民意调查。他认为通过调查民意可以得知一个人的素养，并将其作为评价历史人物的根据。他说："齐景公有马千驷，死之日，民无德而称焉。伯夷、叔齐饿于首阳之下，民到于今称之。"⑦ 对于众人的言论不要偏听偏信，要做到对一个人一定要全面地进行分析和了解，不能因为众人的看法和意见而看错人，"不如乡人之善者好之，其不善者恶之"⑧。这就是说，凡是大家都不喜欢的人，一定要深入了解是什么原因；凡是大家都很喜欢的人，也一定要深入了解是什么原

---

① 《论语·卫灵公》。
② 《论语·里仁》。
③ 《论语·尧曰》。
④ 《论语·卫灵公》。
⑤ 《论语·为政》。
⑥ 《论语·卫灵公》。
⑦ 《论语·季氏》。
⑧ 《论语·子路》。

因。在现实科技人才引进与评价中通过设置情景模拟或者商业实战、无领导小组等方式考察一个人在具体工作情景中的反应，考察他的学识、品德、思想、心理、性格以及各方面的能力，运用行为描述面试法询问和聆听人才过往的工作经验以及必须具备的各方面的素质，运用行为描述面试法注意要符合 STAR 法则，即为 Situation Task Action Result 的缩写，具体含义是：Situation：事情是在什么情况下发生；Task：如何明确自己的任务；Action：针对这样的情况分析，采用了什么行动方式；Result：结果怎样，在这样的情况下学习到了什么。通过这种方式考察一个人的素质，也可以问一下他过往的工作经历和做一下背景调查，对其工作表现、职业操守等有代表性的问题应向其所在的原公司 HR 或上级主管进行核实求证。

切，但不能"以言举人"，他还指出，了解人仅听其言、考其所为还不够，还应进一步地"观其所由，察其所安"①，即还要看他为什么这样做，他这样做的出发点在哪里，还要观察他做了什么事后是否内心淡定。如果能这样步步深入，从外到里地彻底了解，那么任凭一个人的本事再大，也无法掩盖他的真面目。就冰山素质模型来看，我们了解冰山上面的很容易，比如一个人学历、知识、技能，但是对于冰山下面的素质就比较难以了解，在招聘中我们借助于专业的测评工具，比如 MBTI、16PF、菲尔人格测试、心理测验等，测试后电脑会自动生成"切脉报告"，这可以作为选拔和发展科技人才的依据，结合望闻问的结果识别人才。现在人才测评在世界 500 强企业中的普及率已达到 80%，效度和信度比较强。

所谓为治以知人为先。识别人才是引进发展人才的第一步，只有具备识人之力，才能用人所长。三国时期刘备与诸葛亮之区别也在于能否识人和用人所长，刘备善于识人，三顾茅庐请到了"一介农夫"诸葛亮；聪明无人能及、兵术无人能匹如诸葛亮，却因为缺乏了识人之法而错用只会纸上谈兵的马谡而兵败街亭。可以说，非知人不能善其任，非善任不能谓知之。所以孔子的识人之法也为我们现代所提倡，在识人的原则上要"毋意，毋必，毋固，毋我"，在识人的过程上把握"望、闻、问、切"，深入了解员工的所思所想，分析科技人才的心理与行为的变化，把握人才的个性差异，知人善用，因人设岗，人岗匹配，用人所长，国家兴旺指日

---

① 《论语·为政》。

可待。

2. 科技人才发展主要方式——王安石的人才培养观

王安石（1021—1086），字介甫，抚州临川（今江西临川）人，北宋时期唯物主义思想家、政治家和文学家。他的著作大部分收录在《临川集》《临川集拾遗》里，今人编有《王文公文集》《王安石全集》等。其中蕴含着丰富的人才培养观念，对我国现在科技人才培养有着重要的启示。

（1）国以任贤使能而兴，弃贤专己而衰——发展科技人才先从重视人才做起。

王安石通过对复杂的社会现实问题的考察，以敏锐的政治眼光看到了社会的主要症结在于人才太少而不是人才太多，"方今天下之才不足故也"[1]，"一路数千里之间，其能讲先王之意以合当时之变者，盖阖郡之间，往往而绝"[2]。认为要除弊兴利、改革发展，就需要有大量的人才。他说"国以任贤使能而兴，弃贤专己而衰"[3]。因此他大声疾呼："方今之急，在于人才而已。"[4] 所以，科技人才发展首先要树立人才第一的观念，从根本上重视人才，把科技人才放在一个战略核心的位置，谋为人才先，才能做好相关的科技人才培养工作。

（2）古之取士，皆本于学校——发展科技人才要重视教育。

他认为人的先天禀赋不能直接决定人的才能大小，而后天的学习才是一个人智力发展的决定性因素。王安石曾举出江西金溪县农村的一个超常儿童方仲永的事例来说明问题。王安石认为一个人的才智与能力的发展是离不开"受之天"与"受之人"两方面。王安石认为解决人才培养之问题，要抓源头，即抓学校教育。王安石认为学校是人才培养的基地，而教育是造就人才的根本途径。他说，古之取士，皆本于学校，不兴学校而想得到人才，那是缘木求鱼。因此，学校教育必须予以整顿。对于我们科技人才培养与发展，则要重视科技人才的学历教育、在职培训，划归专项经费用于科技人才的培训，把人才看成蓄电池而不是干电池，重视科技人才

---

[1] 王安石：《上仁宗皇帝言事书》。
[2] 同上。
[3] 王安石：《兴贤》。
[4] 王安石：《上仁宗皇帝言事书》。

的投资和持续开发,强调建立学习型组织和学习型个人,以求知识得到共享,科技人才素质得到持续的提高。

(3) "约之以理"和"裁之以法"——发展科技人才要从制度上保证。

王安石非常痛恨朝中"虽闲者在位,能者在职,与不肖而无能者殆无以异"① 的现实。他认为这一切都祸源于科举制度的取士标准,故对之进行猛烈的抨击,认为要抓根本,要从制度方面为人才的培养予以保障。王安石积极进行取士标准的改革,以期达到从制度上对人才进行引导并予以保障的目的。要培养和发展创新型的科技人才,充分发挥人才优势,就必须以完善的制度作为保障。组织要以开发和管理好科技人才为目标,建立健全能够充分调动科技人才积极性的分配机制和考核评价体系,使科技人才充分感受到组织对人才的重视,增强企业对人才的吸引力,同时也通过分配激励机制和考核评价体系督促科技人才不断学习进步,充分发挥才能积极工作。

(4) 居则以是习礼乐,出则以是从战伐——发展科技人才要以实用为本。

王安石认为学校教育应坚持"苟不可以为天下国家之用,则不教也;苟可以为天下国家之用者,则无不在于学"② 的实用性原则。使国家日常生活中必须得"礼乐刑政""皆在于学"。这其中尤为重要的是文武之间的关系问题。王安石认为要文武并重,对士进行"居则以是习礼乐,出则以是从战伐"的实用性教育,使"骑射行阵之事"成为学校之必修,改变那种"士耻于执兵",守疆卫国大事托于"奸悍无赖之人"的危险局面。2010年我国出台的第一个国家人才中长期规划中就提出了"人才以用为本",其实就是实现"人尽其才"的大方针,具体在科技人才发展中,就是要注重应用型、实用型倾向,保证人才能够把时间、精力用于创新、科研。在科技人才进行职业技术教育的同时,开展职业能力的培训、职业技能鉴定和职业资格考试,彻底改变重学历轻能力的倾向。突出能力培养目标,即以训练科技人才解决问题的实际能力为首要目标,使科技人

---

① 王安石:《上仁宗皇帝言事书》。
② 同上。

才在较高的学习兴趣中,提高专业技术与管理能力。

(5) 使其久任——发展人才要给予时间。

王安石认为,要一个人真正发挥自己的才能,就要"使其久任"而不"数徙"。"久任"不但能够使人发挥特长出成果,而且也能检查人是否称职而决取舍。但必须指出,王安石所主张的"使其久任"不是什么"终身制",不是目的而只是措施,不是让不肖者久任,而是通过"久任"使不肖者之罪至于著而免之,使贤者之功及于成而进之。使其久任还可以使其主张、政策具有一贯性、连续性以不致于朝令夕改,一事无成。他说:"智能才力之士,则得尽其智以赴功,而不患其事之不终,其功之不就也。偷惰苟且之人,虽欲取容于一时,而顾谬辱在其后,安敢不免乎!若夫无能之人,固知辞避而去矣。居职任事之日久,不胜任之罪,不可以幸而免故也。"① 所以,在培养科技人才上,要杜绝对短期效应的追求,使人才致力于长远规划,实现可持续发展。

---

① 王安石:《上仁宗皇帝言事书》。

第二篇 我国科技人才引进发展状况分析

第三章 我国科技人才引进发展基本状况

第一节 我国科技人才引进发展概况

一 我国科技人才引进计划概况

自1994年以来，我国实行了多项科技人才引进计划，在科研条件、薪资待遇、生活保障、金融税收等方面提供最大限度的政策倾斜和优惠措施，吸引了一大批优秀海外科技人员回国发展。高层次科技人才引进是我国人才引进体系的重要组成部分。海外科技人才是促进我国自主创新能力提高的重要资源。我国政府政策有助于在全球网罗和储备科技人才，引进科技人才队伍，形成全球科技人才集聚机制。

我国科技人才的引进计划包括中科院的"百人计划"，教育部的"长江学者奖励计划"，这在下面第二节会有分析，还包括国家外国专家局的"国家重大科技专项外国人才引进计划"，该计划重点支持高校引进国家重点科技产业发展专项领域（先进装备制造、集成电路、新材料、大数据等国家重大科技产业领域）开展研究的尖端外国人才。作为战略科学家，他们要具备攻克制约发展难题、推动重大技术革新能力，要能够引领国际科学发展趋势以及开展重大科技产业技术应用基础研究。他们是能够领衔国家重大科技产业科研任务、重大工程建设的领军人才。

二 我国科技人才发展计划概况

我国科技人才的发展计划包括科技人才培养计划、科技人才评价与激励、科技人才的发展保障环境，等等。

（一）科技人才的培养与教育体系

科技人才的培养是关系科技人才发展的重要因素。科技人才培养是一个复杂的综合系统,由人才培养目标、培养内容和培养方式组成,通过这些构成要求的优化组合可以构建不同的培养模式。改革开放40余年,我国对科技人才主要通过高等教育、职业教育、科研项目和流动站实践教育培养、产学研联合培养以及人才工程与计划培养五种培养模式进行培养。[①] 多种培养模式的优势互补,丰富了科技人才的层次和类型,为我国科技强国的实现贡献了重要力量。

1. 高校培养模式。高校培养模式指的是通过高等教育培养本硕博科技人才的模式。高校科技人才培养模式经历了"精英化—通识+专业—规模质量化"三个阶段。[②] 2012年教育部选择基础学科中的数学、物理学、化学、生物学和计算机科学作为试点,倡导精英式创新。学分制是"通识+专业教育"阶段中的培养模式,高校结合企业和社会需求改革培养方案、创新课程设置、开展课外活动以及加大选修课程改革,目标是培养复合型创新人才。在规模质量化阶段,"人人都要创新"的思想深入培养模式中,进一步发展"广谱式"创新创业教育。[③] 2010年,我国实行"卓越工程师培养计划",旨在提升我国工程教育质量,培养复合型、多类型的工程科技人才。《教育部关于实施卓越工程师教育培养计划的若干意见》(教高〔2011〕1号)中提出,创立高校和企业联合培养机制。同时开展了卓越农林人才教育、卓越医生、卓越教师培养改革。国内高等教育借鉴了西方CDIO(构思、设计、实现及运作)、PBL(基于项目式学习)、OBE(学习产出)、CBE(以胜任岗位要求为出发点的教学体系)等先进的教育模式,进行工程教育改革。随着互联网和大数据时代的到来,我国高等教育现在正在进行着慕课和微课、翻转课堂等新型的学习模式改革,教育部提出打造"金课"杜绝"水课"的号召。

2. 现代职业教育培养。《国家中长期人才发展规划纲要(2010—2020年)》(中发〔2010〕6号)首次将高技能人才队伍建设纳入国家人才队

[①] 章华伟、白雪莲:《我国创新科技人才培养模式及其政策分析》,《中国现代教育装备》2017年第275期,第38—40页。

[②] 林金辉:《中外合作办学的规模、质量、效益及其相互关系》,《教育研究》2016年第7期,第39—43页。

[③] 王占仁:《〈"广谱式"创新创业教育通论〉简介》,《思想政治教育研究》2016年第4期,第130—134页。

伍建设总体规划。随着我国转变经济增长方式、新旧动能转换等改革的纵深发展，要求不断加快产业升级和经济结构调整，高技能人才越来越稀缺，高技能的人才培养除了要靠学校，还要依赖职业教育。党的十九大报告提出，"坚定实施科教兴国战略、人才强国战略""培养造就一大批具有国际水平的战略科技人才、科技领军人才、青年科技人才和高水平创新团队"，并提出了"完善职业教育和培训体系，深化产教融合、校企合作"，指出了职业教育对培养科技人才的重要性。职业教育为科技进步培养所需要的科技人才和熟练劳动者，提高劳动者的素质，培养人才，已成为世界各国发展的基本国策。2019年1月24日，国务院印发《国家职业教育改革实施方案》，方案中提出，普通本科高校要向应用型转变，要建成具有国际先进标准的职业教育体系，更多培育产教融合企业，"双师型"教师要占到专业教师总数半数以上，健全国家职业教育制度框架，提高中等职业教育发展水平，推动高等职业教育高质量发展，完善高层次应用型人才培养体系。

3. 科研项目和博士后科研流动站培养。科研项目对科技人才的培养和发展至关重要，中华人民共和国成立以后，我国实行了诸如"'两弹一星'（建国初期）——国家科技攻关计划（1982年）——国家科技支撑计划（十一五）——'863'计划（1986年）——'973'计划（1997年）——国家国际科技合作专项（2001年）——'科技基础条件平台建设计划'（2004年）"等重点科技项目，为国家培养了大批的顶尖科技人才，比如钱学森、钱三强等人，重大项目培养重大人才，只有为各类科技人才提供发挥聪明才智的舞台，才能培养出更多的优秀科技人才，才能铸就中国世界一流的科技大师级人才。一般而言，重要的基础性科研项目和战略高技术项目应重点培养战略科学家、学术带头人以及创新团队，重点应用研究、产业化和工程项目应重点培养产学研结合方面的创新人才和高级工程技术人才。[1] 为此，在项目申报阶段，应鼓励科技人才积极争取，鼓励他们进行广泛合作，实现跨学科、跨领域的创新性研究，单位应做好相应的支持工作；在项目进行中，要做好老中青"传帮带"工作，鼓励

---

[1] 张妍：《在重大科技项目实施中加强创新人才的培养》，《中国科技信息》2007年第6期，第272—273页。

双向信息交流，进行交叉学科交流，适时给予相应的培训，扫除研究障碍；在项目后期，要做好监督和管理，做好考评和项目验收评估。博士后制度在西方已经有上百年历史，我国是1985年在李政道先生的建议下试行的，截至2016年，我国已建成3011个博士后科研流动站、3405个博士后科研工作站，累计培养了14万余名博士后研究人员，为推动科技进步和经济社会发展做出了积极贡献。

4. 产学研联合培养。产学研联合培养研究生是培养科技人才的有效途径之一，是由高校、企业、政府、科研机构等构成的集学术理论与实践为一体的产业性活动，它以创新为核心，在资源依赖理论的指导下高校整合相关的优势资源，促使各机构相互合作、依赖和制约。① 根据学者丁学君、田勇（2016）② 分析，产学研联合培养包括六种经典模式：以科研项目为依托的联合培养模式、研究生产学研教育基地模式、双导师培养模式、企业委托培养模式、创建经济实体模式、大学科技园模式。在产学研合作的过程中，要完善企业研究生导师制度。对研究生导师的遴选、聘用、考核和评价要有科学规范的标准，要明确企业导师的准入资格，切实把好导师质量关，并且在这期间确定好企业导师的考核规章制度，明确好企业导师职责，真正担负起导师责任。要优化产学研联合培养的课程体系，制订好科技人才培养方案。既要重视基础理论的培养，更好契合企业实际，加强实践性、前沿性课程的培养。在研究生的指导方面推行双轨制，校内导师和校外导师各司其职，校内导师负责基础理论和研究方法、研究规范性的指导，校外导师负责实践和应用指导，达到创新意识和实践能力双向提高的目标。要完善合作协议，保护科技人才的成果知识产权。健全校企联合培养研究生的平台基地建设。

5. 人才工程与计划培养。在科技人才的培养上，我国实施了国家高层次人才特殊支持计划（国家"万人计划"）、创新人才推进计划、长江学者计划、中科院"百人计划"、国家杰出青年科学基金等一系列科技人

---

① 蔡亮：《产学研联合培养研究生模式及其运行机制的思考》，《现代职业教育》2018年第2期，第47页。

② 丁学君、田勇：《研究生产学研联合培养模式研究》，《高教论坛》2016年第6期，第9页。

才计划与工程，涌现出一批具有国际影响力的高端创新人才。这些典型的人才引进与培养工程会在后文中一一分析。

（二）科技人才评价与激励

人才评价与激励制度是调动科技人才积极性的两个重要手段。通过文献综述和政策分析，我国科技人才评价制度"经历了以学历资历为导向到以科研成果为导向，从高度集权到下放权力，从德才兼备到道德为先的发展历程，科技人才激励制度也经历了'保障型激励→短期激励→绩效激励→长期激励'的转变"①。

1. 科技人才的评价体系。科技人才评价标准在实践中不断摸索和改进。改革开放40年来，我国科技人才的评价方式和评价标准也发生了显著变化。1980年，国务院科技干部局颁布的《关于确定和晋升科技管理干部技术职称的意见》和《科技管理干部考核、晋升的业务标准条件》，体现了科技人才评价的三大特点。第一，机关单位在评审委员、标准制定以及审批上拥有较大权力，科技人才不够自主。第二，在评审中明确提出会适当考虑学历、资历、外语等条件。第三，文件主要针对的是科技管理干部的评价。2003年，科技部、教育部以及中科院等部门联合发布了《关于改进科学技术评价工作的决定》，对科技成果及科技人才的评价工作进行了新的规定，提出对基础研究、应用研究使用不同的评价标准。同时，论文的影响因子仅作为参考，但不能作为论文内在价值的判断，并提倡务实评价，避免为科技人才带来过繁过重的科技评价活动。党的十八大以来，习近平总书记多次强调人才的重要性，要重视人才，重视科学技术，要在政治上充分信任，工作上大力支持，让人才尽展其能。中共中央办公厅、国务院办公厅印发《关于深化项目评审、人才评价、机构评估改革的意见》提出多项具体举措，改进科技人才评价方式。提出要创新人才评价机制，建立健全以创新能力、质量、业绩为导向的科技人才评价体系，形成并实施有利于科技人才潜心研究和创新的评价制度；注重个人评价和团队评价相结合，尊重和认可团队所有参与者的实际贡献。提出要统筹科技人才计划，要克服四唯

---

① 李燕萍、刘金璐：《改革开放以来我国科技人才队伍建设的实践与展望》，《中国人力资源开发》2018年第11期，第35—40页。

（唯论文、唯职称、唯学历、唯奖项）倾向，树立正确的人才评价使用导向。人才评奖、申报项目、聘岗、评职称不再把人才荣誉性称号作为限制性条件，允许人才合理流动，实现人才共享协同开发机制，强化用人单位人才评价主体地位，对职称评定的一些限制性条件进行改革，支持单位的自主改革，加大对优秀人才和团队的稳定支持力度。① 显然，我国科技人才评价机制在不断完善中发展。从以学历资历为导向到以科研成果为导向，从高度集权到下放权力，从德才兼备到道德为先。科技人才评价指标正逐步向科技创新的实际靠拢，评价方式体现"以人为本"，为科技人才的工作和科研考虑，发挥评价机制对科技人才的导向和指挥作用。

2. 科技人才引进发展激励保障制度。科技人才引进发展激励保障制度是为了满足高层次科技人才在物质、精神、发展等方面的需要而采取的相应激励方式，主要包括物质激励（如国家最高科学技术奖、政府特殊津贴、股权激励等）、精神激励（如评选院士、全国杰出专业技术人才等）、发展激励（如体制改革、知识产权保护、鼓励科技创新等，为科技人才孩子上学、家属转户口提供便利也都可以看作发展激励措施）。② 改革开放后，我国颁布了《关于落实党的知识分子政策的几点意见》，落实了"政治上一视同仁、工作上放手使用、生活上关心照顾"知识分子政策。1999年，我国颁布了《国家科学技术奖励条例》，国家级四大科技奖项体系开始形成。2003年通过《关于进一步加强人才工作的决定》提出要完善分配激励机制、建立规范有效的人才奖励制度和建立健全人才保障制度。从此我国初步确立了兼顾物质利益和社会荣誉双重激励的人才激励机制。③

三 我国科技人才引进发展成效

（一）科技人才队伍迅速壮大，人才数量逐年增加

2000年我国科学研究与试验发展（R&D）人员为92.21万人，

---

① 中共中央办公厅：《关于深化项目评审、人才评价、机构评估改革的意见》，2018年7月。

② 娄伟：《我国高层次科技人才激励政策分析》，《中国科技论坛》2004年第6期，第139页。

③ 潘娜娜：《改革开放以来中国共产党知识分子政策的演进及其基本经验》，《中国石油大学学报》（社会科学版）2018年第6期，第8—12页。

2010年我国投入研发活动的R&D人力数量达到了354.2万人,R&D人员总量达到255.4万人年。从R&D人员总量的国际排名看,我国继2002年超过俄罗斯之后,于2008年超过美国,上升到世界第一。[①]2016年,我国R&D人员已达到387.81万人,是2000年的4倍。2017年我国科技人力资源总量继续增长,达到8705万人。R&D人员总量有所增长,达到403.4万人年,万名就业人员中R&D人员为52.0人年/万人。R&D研究人员总量达到174.0万人年,万名就业人员中R&D研究人员为22.4人年/万人。研发人力规模仍居全球首位,研发人力投入强度仍低于西方发达国家,但差距有所减小。

图3-1 我国科技人力资源总量(2005—2017年)

(资料来源:《我国科技人力资源发展状况分析》:

https://new.qq.com/omn/20190401/20190401A0FS1C.html)

(二)科技人才质量持续提高,人才素质进一步提升

我国科技人才中高学历人员比重提升,研发人员素质进一步提升。2017年,我国参与研发活动的人员总数为621.4万人,比上年增长6.6%,其中67.7%为全时人员。在R&D人员中,女性166.0万人,比上年增长7.5%;博士41.7万人,硕士92.0万人,本科毕业生271.2万人。

---

① 《2010年我国R&D人员发展状况分析》,中国科技统计网,2012年5月22日(http://shsts.stcsm.gov.cn/home/news.aspx? FunId=18&InfoId=520&ModuleID=5)。

研究生学历的人数占到总数的21.5%，比上年（21.0%）有所提高。而2016年，除博士学历占比未发生改变外，我国本科及硕士学历在R&D人员的占比进一步提高，本科学历的R&D人员占比达45%，硕士毕业的R&D人员占比15%，我国科技人才的学历层次不断优化，知识水平不断提高，向建设高层次高水平科技创新队伍发展。

（三）科技人才投入逐年增长，人才发展动力足

我国科技人才投入逐年增长，如图3-2所示，2014—2018年五年间我国平均研究与试验发展（R&D）经费增长10.66%，年均投入增速为世界领先。2018年研究与试验发展（R&D）经费支出19657亿元，位列世界第二，仅次于美国，其中基础研究经费1118亿元。① 人才研究经费的投入强度达到了中等发达国家水平。

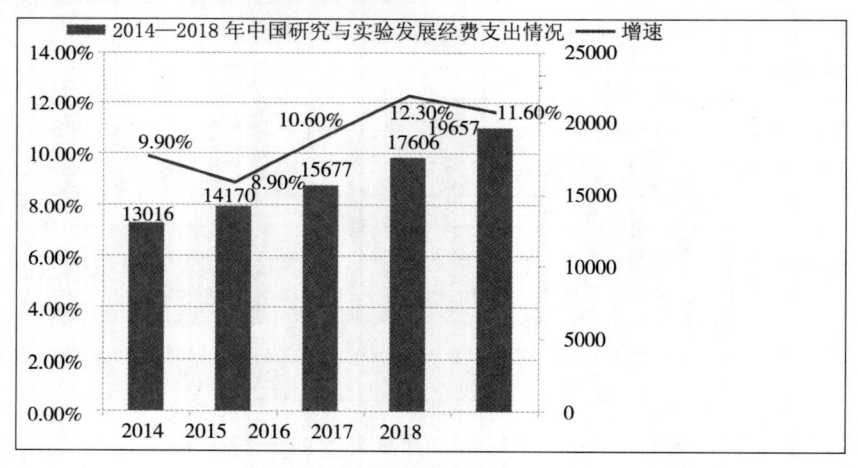

图3-2 2014—2018年中国研究与试验发展（R&D）经费支出情况

（资料来源：中商情报网《2018年中国研发投入19657亿 同比增长11.6%》：https：//baijiahao.baidu.com/s？id=1626804741340954031&wfr=spider&for=pc）

不断地投入增加了我国科技人才的信心和动力，特别是针对一些刚刚起步的青年科技人才，持续的投入会给他们带来研究的便利和激情，这对于培养出一支覆盖各个年龄段、不同研究领域、高度国际化的科研队伍是

---

① 中商情报网：《2018年中国研发投入19657亿 同比增长11.6%》（https：//baijiahao.baidu.com/s？id=1626804741340954031&wfr=spider&for=pc）。

非常有必要的。

(四)科技人才国际化程度加强,国际化水平增加

随着全球化的程度日益加深,全球化的人才也越来越受欢迎。我国充分重视科技人才的国际化水平,并且"走出去"和"引进来"两手抓,鼓励科技人员通过出国留学、考察访问、国际会议、合作研究、培训、展览会以及其他方式提高国际化水平,提升他们的国际视野和创新能力,优化知识结构,掌握科技前沿。根据教育部统计,1978—2018年,中国出国留学人员累计达到585.71万人,其中有153.39万人还在继续学业,432.32万人已完成学业,学成归国的365.14万人,占到全部完成学业人数的84.46%。[1] 我国科技人才的国际合作与交流也日益增长,统计结果显示,2017年中国作者为第一作者的国际合著论文占我国全部国际合著论文的69.7%,合作伙伴涉及155个国家(地区),排在前6位的分别是:美国、英国、澳大利亚、加拿大、日本和德国。

(五)科技人才创新能力增强,创新成果和影响力逐年提高

我国科技人才创新能力也进一步增强,科技成果影响力逐步提高。[2] 根据中商产业研究院整理的国家知识产权局发布的数据,如图3-3所示,2014—2018年间,除了2017年略有下降外,我国发明专利申请量是逐年递增的,2018年我国发明专利申请量和授权量位列世界第一,同比增长11.6%;我国的使用新型专利申请量也在不断攀升,2018年达到了207.2万件,同比增长22.8%;2018年我国外观设计专利申请突破70万件,同比增长12.7%。我国科技论文的影响力也进一步增强。2018年我国国际高被引论文数量世界第三,截至2018年9月,总体数量达到了24825篇,我国的国际热点论文数量为842篇,位列世界第三,占到了27.6%的比重。[3]

---

[1] 中华人民共和国教育部:《2018年度我国出国留学人员情况统计》(http://www.moe.gov.cn/jyb_xwfb/gzdt_gzdt/s5987/201903/t20190327_375704.html)。

[2] 李燕萍、刘金璐:《改革开放以来我国科技人才队伍建设的实践与展望》,《中国人力资源开发》2018年第11期,第33—43页。

[3] 《2018年中国科技论文统计结果发布:我国国际高被引论文数量保持世界第三》,新浪网(http://k.sina.com.cn/article_2011075080_77de920802000df24.html)。

发明专利申请量(万件)

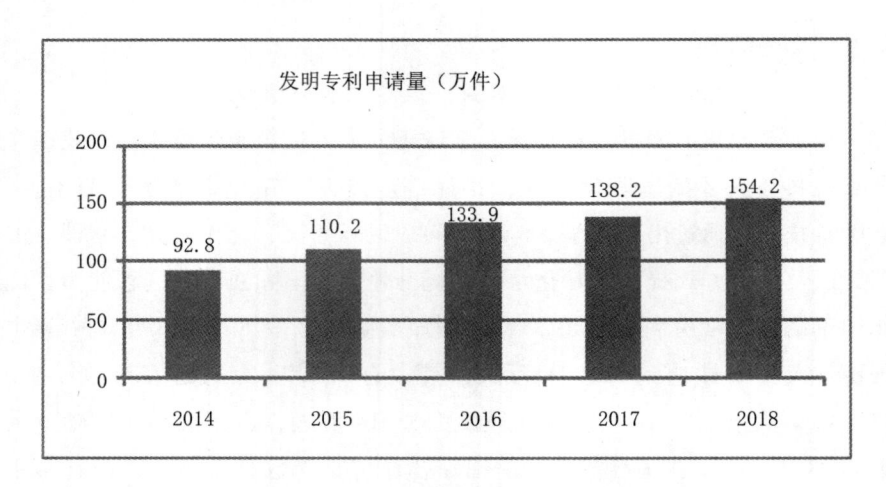

年份	2014	2015	2016	2017	2018
发明专利申请量	92.8	110.2	133.9	138.2	154.2

图 3-3 2014—2018 年我国发明专利申请量统计

(资料来源：中商情报网《2018 年我国三大专利申请量数据统计：发明专利占比 36%》：http://www.askci.com/news/chanye/20190312/1433251143063_2.shtml)

第二节 典型科技人才引进发展情况分析

本节借助于文献资料法、调查法和访谈法，搜集我国高层次科技人才的基本信息和概况，主要以科技人才中的长江学者、百人计划、国家杰出青年基金获得者、中国两院院士作为分析的样本代表，对访谈和文献资料加以统计和整理，进而分析我国高层次科技人才发展的总体情况，剖析我国科技人才的总体现状，为制定适合我国国情和省情的科技人才的发展战略提供必要的实证依据。

本节分析的对象主要包括长江学者、百人计划入选者、国家杰出青年基金和两院院士获得者为代表的典型高层次科技人才，基础数据主要包括上述人员的出生地域、性别、年龄构成、数量等，数据主要来源于网络、书籍、各省市和国家统计部门相关数据整理而得。

需要说明的是，由于高层次科技人才还不是我国统计部门采纳的规范统计指标，本书中所采用的有关数据分别取自不同的管理和统计部门，因此，一些指标所反映的数字可能无法完全涵盖高科技人才所涉及的所有范围。由于数据来源不一，部分群体数据与总量计算的实际数字之间存在某种程度的偏差。

一 长江学者奖励计划

(一) 长江学者奖励计划概述

"长江学者奖励计划"是由中华人民共和国教育部和李嘉诚基金会于1998年共同实施的,其宗旨是为了落实科教兴国战略,招揽海内外中青年学界精英,培养造就高水平学科带头人,带动中国重点建设学科赶超或保持国际先进水平。2004年,为深入贯彻落实科教兴国战略和人才强国战略,教育部对"长江学者奖励计划"进行了调整,学科范围扩大,讲座教授招聘数量增加,支持力度加大。2010年,国家相继召开人才工作会议和教育工作会议,面对新形势,教育部决定实施新的"长江学者奖励计划",聚焦高校高端人才定位,打造一批高质量教师队伍,为高校培养集聚一批学科领军人才。

截至2017年3月,教育部先后公布了第一批至第八批、2007年度至2016年度(其中2010年未评选,2013年度和2014年度合并评选)的长江学者特聘教授、讲座教授名单,共有特聘教授2051人、讲座教授897人、青年学者440人。长江学者是各省市高校科研的中坚骨干力量,荣誉地位仅次于院士。目前,"长江学者奖励计划"包括特聘教授、讲座教授和青年学者。2015年开始,讲座教授只面向中西部和东北地区高校。2015年首次设立了青年学者,每年遴选200名左右。目前特聘教授聘期为5年,奖金为每人每年20万元;讲座教授聘期为3年,奖金为每人每月3万元,按实际工作时间支付;青年学者聘期为3年,奖金为每人每年10万元。与国家杰青、国家优青等其他人才计划相比,长江学者入选者学科最全面,理工农医管理艺术人文社科都有覆盖。另外,长江学者入选者直接获得奖金,而不是获得科研经费。

(二) 长江学者发展现状分析

根据杨得前、姜群(2018)[①]的统计,获取了长江学者1971个有效样本,去除了逝世和数据缺失的样本,信息主要包括性别、年龄、工作单

[①] 杨得前、姜群:《长江学者特聘教授成长路径研究》,《高教探索》2018年第5期,第27—36页。

位、籍贯、领域方向、留学经历、当选年龄等。

1. 年龄结构分析

年龄主要指的是当选年龄,反映的是入选当年的时间与出生日期之间的差额。分析此年龄可以间接了解科技工作者成长为长江学者所需的时间,还可以看出长江学者入选时的平均年龄,从而揭示年龄与长江学者之间的联系,看出长江学者的平均成长时间周期。从图3-4可以看出,获得长江学者奖励的科技人才的平均年龄呈现正态分布,获得年龄主要集中在41—45岁的年龄(43.99%),这个年龄正处于科技工作者从事科学研究的最佳年龄区域。在36—50岁区间的人数占到了绝大多数(87.94%),大器晚成的56岁以上的仅占到2.33%,英雄出少年的35岁以下的占到了4.14%,这说明我国高层次顶尖科技人才的成长需要一个很长的周期,前期的教育和积累非常重要,中年以后才能达到峰值,高层次顶尖科技人才也呈现了年轻化发展趋势。

根据杨得前、姜群(2018)的统计①,获取长江学者奖励时的平均年龄为44岁,如图3-4所示。从这个年龄来看,我国现行部分科研项目的年龄设置有不合适的方面。现在部分科研项目专门为青年科研人员设立,因此在年龄申请条件上做了限制,比如很多青年科学基金、青年拔尖人才支持计划限制年龄为35周岁,优秀青年基金、青年长江学者年龄限制为38周岁,杰出青年基金、长江学者特聘教授年龄限制是45周岁。年龄上的限制为青年科研人员提供了较好的机会,能避免论资排辈,也可以鼓励青年人员积极投入科研中,不会因为资历问题在各项科研项目评比中得到不公平对待。但是,年龄的设置应该辩证来看,不能因为年龄成了"硬杠杠",助长了浮躁的学术风气,让部分科研人员急功近利,一味追求"短平快",只愿意投入那些周期短、见效快的项目或者问题,为了短时间出成果甚至竭泽而渔,透支身体和精力,出现了科研人员过劳死、猝死的现象。科学研究更注重长期的投入,长期的积累。没有十年冷板凳的潜心研究,很难有突出的科研成果。一些拿了项目的科研人员则会在后续项目的评审中不断积累优势,而那些没有及早拿到项目的

---

① 杨得前、姜群:《长江学者特聘教授成长路径研究》,《高教探索》2018年第5期,第27—36页。

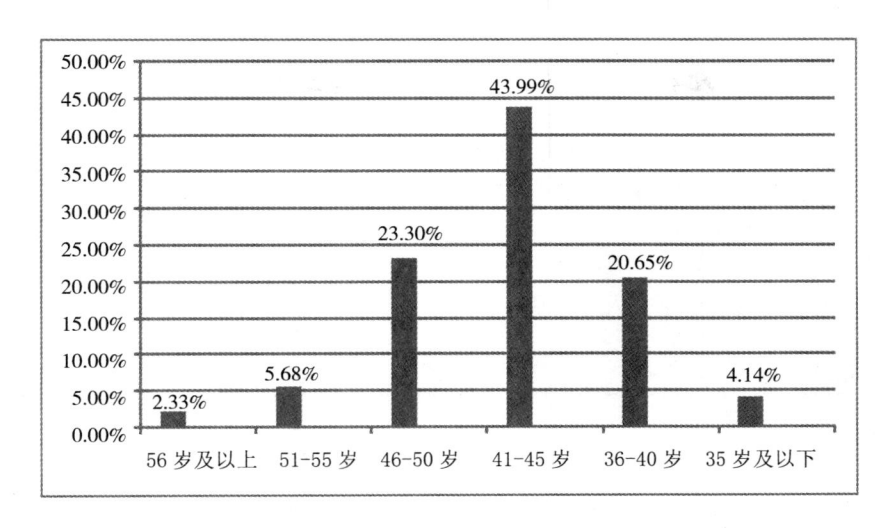

图 3-4　1999—2016 年长江学者入选年龄分布表

（资料来源：杨得前、姜群：《长江学者特聘教授成长路径研究》，《高教探索》2018 年第 5 期，第 28 页。）

人，不仅当期的科研活动受到影响，还有可能"一步赶不上，步步赶不上"，导致同龄人之间科研资金分配差距不断拉大——年龄有时竟成了科研资助的"分水岭"。

谷业凯（2017）认为，科研活动既有长期性，又有不确定性。科研资助要支持、鼓励科研人员，除了在年龄上做出适当的限制以外，还可以探索更加多元化、人性化的解决方案。比如，除了要看申请者当期成果的"横截面"，更要纵向兼顾其科研潜力，研究问题的难易程度、前景，等等，不能简单以某一时间点上成果的多寡、研究的进度为依据；个人的经历不尽相同，"年龄划线"对于较晚取得博士学位，或者做博士后、访学交流的科研人员来说会有一定影响，可以尝试用更灵活的时限要求来代替，如规定"博士毕业几年内可申请本项目"；对优秀的"超龄"申请者，资助项目要在充分论证的基础上，敢于破例，给予支持；此外，对来自欠发达地区的项目申请者，年龄可考虑适当放宽，用差异化的条件来引导人才的合理流动。科学研究要以人为本，科研资助也应该因才施策、唯才是举。避免年龄"一刀切"，才能让科研经费真正花在刀刃上，有效减轻科研人员的身心压力，促进建立更完善的科研资助体系。[①]

2. 学科分布分析

表 3-1　　　　1999—2016 年长江学者学科年龄分布状态表

学科占比(%)	哲学	经济学	法学	教育学	文学	历史学	理学	工学	农学	医学	管理学	艺术学
100	1.93	3.70	3.09	1.32	3.35	1.47	27.96	42.57	3.15	9.59	1.62	0.25
平均获奖年龄	50	47	50	48	52	51	42	43	43	45	47	47

（资料来源：杨得前、姜群：《长江学者特聘教授成长路径研究》，《高教探索》2018 年第 5 期，第 28 页。）

从学科分布上可看出，长江学者在学科的分布上存在集中趋势，主要分布在工学和理学两个学科上，共约占总人数的 71%，其中艺术学学科仅有 5 人，仅占到 0.25%，除医学外，其他学科占比均小于 4%。文学、历史学长江学者平均年龄为 52 岁，而理学、工学、农学学科的长江学者平均年龄在 43 岁左右，不同学科长江学者在年龄上存在较大差异，见表 3-1。

3. 学位结构分析

表 3-2　　　　1999—2016 年长江学者教育经历情况表

	学习或研究机构	本科	硕士	博士
国内	985	1115	461	
	211	277	244	
	一般院校	580	540	
	科研院所	1	1	
国外	其他国家及地区高校	8	7	524

（资料来源：杨得前、姜群：《长江学者特聘教授成长路径研究》，《高教探索》2018 年第 5 期，第 28 页。）

从长江学者的受教育经历来看，如表 3-2 所示，"985" 高校占据绝大多数优势，但是普通院校也不容小觑，总数比接受 "211" 高校教育的

---

① 谷业凯：《年龄莫成"分水岭"》，《人民日报》2018 年 2 月 12 日第 20 版。

数量要多,可以得知,只要个人努力,加上学校提供优越的福利待遇、适宜的科研环境,在一般院校中也可以创造奇迹,成就个人科研事业。所以,作为一般院校的科研人员不用厚此薄彼,一般院校本身也不要气馁,应该在科研人员待遇、福利、奖励、环境、保障方面做好自己的工作,栽下梧桐树,不愁凤凰来。长江学者中有 99.64% 的比重在国内完成本科教育,56.57% 的比重在国内 "985" 高校中完成本科教育,在国外高校中本科和研究生阶段数量仅占到 7.6%,仅占到博士教育比重的 26.59%。

表 3-3 1999—2017 年长江学者特聘教授本科校友统计排名前 50 名

排名	学校	省市	人数
1	北京大学	北京	106
2	吉林大学	吉林	80
3	浙江大学	浙江	80
4	清华大学	北京	79
5	南京大学	江苏	76
6	武汉大学	湖北	72
7	复旦大学	上海	59
8	山东大学	山东	54
9	华中科技大学	湖北	51
10	四川大学	四川	49
11	中国科学技术大学	安徽	49
12	哈尔滨工业大学	黑龙江	66
13	西安交通大学	陕西	42
14	南开大学	天津	36
15	中南大学	湖南	31
16	兰州大学	甘肃	30
17	东南大学	上海	26
18	天津大学	天津	26
19	西北工业大学	陕西	25
20	中山大学	广东	25

续表

排名	学校	省市	人数
21	大连理工大学	辽宁	24
22	上海交通大学	上海	21
23	厦门大学	福建	21
24	华中农业大学	湖北	19
25	重庆大学	重庆	19
26	北京师范大学	北京	18
27	第四军医大学	陕西	17
28	合肥工业大学	安徽	17
29	北京航空航天大学	北京	17
30	陕西师范大学	陕西	16
31	华中师范大学	湖北	16
32	东北师范大学	吉林	16
33	东北大学	辽宁	15
34	西安电子科技大学	陕西	15
35	南昌大学	江西	15
36	国防科技大学	北京	14
37	西南大学	重庆	14
38	南京航空航天大学	江苏	14
39	中国地质大学（含京汉两校）	北京	14
40	安徽师范大学	安徽	13
41	湖南师范大学	湖南	13
42	中国农业大学	北京	12
43	湖南大学	湖南	12
44	湘潭大学	湖南	12
45	第二军医大学	上海	11
46	成都电子科技大学	四川	11
47	中国人民大学	北京	11

续表

排名	学校	省市	人数
48	安徽大学	安徽	11
49	华东师范大学	上海	11
50	华东理工大学	上海	11

(资料来源：作者根据网络资源整理而制。)

4. 长江学者单位分布分析

表3-4　1999—2017年高校入选长江学者人数前三十名

排名	学校	省市	人数
1	清华大学	北京	277
2	北京大学	北京	276
3	复旦大学	上海	165
4	上海交通大学	上海	159
5	浙江大学	浙江	153
6	南京大学	江苏	136
7	华中科技大学	湖北	115
8	武汉大学	湖北	112
9	中山大学	广东	87
10	西安交通大学	陕西	84
11	中国人民大学	北京	78
12	北京航空航天大学	北京	74
13	四川大学	四川	72
14	南开大学	天津	70
15	吉林大学	吉林	70
16	哈尔滨工业大学	黑龙江	68
17	大连理工大学	辽宁	62
18	东南大学	上海	60
19	中国科学技术大学	安徽	59

续表

排名	学校	省市	人数
20	北京师范大学	北京	57
21	山东大学	山东	57
22	天津大学	天津	56
23	中南大学	湖南	54
24	同济大学	上海	48
25	电子科技大学	四川	45
26	华东师范大学	上海	43
27	中国农业大学	北京	41
28	厦门大学	福建	41
29	西北工业大学	陕西	35
30	北京理工大学	北京	32

（资料来源：作者根据网络资料整理而制。）

从统计数据来看，截至2017年，如表3-4所示，北京大学和清华大学毫无悬念地领先其他高校，有意思的是，历年全部长江学者入选数据两校仅差一人，北大共有276人，清华共有277人。值得注意的是，含金量最高的特聘教授方面，两校入选数占历年全部名额的比例达到15.1%，远远超过了其他高校。

此外，复旦大学、上海交通大学、浙江大学、南京大学、华中科技大学和武汉大学六所高校入选数超过100名，武汉大学、西安交通大学和中山大学入选数位居前十位。值得关注的是，人文社科领域较强的中国人民大学入选数也位居11位，超过大多数理工科名校。

总体来看，长江学者名额基本上还是集中在各大部属高校，包括教育部直属高校、工信部直属高校等。比较例外的是，在两院院士、国家杰青等其他重要人才计划中表现非常突出的中国科学技术大学，在长江学者入选数上却一直不太理想，历年入选数也仅仅位居第19。

5. 长江学者省市分布分析

仅北京、上海两座一线城市，就聚集了962名长江学者，东部地区接收了大部分的"长江学者"，形成了人才聚集现象。而其他中西部地区长

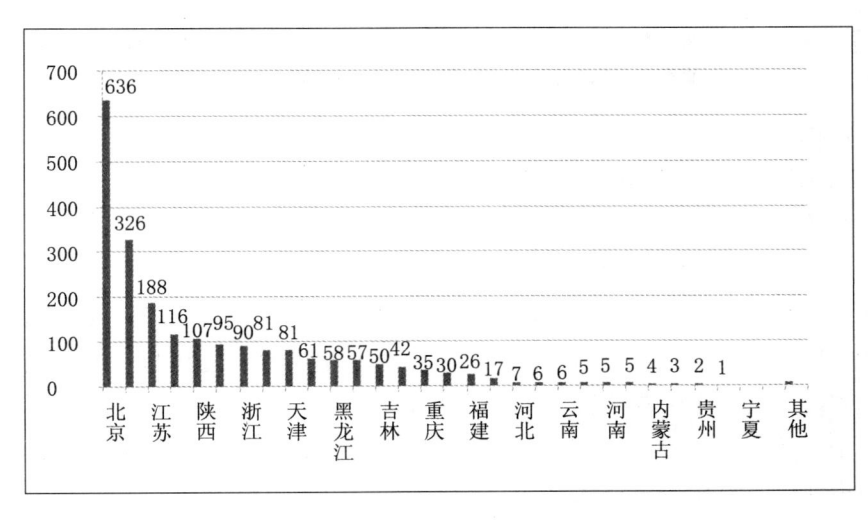

图 3-5　1999—2016 年长江学者省市分布图

（资料来源：杨得前、姜群：《长江学者特聘教授成长路径研究》，《高教探索》2018 年第 5 期，第 28 页。）

江学者的人数则十分稀少，人才分布不均也加剧了教育资源分配不均的问题。为弱化长江学者向东部一线城市聚集的现象，教育部对中西部地区给予一定的政策倾斜。自 2015 年开始，讲座教授只能受聘于中西部院校。近年新规进一步明确规定，严禁东部高校聘用中西部高校人才为长江学者。中西部高校和东北地区高校由于地区经济发展状况和人才发展空间的影响，难以吸引高端人才的加入，仅靠政策支持也不是长久之计，高端人才也是从普通学者一步步成长起来的，唯有不断加强自身实力建设，自己培养出高端人才才是根本之策。

二　"百人计划"入选者现状分析

（一）百人计划概述

"百人计划"是由中国科学院发起的一项人才引进与培养计划，其最初目标是引进 100—200 名优秀的海外人才，培养出一批科技领军人才和学术拔尖人才。招聘条件为具有博士学位且有两年以上的博士后科研经历，发表过具有国际影响力的文章或科研成果，能带领团队做出具有国际水平的创新成果。20 世纪 90 年代，随着信息技术革命的兴起，人才竞争成为科技竞争的焦点。由于历史原因，我国高层次科技人才出现年龄断层现象，1994 年，中科院研究员的平均年龄达到 55 岁高龄，人才老龄化现象突出。同时，受 80 年代"出国潮"的影响，大批优秀人才跑出国门，加剧了人才的流失。当时以中科院院长周光召为首的中科院党组审时度势，启动了一系列加快青年人才成长并能迅速脱颖而出的政策和措施，并于 1994 年率先推出"百人计划"，开始了人才引进与培养的起步探索阶段。1994—1997 年，当时经费紧张、资源匮乏，项目经费只能从中科院自己的事业费中挤出专款筹建，给予每位入选者 100 万—200 万的科研经费支持，并设立特殊津贴。这在当时的社会环境和时代背景下，属于高强度、高标准的支持力度，彰显出中国科学院对于人才引进工作的重视程度。因为"百人计划"是中国第一次面向海内外公开吸纳、招聘人才，引起了海内外人才的积极关注和响应，前四批共计 146 位成功入选。

1998 年，在国家财政部专项经费的支持下，中科院加大引才的力度和规模，"百人计划"步入全面发展阶段。中科院启动知识创新工程，设立"引进国外杰出人才计划"，引进优秀海外人才回国全职工作；2001 年，启动"海外知名学者"计划，引进优秀海外人才来华开展短期工作；同时，设立国内"百人计划"、项目"百人计划"、自筹"百人计划"等，逐步形成多层次、多体系的人才计划体系，满足不同科研人才的需求，促进引才引智相结合。

2011 年以来，"百人计划"得到进一步发展和完善。在政策和机制上不断进行改革实践与探索，为适应国家中长期人才发展规划纲要的需要，"百人计划"根据国家人才政策的新要求和中科院实施"创新 2020"的要求不断进行调整，取消对"百人计划"入选者族裔和国籍的限制，打造国际化人才团队；取消国内"百人计划"的地域限制，更加注重对国内优秀人才的引进和培养，确保人才引进与国家发展需求紧密结合。"百人计划"对我国的人才政策制定和实施具有较强的借鉴和参考价值，为我国引进和培养了一批优秀的科技领军人才和学科技术带头人。

（二）"百人计划"现状分析

1. 数量分析

经过二十年的发展，到 2013 年年底，"百人计划"共引进培养优秀人才 2145 人，90% 以上具有海外学习或工作经历，主要来自欧美等科技发达国家，近 1/3 来自 100 所世界顶尖大学和 59 所世界著名科研机构。"百人计划"培养出了 28 位中科院或工程院院士，走出了 524 位"国家杰出青年科学基金"获得者。在 2005—2013 年两院院士评选出的 92 项年度国内十大科技进展中，"百人"有 13 项成果入选，占全国的 14.1%。2008—2011 年，在中科院发表的国际高水平论文前 1% 中，"百人"论文数占 41%。

2. 年龄结构分析

2004 年，在"百人计划"实施十年后，中科院研究员平均年龄下降到 50 岁以下，顺利实现了人才队伍的"代际转移"。到 2013 年年底，"百人计划"入选者的平均年龄约为 37 岁，成功引进和培养了年轻的高端科技人才，实现了高端科技人才队伍的年轻化。

3. 学科分布分析

表 3-5　　1994—2013 年"百人计划"入选者学科分布情况

学科领域方向	人数	比例
生物学	525	26%
化学	242	12%
物理学	276	14%
地球科学	208	10%
材料科学	176	9%
电子与通信技术	93	5%
环境科学技术	71	3%
基础医学	61	3%
天文学	50	2%
化学工程	59	3%
材料学技术	41	2%
数学	35	2%
计算机科学技术	38	2%
药学	25	1%

续表

学科领域方向	人数	比例
力学	24	1%
临床医学	24	1%
动力与电气工程	19	1%
机械工程	12	0.5%
农学	17	0.8%
能源科学技术	15	0.7%
其他	26	1%
总数	2037	101%

（注：其他类型人数少于10人的学科，分别包括：测绘科学技术、畜牧、兽医科学、工程与技术科学基础学科、管理学、水利工程、土木建筑工程等。）

（资料来源：牛衍、周建中：《海外引进高层次人才学科领域的定量分析与国际比较——以"长江学者""百人计划"和"千人计划"为例》，《科技管理研究》2017年第3期，第245页。）

从上表可以看出，百人计划入选者中学科比例最高的生物学，占总数的26%，其次是化学、物理学和地球科学，以上学科入学者共占总数的62%，说明了"百人计划"入选者主要是自然科学和工程技术领域的高端人才。此外，在最近十年，"百人计划"面向国际科技前沿进行前瞻布局，形成了一批优势学科和新的增长点，如量子通信、干细胞、脑科学、超级计算等，提升了中国科技的国际化水平。

三 国家杰出青年基金获得者现状分析

国家杰出青年科学基金（英文：The National Science Fund for Distinguished Young Scholars，简称：杰青基金），是国务院于1994年批准设立，以造就一批能进入世界科技前沿的优秀学术带头人为主要目标的专项基金，每人资助约80万—100万经费，以此激励青年科技人才成长，鼓励海外学子学成归国。

20世纪90年代，我国科技方面领军人才的平均年龄大都在50岁以上，国内青年科技人才极度匮乏，面临人才梯队断层的困境。此外，由于当时对人才的资金资助额度力度小，难以吸引国际人才，造成国外人才引进工作也十分困难，国家面临人才老化、后继无人的严峻形势。为此，国务院特别设立专项资金，旨在培养、促进青年科技人才的发展，吸引国外优秀人才回国工作。基金由国家自然科学基金委员会负责管理，每年受理一次，支持在基础研究方面已取得突出成绩的青年学者自主选择研究方向开展创新研究，资助全职在中国内地工作的优秀华人青年学者从事自然科学基础研究和应用基础研究工作。1994—2013 年的 20 年时间内，国家累计投入 45 亿元人民币，共 3004 名青年学者获得基金资助资格。其中，前十年（1994—2004）国家累计投入 11.7 亿元，共受理中青年学者申请 5489 人次，有 1174 名申请者获得资助，占申请总人数的 21.39%。获资助者中，1116 人具有博士学位。[①]

杰青基金实施 24 年来，资助人数不断增加，从开始的每年 49 人，增长到每年 160 人左右，同时资助的规模和力度也不断扩大，支持经费从最初的 60 万元每项增长到 80 万—200 万元每项。在杰青基金的支持下，许多杰青基金获得者已成长为所在领域的优秀学科带头人，相继涌现出白春礼、陈竺、李静海、王志新等一批杰出青年科学领袖人物，近 200 人被选为中国科学院院士或中国工程院院士。据统计，2000—2013 年由杰青主持或参与完成的国家自然科学奖 335 项，占全部获奖成果的 77% 以上[②]，为我国的科技创新和经济发展做出了巨大贡献。国家杰出青年科学基金已成为我国具有显著影响力的人才品牌之一，不断激励着优秀青年科技人才脱颖而出。

（一）数量分析

自国家杰出青年科学基金设立以来，杰青基金获得者数量呈现出上升的发展趋势。1994 年只有 49 人，2004 年前后稳定发展到每年 160 人左右，最近几年数量则基本稳定在每年 200 人左右。这与相关人才政策的不断推广落实以及青年人才的不断成长密切相关。截至 2018 年，共有 4028

---

① 百度词条：国家杰出青年科学基金（Https: //baike. baidu. com/item/% E5% 9B% BD% E5% AE% B6% E6% 9D% B0% E5% 87% BA% E9% 9D% 92% E5% B9% B4% E7% A7% 91% E5% AD% A6% E5% 9F% BA% E9% 87% 91/5838391？fr = aladdin）。

② 杨卫：《杰青基金 20 年打造基础研究梦之队》，《中国科技奖励》2014 年第 10 期，第 30 页。

名青年学者获得基金资助资格。

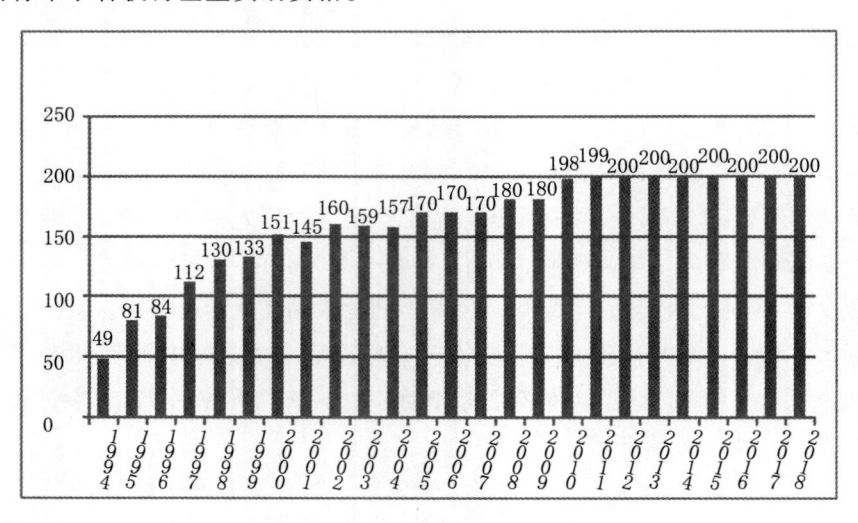

图 3-6　1994—2018 年杰青基金各年度资助人数

（资料来源：作者根据国家自然科学基金委员会网站和科学网网站整理所得：http://www.nsfc.gov.cn/publish/portal0/tab87/info4214.htm；http://news.sciencenet.cn/htmlnews/2014/8/300367.shtm）

（二）年龄性别结构分析

在 1994—2018 年的 24 年里，杰青基金获得者的年龄总体呈现出大龄化的发展趋势。4028 名杰青中，年龄最大的是 45 岁，年龄最小的是 29 岁，入选者的平均年龄为 41 岁，年龄层次属于中年阶段。仅以 2018 年为例，从图 3-7 中可以看出，杰青当选者年龄最多的是 45 岁，占比为 17%，共 34 人；其次是 1980 年及以后出生的，占比 16%，共 32 人，平均年龄保持下降的趋势，比 2017 年多了 12 位。40—45 岁的年龄占比最高，高达 74.5%。总体来看，杰青主要集中在 40—45 岁的年龄区间，随着年龄的增加，杰青数量不断增多。

科学研究是一种脑力创造性活动，不仅需要旺盛的精力投入科学研究思考中，还需要科研人员具有极高的创造力和想象力，而精力和创造力都与人的年龄层次密切相关。随着时代的进步科学研究的难度加大、受教育年限延长，加剧了科学创造峰值的年龄随时间后延这一现象。此外，杰青基金将资助年龄上限设为 45 周岁，也是造成杰青年龄聚集在 40—45 岁当选的主要原因，但这一规定也是基于科学发现的年龄规律而设，是有依据的、合理的。成长为一名具有专业研究能力的科研人员，必须经过长时间的教育和专业知识积累，所以杰青基金获得者聚集在中年年龄层次也属正常。

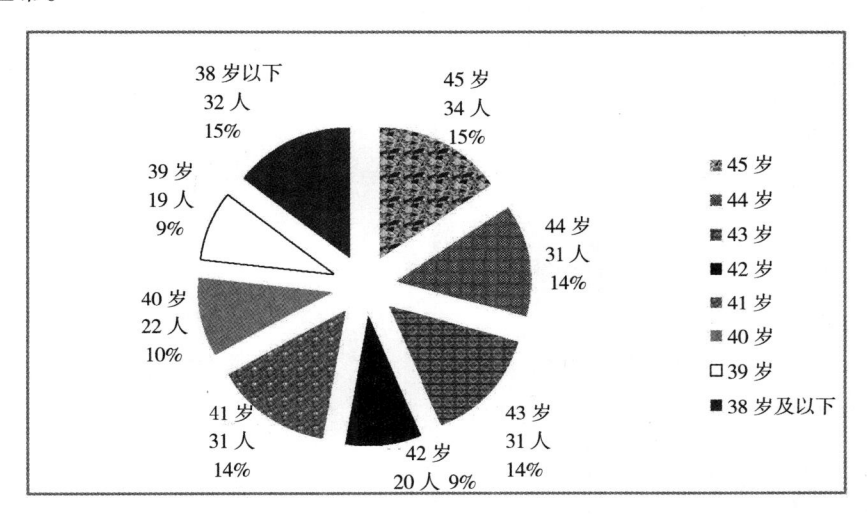

图 3-7 2018 年杰青当选年龄分布

（资料来源：青塔：《2018 国家杰青详解：32 位"80 后"入选年龄最小入选者仅 33 岁》，https：//www. antpedia. com/news/81/n－2235681. html。）

（三）区域分布分析

从杰青输入人数来看，北京、上海、广东占据人才输入的绝对优势，这与三地高校资源密集以及经济发展水平密切相关，是杰青的主要集中分布区域。同时，北京、上海、广东也是主要的"杰青"输出地，该三地的杰青流入和流出处在一个动态平衡的状态。从杰青流动的顺逆差来看，广东、上海、浙江、北京、天津等地处于杰青人才流动的顺差状态，而人才逆差最为严重的地区是陕西和吉林，甘肃、辽宁等地也是人才逆差较为严重的地区。由此可见，华北、华东和华南地区杰青人才流动频繁，流动保持在相对平衡的状态，是杰青人才的主要分布区域。华中、东北和西北是杰青人才流失比较严重的地区，我国面临着高端人才区域分布不均的现状，这对我国的区域经济发展不均衡以及高校高等教育领域发展不均衡产生了一定的影响。

表 3-6　　　　"杰青"的主要输出地、输入地和顺逆差

顺序	省市	"杰青"输出人数	"杰青"输入人数	净值	顺逆差
1	广东	21	39	18	顺差
2	上海	65	81	16	顺差
3	浙江	7	17	10	顺差
4	北京	129	136	7	顺差
5	天津	6	13	7	顺差
6	重庆	1	4	3	顺差
7	安徽	13	8	-5	逆差
8	福建	11	6	-5	逆差
9	辽宁	15	8	-7	逆差
10	甘肃	9	1	-8	逆差
11	吉林	16	5	-11	逆差
12	陕西	18	6	-12	逆差

（资料来源：黄海刚、曲越、连洁：《中国高端人才过度流动了吗——基于国家"杰青"获得者的实证分析》，《中国高教研究》2018年第6期，第56—61页。）

（四）籍贯分布与申请时所在省份分析

把2018年杰青籍贯的数据与前几年进行对比分析，发现排名靠前的省份几乎没有太大变化。这是因为杰出人才的产生与学风的传承和教育的影响密切相关，短期之内不会发生太大的变化。所以我们根据2018年国家杰青建议资助申请人的籍贯统计，可以大概了解杰青的籍贯分布情况。我们可以看到山东申请人数位居榜首，山东具有人口大省的基数优势和注重教育的学风传承优势，培养出了许多杰青人才。湖南、江苏、安徽、湖北、河南、江西等地位居杰青籍贯人数的前十名，为国家培养出了大量优秀人才。如表3-7所示。

根据2018年国家杰青建议资助申请人工作单位所在省份统计，北京、上海、江苏、湖北、广东等地入选国家杰青人数前五。但对比2018年国家杰青的籍贯数据可以发现，北京、上海杰青基本都来自外省，北京、上海在本地人才产出上要大大落后于排名靠前的省份。江苏、湖北情况比较

类似，入选杰青和籍贯为两省的杰青人数较为接近。但是杰青籍贯靠前的省份如山东、湖南、安徽、河南等，这些省份的杰青产出数量要大大高于这些省份当选的杰青数，这从侧面反映出以上省份虽然能够培养出不少杰出人才，但由于政策、经济等各种社会环境因素对杰青人才的综合吸引力不强，最终导致人才流向外省。如图3-8所示。

表3-7　　　　　　　　2018年"杰青"所在单位与籍贯

顺序	省市	2018年"杰青"所在单位	2018年"杰青"籍贯	净值	顺逆差
1	北京	72	2	70	顺差
2	上海	24	1	23	顺差
3	江苏	17	15	2	顺差
4	湖北	11	14	-3	逆差
5	广东	10	4	6	顺差
6	天津	9	1	8	顺差
7	陕西	7	5	2	顺差
8	安徽	6	15	-9	逆差
9	浙江	6	9	-3	逆差
10	甘肃	5	2	3	顺差
11	黑龙江	5	6	-1	逆差
12	辽宁	5	8	-3	逆差
13	四川	5	6	-1	逆差
14	湖南	3	17	-14	逆差
15	重庆	3	6	-3	逆差
16	吉林	3	4	-1	逆差
17	福建	2	3	-1	逆差
18	山东	2	18	-16	逆差
19	海南	1	0	1	顺差
20	河北	1	4	-3	逆差
21	河南	1	12	-11	逆差
22	江西	1	11	-10	逆差

续表

顺序	省市	2018年"杰青"所在单位	2018年"杰青"籍贯	净值	顺逆差
23	山西	1	0	1	顺差
24	宁夏	0	2	-2	逆差
25	广西	0	2	-2	逆差
26	云南	0	2	-2	逆差
27	新疆	0	1	-1	逆差
28	青海	0	1	-1	逆差

（资料来源：青塔微信公众号。）

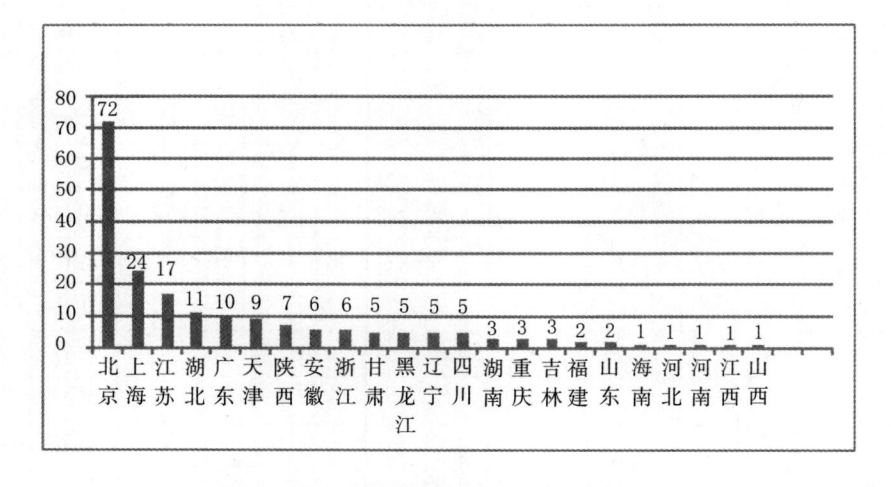

图3-8　2018年国家杰青资助各省人数

北京72、上海24、江苏17、湖北11、广东10、天津9、陕西7、安徽6、浙江6、甘肃5、黑龙江5、辽宁5、四川5、湖南3、重庆3、吉林3、福建2、山东2、海南1、河北1、河南1、江西1、山西1

（资料来源：青塔微信公众号。）

（五）单位分布分析

根据1994—2018年杰青所在单位隶属部门分布情况，可以发现分布在教育部的占比最高，高达51%；其次为中科院系统，占比为33%；分布在地方、其他部委和企业的杰青则相对较少。杰青为了专注科学研究和自身事业发展，一般会选择科研支持力度大、科研设备齐全的高校或科研机构作为自己的工作单位。此外，各高校为了"双一流"建设，对各地的杰青人才进行争抢，一定程度上加剧了杰青人才向高校的聚集。

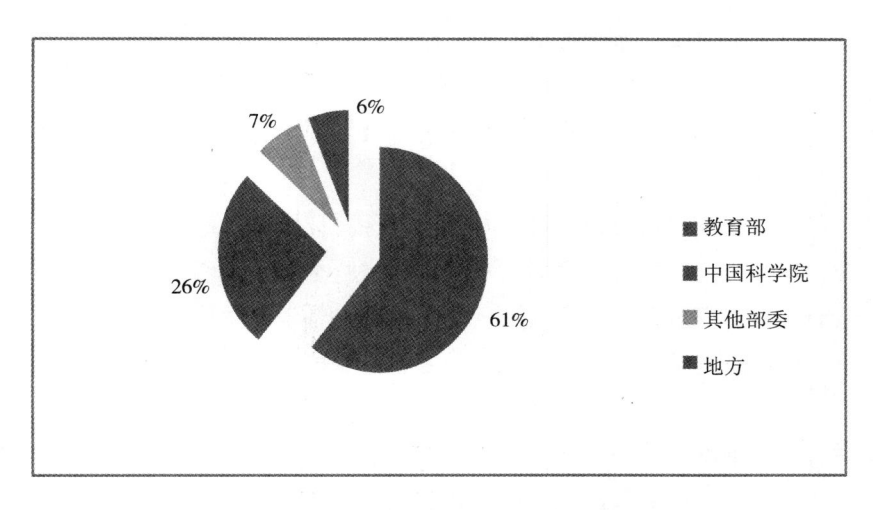

图 3-9　1994—2018 年国家杰青所在单位性质

（数据来源：1994—2013 年数据来源于杨卫《杰青基金 20 年打造基础研究梦之队》，《中国科技奖励》2014 年第 10 期，第 30 页；2014—2018 年数据为作者根据网络资源整理所得。）

四　中国两院院士现状分析

（一）中国两院院士概况

"两院院士"在我国是对中国科学院院士和中国工程院院士的统称，是我国科学技术和工程技术领域的最高终身荣誉称号。院士（Academician）最早源于 Academy，传说是古希腊的一位英雄，他牺牲自己拯救了雅典免遭劫难。为了纪念这位智慧勇敢的英雄，后人建立了一个以 Academy 命名的幽静园林。很多智慧的学者受到 Academy 智慧勇敢精神的感召，在建园后的近 1000 年的时间里，争相在园内讲学，形成了一个自发的学术团体，很多学术团体受其影响也自称"Academy"。其后，法国在 1666 年率先成立了皇家科学院，并把到该院工作的著名科学家称为院士"Academy"。此后，很多国家诸如英国、普鲁士、美国等纷纷效仿，使用"院士"来称呼自己国家最杰出的科学家。由此，"院士"成为学术界给予科学家的最高荣誉称号。

1948 年 3 月，基于学术成就而非政治主张的推选理念，通过层层选拔，我国产生了最早的一批包含自然科学和人文社会科学学科在内的

81名院士——"中央研究院院士",如异议人士郭沫若先生因为在甲骨文等考古工作方面的突出成果而获得胡适举荐并获选。这次选举中,除了中央研究机构以外,获选人数最多的四所大学是北京大学、清华大学、南京大学、浙江大学。

各学部常务委员会组织院士对候选人进行评审和选举。评审必须坚持标准,遵循公正、客观的原则,对候选人进行全面、科学的评价。选举实行差额无记名投票,差额比例为百分之四十。各学部参加投票选举的院士人数,应超过本学部院士人数的二分之一。获得赞同票不少于投票人数三分之二的候选人,按本学部应选名额,根据得票数依次当选,满额为止。选举结果分别由各学部常务委员会检查确认,经院士大会常设领导机构审议批准后,以书面形式向全体院士通报。在科学技术领域做出系统的、创造性的成就和重大贡献,热爱祖国,学风正派,具有中国国籍的研究员、教授或同等职称的学者、专家(含居住在香港、澳门特别行政区和台湾省以及侨居他国的中国籍学者、专家),均可被推荐并当选为中国科学院院士。

增选院士每两年进行一次,每次增选总名额不超过60名。各学部每次增选名额的分配,由院士大会的常设领导机构根据学科布局和学科发展趋势确定。院士候选人通过以下两种途径推荐,不受理本人申请。

第一,院士直接推荐候选人。每次增选,每位院士推荐候选人限额不超过两名;获得3名或3名以上院士推荐为有效。对居住在香港、澳门特别行政区和台湾省以及侨居他国的中国籍学者、专家的推荐,仅适用此款。

第二,国内各有关科学技术研究机构、高等院校和中国科协所属一级学会,按组织系统推荐候选人。此类候选人,必须经过其主管部门、中国科协或省、自治区、直辖市组织初选。

(二)院士现状分析

1. 数量分析

中国科学院每两年从国内外最优秀的科学家增选一次院士人选,先后于1955年、1957年、1980年、1991年、1993年、1995年、1997年、1999年、2001年、2003年、2005年、2007年、2009年、2011年、2013年、2015年、2017年增选了17次,截至2017年,中国科学院院士共计

800人。①

中国工程院成立于1994年,是我国工程技术界的最高荣誉性、咨询性学术机构,由院士组成,其主要任务是对国家重要工程科学与技术问题开展战略研究,提供决策咨询,致力于促进工程科学技术事业的发展。中国工程院院士每两年增选一次,先后于1994年、1995年、1996年、1997年、1999年、2001年、2003年、2005年和2007年、2009年、2011年、2013年、2015年、2017年增选了14次,截至2017年,中国工程院院士共计877人。② 如图3-8所示。

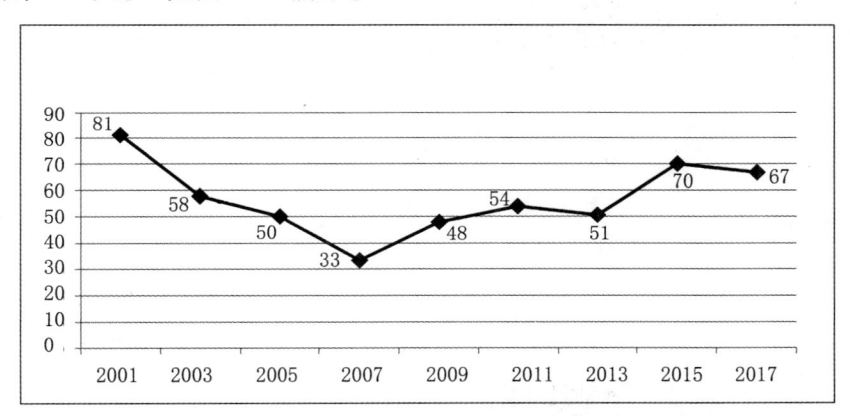

图3-10 2001—2017年工程院院士增选数量变化趋势

(资料来源:中国工程院院士学部。)

2. 性别年龄分布

2001年以来,共有494名男院士18名女院士。尽管今年有67位学者成为新晋院士,但其中女院士仅有4位,占比5.97%;2001年以来,总共也仅有18名女院士入选,而增选的院士数量达512人,女院士占比3.51%。与中科院院士相比,工程院院士年龄还是相对高一些,女院士占比也相对小一些,但平均年龄总体趋势是相同的(如图3-11、图3-12),综合来看,增选院士有年轻化的趋势,女院士虽然占比很少,却也稳步增加,相信随着院士增选制度的完善,男女比例会逐渐缩小,院士也

---

① 百度百科:两院院士(https://baike.baidu.com/item/%E4%B8%A4%E9%99%A2%E9%99%A2%E5%A3%AB)。

② 同上。

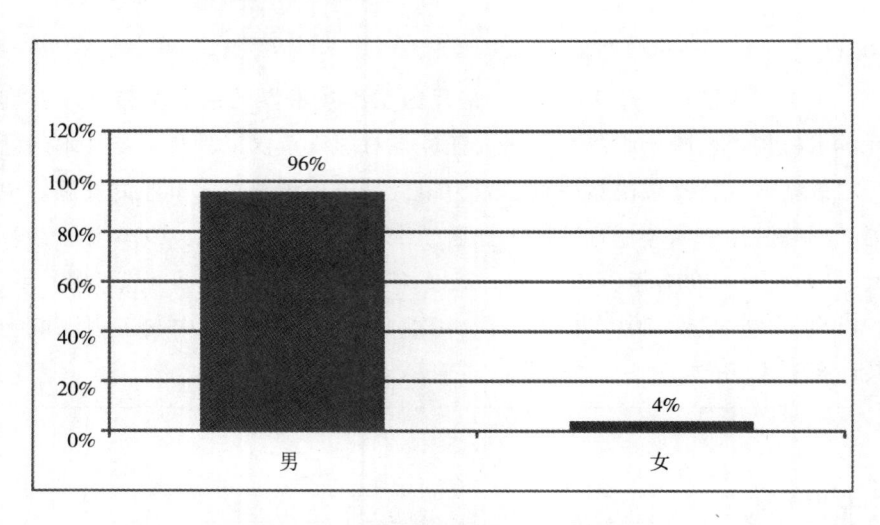

图 3-11 中国科学院院士性别分布

(资料来源：中国科学院院士学部。)

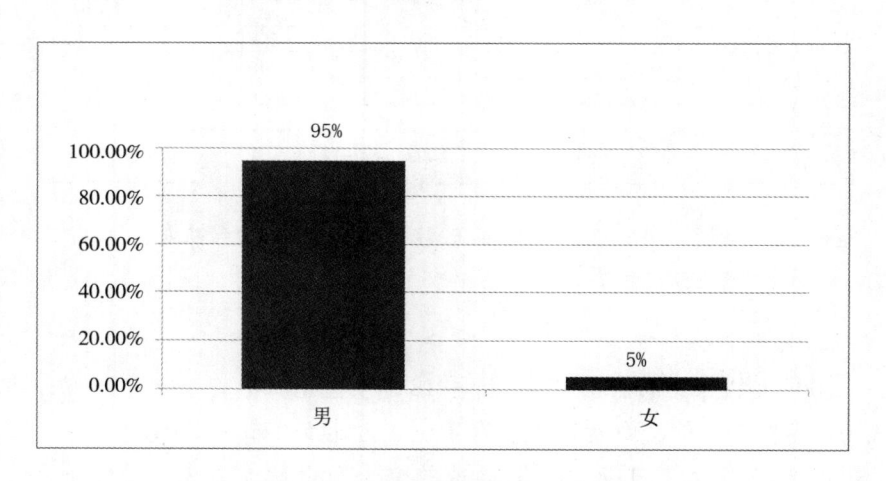

图 3-12 中国工程院院士性别分布

(资料来源：中国工程院学部，院士信息统计，http://www.casad.cas.cn/doc/14960.html)

会逐渐呈现年轻化。

中国科学院院士年龄分布：院士平均年龄为 73 岁，年龄分布情况如图 3-13 所示。

2017 年当选的 67 名院士中，男性 63 人，占 94%；女性 4 人，占

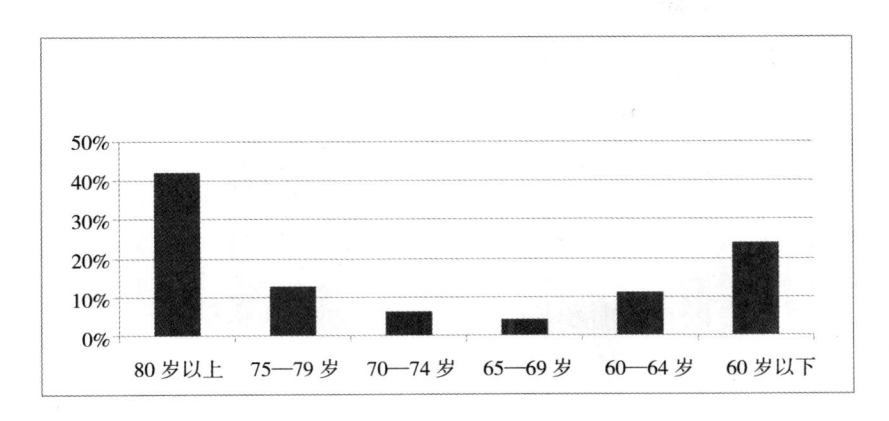

第三章 我国科技人才引进发展基本状况　87

图 3 – 13　中国科学院院士年龄分布

（资料来源：中国科学院学部，院士信息统计，http://www.casad.cas.cn/doc/14960.html）

6%。最小年龄 49 岁，最大年龄 67 岁，平均年龄 56.37 岁。60 岁（含）以下的 57 人，占 85%；61 岁至 70 岁（含）的 10 人，占 15%，更多优秀的中青年工程科技专家当选。新当选院士中，来自高等院校的有 31 人，占 46.2%；研究院所 18 人，占 26.9%；企业及医院 18 人，占 26.9%。多位来自企业和基层一线的工程科技专家，以及长期工作在新疆、甘肃等西部边远地区的优秀专家当选。外籍院士增选结果同步产生，本次增选共有 18 位外籍专家当选为中国工程院外籍院士。通过本次院士增选，院士队伍的年龄结构、学科覆盖和地区分布得到进一步改善，这将更有利于发挥院士群体的作用，推动我国工程技术的发展和激励优秀人才的成长。外籍院士队伍建设迈上新的台阶，也从增选机制上为今后的发展打下了坚实基础。这将为我国推进国际交流与合作，提升中国工程院在国际工程科技界的影响力，建设国际一流的工程院发挥更加积极的作用。

3. 区域分布分析

分析历年数据，从 2017 年增选院士的依托高校地域分布的特点来看，北京依然占据优势，共有 49 名院士入选；上海、江苏、陕西、湖北、黑龙江、湖南也占据优势。如图 3 – 17 所示，院士数量分布极不均衡，院士的工作单位大多聚集在北京、上海等大城市，但籍贯是北京和上海的院士数量并不多，说明现在大部分北京上海的院士都是外来省份过来做科研工作的。反映出目前国内各地教育资源分布不均的问题，但相对中科院院

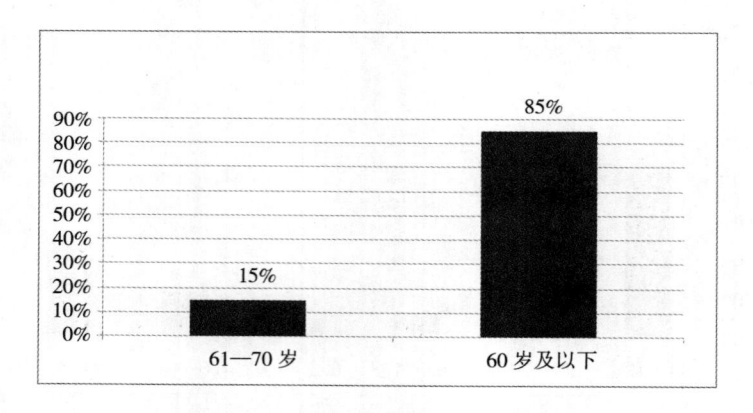

图 3-14 中国工程院院士年龄分布

(资料来源：中国工程院学部，院士信息统计，http://www.casad.cas.cn/doc/14960.html)

图 3-15 中国工程院院士平均入选年龄

(资料来源：中国工程院学部，院士信息统计，http://www.casad.cas.cn/doc/14960.html)

士，工程院的地域差异要小很多，北京不再占极端性优势，地域差异依旧存在，但相对中科院院士更均衡一些。中国科学院院士工作地分布在全国 25 个省、直辖市、自治区，其中，北京市 406 人，上海市 101 人，江苏省 45 人，湖北省 25 人，陕西省 23 人，广东省 21 人，辽宁省 19 人，以上 7 个省、直辖市、自治区共有院士 640 人，占全体院士的 81%。中国工程院院士北京也有 261 位，上海有 53 位，江苏有 31 位。北京高校云集，科研院所扎堆，资源聚集，政策红利，所以聚集了全国最多的院士。

籍贯方面，如表 3-8 所示，1955—2017 年中国两院院士籍贯分布中，院士籍贯多在江浙，院士籍贯前五名中江苏有 463 位，浙江有 395 位，山东有 157 位，广东有 149 位，湖南有 147 位。江浙盛产院士的原因在后文（第五章第二节）有阐释。苏州籍可以说是在全国省市中位列第一，至 2017 年，苏州籍院士达到了 110 位，如果再加上外籍院士，截至 2018 年，苏州共计从 17 所高中走出两院院士、外籍院士 139 位。

表 3-8　　　　1955—2017 年中国两院院士籍贯分布

序号	省份	中国科学院	中国工程院	总计
1	江苏	282	181	463
2	浙江	249	146	395
3	山东	78	79	157
4	广东	95	54	149
5	湖南	73	74	147
6	福建	102	39	141
7	安徽	83	41	124
8	河北	58	51	109
9	湖北	47	49	96
10	上海	46	40	86
11	四川	42	41	83
12	河南	43	31	74
13	辽宁	25	48	73
14	江西	45	23	68

续表

序号	省份	中国科学院	中国工程院	总计
15	陕西	26	20	46
16	北京	24	22	46
17	山西	17	25	42
18	重庆	19	17	36
19	吉林	12	18	30
20	天津	14	15	29
21	黑龙江	7	13	20
22	云南	6	8	14
23	广西	6	4	10
24	甘肃	4	5	9
25	贵州	7	2	9
26	内蒙古	4	4	8
27	台湾	1	5	6
28	新疆	1	3	4
29	海南	1	3	4
30	宁夏	1	0	1
31	西藏	0	1	1

（资料来源：作者根据网络资料整理而制。）

苏州为什么成为"院士之乡"？专家分析主要有经济富裕、社会安定、教育发达、藏书丰富以及家族影响等五大原因。[①] 这里数千年崇文重教，历年来出文人才子，科举中更是状元辈出，发起于隋朝开科取士衰亡于清末的科举制度存续的1300年间，苏州共出状元46名，占到全国文状元（596名）的7.72%，清代出的状元更是占到全国的22.81%。现代科技人才的诺贝尔奖获得者李政道、吴健雄；"两弹一星"元勋王淦昌、王大珩也是出自苏州[②]，苏州有强大的基础教育资源，据"苏州教育"发布的

---

① 《苏州："状元主产地"》，《国学》2009年第9期，第19—21页。
② 每日经济新闻：《中国"出产"两院院士最多的城市竟然不是北京上海》（https://news.china.com/domestic/945/20190505/35826032_2.html.）。

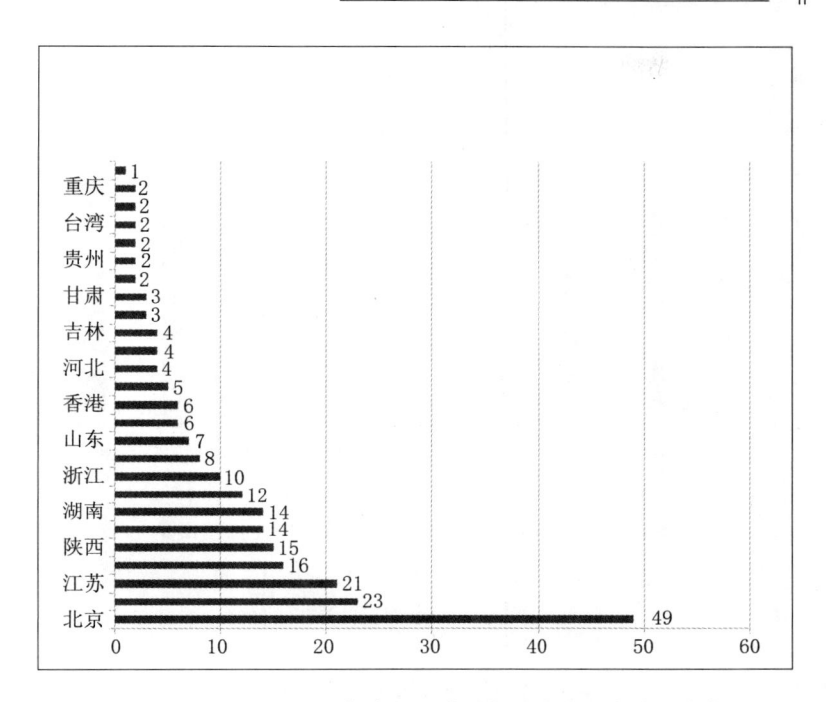

图 3-16 2001—2017 年高校入选工程院院士所在地区分布

北京	49
江苏	23
上海	21
陕西	16
湖北	15
湖南	14
四川	14
浙江	12
辽宁	10
山东	8
安徽	7
香港	6
黑龙江	6
河北	5
天津	4
吉林	4
广东	4
福建	3
甘肃	3
云南	2
贵州	2
河南	2
台湾	2
江西	2
重庆	1

（资料来源：新世纪以来中国工程院院士增选观察：工程院院士比中科院院士"年纪大"：http://www.sohu.com/a/207821885_773043）

"全国院士培养十强中学榜单"中，苏州就有两所，共培养了84名院士。

4. 学校分布分析

如图 3-17，2001—2007 年，工程院院士增选数量的变化整体呈现下降趋势，到了 2007 年最少仅仅增选 33 人。而近几届的院士增选，增选数量有抬头趋势。2017 年较 2016 年虽有略微下降，但整体趋势平稳上升。从图 3-17 可以看到，每年的院士增选来自高校的人数基本保持在 46% 的比例，应该说是不错的，但相对中科院院士来说，高校占比还是偏小。

根据 2017 年最新数据，我国高校中院士数最多的前五名是北京大学、清华大学、上海交通大学、复旦大学、浙江大学，北大、清华每年高考状元云集，这里聚集了全国最好的科技人才和各种资源，得天独厚，是有资格拔得头筹的。浙江大学在院士的培养上能有如今的成就，与当年浙大一共合并了三个"211"大学和一个省重点大学有很大的关系。

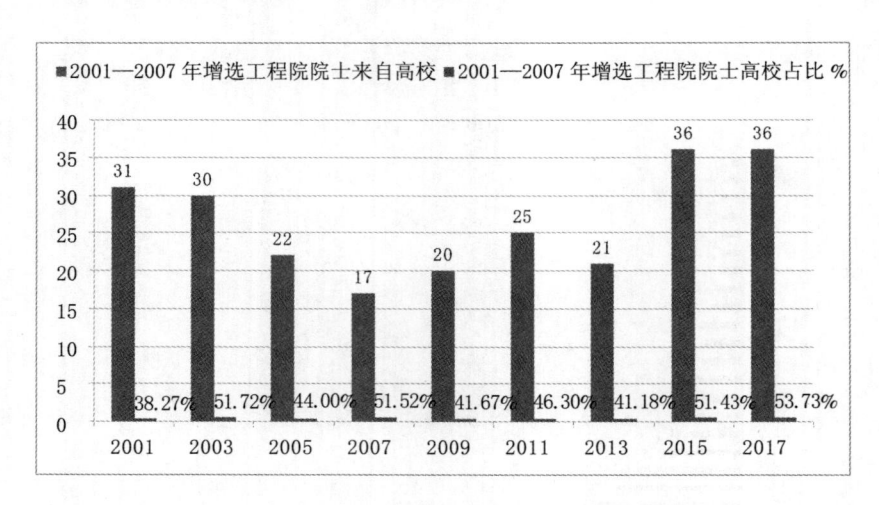

92　科技人才引进发展的比较研究

图 3-17　2001—2017 年增选工程院院士高校占比

（资料来源：《新世纪以来中国工程院院士增选观察：工程院院士比中科院院士"年纪大"》，http://m.sohu.com/a/207821885_773043）

表 3-9　　　　　　　2017 年两院院士高校数量前 10 名

排名	高校名称	院士数量
1	北京大学	90
2	清华大学	78
3	上海交通大学	47
4	复旦大学	44
5	浙江大学	38
6	哈尔滨工业大学	35
7	中国科技大学	34
8	南京大学	31
9	北京协和医学院	28
10	西北工业大学	26

（资料来源：《2017 全国高校院士数量排行榜前 10 强，北京大学 90 人雄踞第一！》，http://www.sohu.com/a/193235850_403263）

5. 学科分布分析

如图 3-18 所示，当前中国科学院院士共有六大学部，包括技术科学部（18%）、数学物理部（19%）、化学部（16%）、生命科学和医学学部

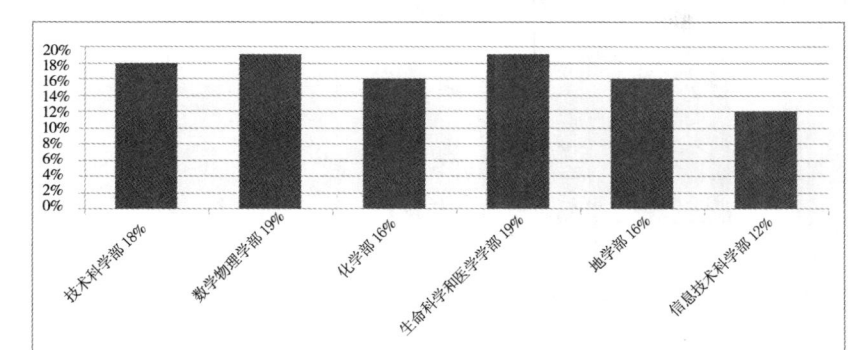

(19%)、地学部（16%）和信息技术科学部（12%）。

图 3-18　2018 年中国科学院院士学科分布

（资料来源：中国科学院学部，院士信息统计，http://www.casad.cas.cn/doc/14960.html）

根据教育部公开资料统计数据来看，学科分布与学部设置保持高度一致，在中科院院士学科分布中，理学占到了首位，高达 61.04%，工学排第二，占到了 30.12%，其次是医学（5.65%）、农学（2.75%），剩余的是占比比较少的教育学、管理学、历史学和哲学。[①] 从这个分布来看，传统基础学科占据绝对优势，基础学科的创新水平代表这一个国家的科学水平。化学成为当选中国科学院院士最多的一级学科（187 位），物理学排名第二（172 位），第三是生物学（169 位），第四是地质学领域（128 位）。

中国工程院院士学科分布：

从中国工程院院士的学科分布上，如图 3—19 所示，根据中国工程院官网显示，工程院共分为九大学部，院士数量分别是机械与运载工程学部（123 人，占比 14.30%）、信息与电子工程学部（124 人，占比 14.40%）、化工、冶金与材料工程学部（107 人，占比 12.50%）、能源与矿业工程学部（117 人，占比 13.60%）、土木、水利与建筑工程学部（106 人，占比 12.30%）、环境与轻纺工程学部（55 人，占比 6.40%）、农学学部（77 人，占比 9%）、医药卫生学部（117 人，占比 13.60%）、

---

① 《历年当选的两院院士，来自哪些学科的多？》（http://www.sohu.com/a/280907529_232611）。

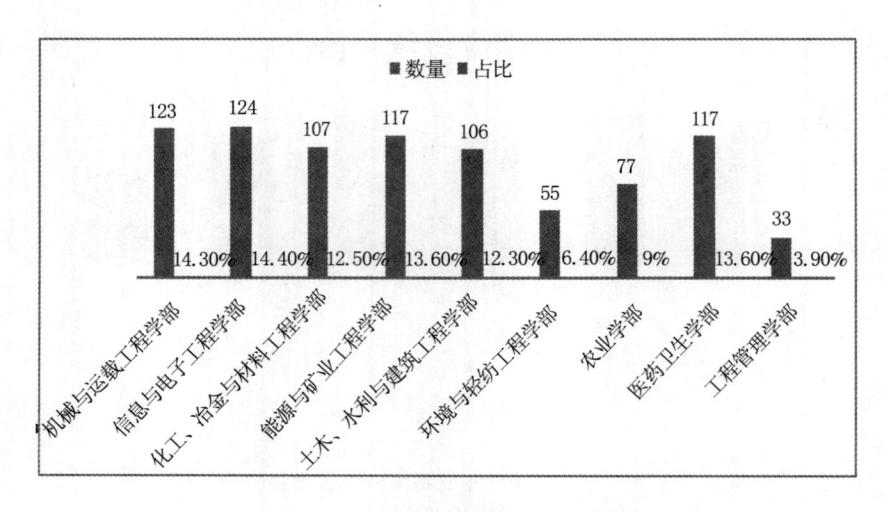

图 3-19　2018 年中国工程院院士学部院士分布

（资料来源：中国工程院官网：http://www.cae.cn/）

工程管理学部（33 人，占比 3.90%）。从学科分布来看，其中，工学占比最高（67.66%），医学次之（12.67%），理学第三（10.07%），农学第四（8.11%），管理学和军事学仅占到 1.49%。

五　典型高层次科技人才现状分析小结

在这四个高层次科技人才专项中，按照引进发展分类的标准，"长江学者奖励计划""百人计划"是重在引进的计划，"长江学者奖励计划"重在发展使用，"杰出青年基金"是依托项目针对人才的重点培养，"两院院士"是我国科技人才的最高荣誉，是我国科技人才发展的最高目标。"杰出青年基金"和"两院院士"虽然各有侧重，但这些人才专项大多采取了分阶段、分步骤实施的形式对科技人才进行培养，其自身也跟随国家需求、经济发展和前一阶段的实施效果反复不断调整、完善。此外，从目标来看，"百人计划"和"长江学者奖励计划"更强调对优秀人才的吸引，希望通过计划的实施，壮大我国高层次人才的队伍，尤其是"百人计划"，结合项目的人才吸引、培养方式取得了较大成效；而"杰出青年基金"着力在已有人才在名誉和支持方面做工作，是对高层次优秀人才的激励。这些都为我国高层次人才的培养奠定了基础。

根据上述政策和人才专项的分析，现得出以下基本结论：

第一，我国高层次科技人才政策体系相对完善，为我国引进培养发展了大批的高层次科技人才。从上述分析来看，我国在科技人才建设上投入了大量的人力、物力，我国高层次科技人才制度已基本构成一个体系，包含了科技人才的引进、培养、发展，即科技人才"引得进""留得住""用得好"的政策体系。我国越来越重视科技人才尤其是高层次科技人才的重要作用，习近平总书记"人才资源是第一资源"的理念已深入人心，各个机构出台的相关政策、措施已经切实解决了人才建设中面临的一些具体问题，并在整体上发挥了重要作用。

第二，科技人才专项制度发展的趋势呈现出以下特点：一是政策倾向的对象逐步年轻化，由45岁为限开始向45岁以下的人才转移；二是由重视个体引进到重视团队培养的目标转变，引进与培养人才的重点由高层次人才个体开始转向"个体"与"团队"的合作，如国家自然科学基金在2000年设立创新研究群体科学基金，资助国内以优秀科学家为学术带头人、中青年科学家为骨干的研究群体，围绕某一重要研究方向在国内进行基础研究和应用基础研究；三是引进和培养共行，未来我国的科技人才专项计划更加侧重科技人才的培养与发展。各项人才计划，有的本身是名誉性质的，有的则侧重对项目的实质性支持。总体而言，各项人才政策本身也在不断地完善和发展。

第三，高层次科技人才专项制度不尽完美，还需要不断发展完善。现有政策中，有的落实到位，在实际工作中发挥了较大的作用；有的则在执行方面存在问题，需要引起关注。这些落实不到位的政策，主要原因集中在两方面：政策本身比较宏观，虽然涉及现实问题的诸多方面，但具体措施不明确，操作起来有难度，作用难以评估；政策针对某些具体问题做出规定，但要落实到位需要其他相关政策、措施的配合，这些相关政策往往成为瓶颈，影响政策实施的效果。此外，科技体制机制问题，是制约人才发展的首要因素，是下一阶段需着力解决的重中之重。[1]

---

[1] 科技领军人才的选拔培养状况调查课题组：《科技领军人才的选拔培养状况调查报告》，中国科学技术出版社2013年版，第86—100页。

第四章 我国科技人才引进发展的政策分析

第一节 科技人才引进发展的政策界定

一 科技人才引进发展的政策概念

科技人才的政策是指针对科技人才制定的相关引进发展的政策与计划。本书所指科技人才政策是指国家和地区党政部门、机构等在一定时期内采取的涉及科技人才引进、培养、使用、管理等活动的一系列政策措施。目前国际上科技人才政策主要涉及科技人才引进、培养、使用、激励、流动等方面的政策。

引进性政策是指在人才引进之初时给予人才各种物质精神奖励以求吸引人才的政策设计。它关注的是人才如何"引得进"的措施，解决的是人才回流引力的问题，主要包括人才的薪酬待遇、创新创业资助、住房、落户、出入境、子女入学、社会保障、医疗等政策。发展性政策是指为了促进科技人才的个人发展，发挥他们的积极性、主动性、能动性，实现个人价值最大化而进行的政策设计，主要涉及的是科技人才"用得好""留得住"的问题。从当前的政策来看，在发展性政策方面主要包括了税收优惠、职务职称评定、投融资支持、企业技术转化支持、研发支持等政策内容。[①] 在很多时候，引进政策和发展政策是相互结合的，引进中有发展，发展是为了更好地引进，相辅相成，彼此促进，所以在分析政策时有时两者也放到一起分析。

---

① 吴帅：《我国引进海外人才政策创新研究》，党建读物出版社2015年版，第150—170页。

二 科技人才引进发展的政策作用

在全球化和知识经济浪潮持续发展的背景下,科学技术的发展日趋成为促进经济增长和社会进步的直接动力。科技人才是提高国家竞争力、促进科技进步和经济发展的主要影响因素,已成为衡量一个国家综合实力和国际地位的重要因素。世界各国都把科技人才战略作为国家发展战略的重要组成部分,科技人才成为世界各国竞争的核心资源,各国之间的竞争演变为科技人才之间的竞争。在这样的形势下,各国纷纷出台了一系列科技人才引进与发展政策,以期激励和留住优秀的科技人才。

良好的政策是管理的前提和基础。科技人才引进发展政策为吸引和发展科技人才提供了政策依据和制度标准。科技人才能促进科技创新的发展与进步,科技顶尖人才的竞争早已在全球范围内展开,各国纷纷制定科技人才引进与培养政策来网罗和储备全球科技人才。美国、英国、加拿大等国相继出台一系列科技人才引进政策(如表4-1),其中效果最为显著的是美国。在科技创新方面,美国创新专利总量的1/3是由14%的外来科技移民获得的;在科技创业方面,外来移民创建了美国1/4的高科技公司。[1] 美国卡托研究所史蒂芬·摩尔表明,每引进一位高层次科技人才相当于给美国带来大约11万美元的人力资本。[2] 在我国,通过人才计划引进与培养的高层次科技人才,在突破关键技术、引进新兴产业、推动学科建设、促进产业升级等方面做出了重要贡献,积极投身于祖国的科研创新事业,成为促进我国科技发展的中坚力量。2014年,汤森路透发布《2014年全球最具影响力的科研精英》(Highly Cited Researchers,2014),甄选出3000多名全球最具影响力的科研精英,有111位来自中国大陆,其中有36位在中关村工作[3],这些科研精英是引领我国加快创新驱动发展、推动科技进步与经济发展的中坚力量。

---

[1] 苗绿、王辉耀、郑金连:《科技人才政策助推世界科技强国建设——以国际科技人才引进政策突破为例》,《中国科学院院刊》2017年第5期,第521—529页。

[2] 毛黎:《美国人才引进政策造就其高技术领域优势》,《科技日报》2009年1月15日,第5版。

[3] 中关村科技园区管理委员会:《中关村国家自主创新示范区人才特区发展报告(2015)》,北京出版社2016年版,第53页。

表 4-1　　各国引进科技人才的十大策略

序号	吸引政策	代表国家和地区
1	完善技术移民制度吸引高技能科技人才	美国、澳大利亚、德国、英国等
2	执行双重国籍吸引环境型科技人才	俄罗斯、日本、韩国、印度、巴西
3	大力招收科技、技术、工程、数学领域留学生	美国、澳大利亚、加拿大等
4	对高层次科技人才给予补贴或税收优惠	德国、韩国、马来西亚、泰国等
5	鼓励跨国公司吸收海外科技人才	美国、以色列等
6	设立国家猎头全球搜寻高科技人才	新加坡、以色列等
7	引导海外专业社团推动科技人才回流	印度、以色列等
8	建立国际科技人才信息库与交流市场	韩国、印度等
9	积极推动国际科技交流与合作储备科技人才	欧盟、以色列等
10	建立高科技园区集聚科技人才	美国、韩国、印度等

（资料来源：苗绿、王辉耀、郑金连：《科技人才政策助推世界科技强国建设——以国际科技人才引进政策突破为例》，《中国科学院院刊》2017年第5期，第521—529页。）

　　科技人才引进发展政策的核心是人才，从知识经济的角度来说，人才的本质是人力资本，人才的引进与培养是人力资本的一种投资形式。美国经济学家西奥多·舒尔茨（Theodore Schultz）提出，除自然资源、实物资本和劳动力外，人力资本是生产力提高的另一重要因素。[1] 人力资本与劳动生产率正相关，通过对人进行资本投入，促进个人劳动产出和社会财富增加。人才引进与培养政策就是对人才进行资本投入，促进科技人才的科技成果和学术成果产出，进而促进经济发展和社会进步。现代经济的快速发展和生产要素的重新分配，加速了包括人才资源在内的各种资源的全球流动。哪个国家占据了一流的人才，就掌握了强大的人力资本，拥有了科技创新的主动权。引进高层次科技人才是顺应全球人才流动和增强国际竞

---

[1] ［美］西奥多·W. 舒尔茨：《论人力资本投资》，北京经济学院出版社1990年版。

争力的重要手段,科技人才引进和培养政策有助于从顶层设计上统筹建设世界科技强国,有助于引进顶尖科技人才打造高水平科研团队,形成全球科技人才聚集机制。中国自20世纪90年代初以来相继实施了"百人计划""国家杰出青年科学基金计划""长江学者奖励计划""国家优秀青年科学基金项目"等一系列科技人才引进与培养政策,吸收和汇聚了大批高层次科技人才,有效缓解了我国高层次科技人才短缺和断层的压力,提升了我国高等院校和科研院所的科学研究水平和人才培养质量,推动了一系列高水平科研成果的产生,为满足我国重大战略发展需求和提升我国科研竞争力发挥了积极作用,为国家的建设发展提供了坚实的人才资源基础和智力支撑,充分彰显出国家对科技人才进行人力资本投资的巨大价值。

第二节 我国科技人才引进发展的主要政策

一 引进政策发展历程

我国政府历来重视科技人才,自中华人民共和国成立以来,我国科技人才引进政策的发展可以大致划分为以下三个阶段。

（一）初探阶段

中华人民共和国成立初期,受苏联体制影响,我国实行高度集中式的计划经济体制。在这一阶段,我国内部科技资源稀缺,并受到国际封锁,该体制能将我国有限的资源集中起来,促进了科技的发展。伴随着第一个五年计划的实施,我国各领域人才匮乏的问题日益突出,党和国家开始在人才队伍建设方面进行开创性的工作。中共中央主要通过两种方式引进高层次科技人才:一是委托苏联代为培养;二是积极争取海外留学生回国发展。1956年2月22日,中共中央通过《关于争取尚在资本主义国家留学学生回国问题的报告》,确定以争取在美留学的留学生为重点的人才引进方针,要求各部门集中全力,在三年时间内把在外留学的学生引回中国。并结合当时的社会发展状况,提出一系列人才引进的改善措施,提高对高层次科技人才的待遇水平。

"文化大革命"期间,我国的科技研究事业遭受重大破坏,失去了原有的工作环境和条件,国家交流活动一度中断,人才引进措施也几乎中止。虽然,邓小平在重压之下采取了一系列整顿工作,但在高层次科技人才引进方面收效甚微。总体而言，从中华人民共和国成立到1978年这一阶段，我国在科技人才引进方面进行了有益的探索和尝试，在一定程度上促进了我国科技的发展，产生了诸如"两弹一星"等重大科技成果。但因"文化大革命"而造成的科技人才引进政策中断、科技人才断层等问题，使我国在本阶段尚未形成完善的人才引进体系。

（二）恢复阶段

1978年随着改革开放的实行，我国科技事业开始从混乱恢复正常。1978年3月，第一次全国科学大会召开，邓小平重申"科学技术是生产力"的观点，我国科技的发展迎来了春天。科技奖励制度、引智工程、人才流动与聘用制度等各种人才引进制度逐步走上正轨。1989年，国家颁布《关于争取优秀留学博士回国做博士后的通知》，进一步放宽对海外留学博士回国做博士后的限制，促进科技人才引进工作的发展进程。为加快学科带头人的培养步伐，解决人才断层问题，1993年中科院率先提出"百人计划"，旨在引进高层次科技人才促进学科发展和科技进步。1994年，党中央国务院批准设立国家杰出青年科学基金，设立专款支持高水平留学回国人员进行科学技术研究工作，力图吸引和争取更多的高层次科技人才。随后，各种人才引进计划逐步兴起。教育部开始实行"春晖计划"，支持和鼓励高层次科技人才短期来华服务；人事部等部门联合制定实施"百千万人才工程"；人事部联合国家教委、外交部出台了《关于回国（来华）定居专家工作有关问题的通知》和《关于来华定居工作专家工作安排及待遇等问题的规定》，对高层次科技人才定居中国的工作安排、待遇补助等做出了专门的规定。

在此阶段，我国的高层次科技人才引进工作得到了恢复和发展，人才政策体系已基本确立，人才专项成为吸引人才的重要手段。"百人计划"与"国家杰出青年科学基金计划"等人才专项计划的实施吸引了大批海内外高水平科技人才，为我国后续相关引才政策的实施开展奠定了良好的基础。

（三）发展阶段

随着知识经济的兴起和全球科技竞争的加剧，为适应全球发展形势和提升自身综合国力，我国开始实施科教兴国战略和人才强国战略，建设国家创新体系和创新型国家成为人才政策的宗旨和导向。1998年，我国开始启动知识创新试点工程，提出第一个综合性的人才队伍建设规划《2002—2005年全国人才队伍建设规划纲要》，明确指出信息技术、生物技术、新材料技术、先进制造技术、航空航天技术等方面具有世界一流水平的专家，金融、法律、国际贸易和科技管理方面的高级专门人才是国家紧缺、急需引进的人才。该阶段科技人才得到进一步的重视，吸引海外高层次科技人才来华工作的力度进一步加大。《国家中长期科学和技术发展规划纲要（2006—2020年）》提出重要岗位逐步实行海内外公开招聘的措施，在配套措施中还提出团队引进、核心人才带动引进、高新技术项目开发引进等多种引进方式。《留学人员回国工作"十一五"规划》提出实施留学人才回国规划，建立海外高层次留学人才回国工作绿色通道。《关于进一步加强引进海外优秀留学人才工作的若干意见》中提出建立完善的信息化人才库，建立起海外留学优秀人才双向选择平台。《关于在留学人才引进工作中界定海外高层次留学人才的指导意见》《关于鼓励海外高层次留学人才回国工作的意见》以及《中共中央国务院关于进一步加强人才工作的决定》等政策中，为高层次留学人员回国工作提供了完善的住房、医疗、社保、家属上学就业等政策，营造了良好的工作环境和福利待遇，以此加强对高层次科技人才的吸引力。

为更好地吸引高层次科技人才，我国根据科技人才跨国流动频繁、对出入境及工作居留政策要求高等特点，以科技人才出入境政策为突破口，不断进行改革和突破。2015年6月，公安部根据《外国人在中国永久居留审批管理办法》的有关规定，扩大申请在华永久居留外国人工作单位范围，新增国家实验室、国家重点实验室等类别。在上海、北京、福建、广东等重点地区公安部相继推出了一系列涉及科技人才出入境的政策措施，如北京中关村及上海自贸区均为具有博士学位的外籍华人开通直接申请永久居留的通道，以此激发海外科技人才回国服务的政策吸引力，汇集国际科技人才，构建更加开放灵活、更具竞争力的人才引进制度。

该阶段人才专项计划方面也有新的创新和发展。1998年8月，教育部与李嘉诚基金会共同实施"长江学者奖励计划"，延揽海内外科技人才；"百人计划"在该阶段得到继续推进与完善；1998年，"国外杰出人才计划"启动实施；2001年，"海外知名学者计划"开始实施；同年，中科院与外专局联合实施"创新团队国际合作伙伴计划"，为优秀华裔学者的智力引进提供了平台；2002年，人事部启动"高层次留学人才回国资助计划"；2003年，中国科协会同海外科技团体发起"海外智力为国服务行动计划"，通过学术交流、项目合作、技术引进等方式发挥海外人才的积极作用；2006年，"高等学校学科创新引智计划"开始实施，引进高层次学科带头人，助推世界一流大学建设。"十八大"以来，党和国家对实行更加规范、更具竞争力的人才引进制度提出了更高要求。习近平总书记先后多次在不同场合指出科技人才的重要性，提出"择天下英才而用之""人才政策方面手脚还要放开一些，要集聚一批站在行业科技前沿、具有国际视野和能力的领军人才"等重要论断。人才计划成为各级政府落实决议和促进当地经济发展的重要抓手，相继出台了各种人才引进政策（如表4-2）。以我国17个万亿级省市为例，笔者搜集了下列我国地方政府引进科技人才的政策制度文件。

表4-2　十九大以来我国万亿级城市科技人才引进政策情况一览表

省市	日期	政策名称
北京	2018年2月28日	《北京市引进人才管理办法（试行）》
上海	2018年3月26日	《上海市加快实施人才高峰工程行动方案》
广东深圳	2018年10月30日 2018年5月15日	《深圳市人才引进实施办法》 《关于加强党对新时代人才工作全面领导进一步落实党管人才原则的意见》《关于实施"鹏城英才计划"的意见》《关于实施"鹏城孔雀计划"的意见》
广东广州	2018年4月22日	《广州市引进人才入户管理办法实施细则》
重庆	2019年3月5日	《关于开展2019年"百万英才兴重庆引才活动"》
天津	2018年5月16日	《天津市"海河英才"行动计划》
江苏苏州	2018年10月23日	《2019苏州太仓市高层次人才引进暂行办法》
四川成都	2017年10月30日	《成都市武侯区引进高层次创新创业人才实施办法（试行）》
湖北武汉	2017年10月11日	《武汉市大学毕业生在汉工作指导性最低年薪标准》
浙江杭州	2018年10月18日	《杭州市人民政府关于调整完善市区户口迁移政策的通知》

续表

省市	日期	政策名称
江苏南京	2018年2月26日 2018年6月4日	《南京市关于大学本科及以上学历人才和技术技能人才来宁落户的实施办法（试行）》
山东青岛	2019年3月5日	《关于印发〈青岛市青年人才在青创新创业一次性安家费审核发放实施细则（试行）〉的通知》 《关于印发〈青岛市高校毕业生在青就业住房补贴审核发放实施细则（试行）〉的通知》
湖南长沙	2018年3月30日 2018年10月20日 2018年10月20日	《引进100个科技创新人才实施方案》 《长沙市用人单位及中介组织引才奖励实施办法（试行）》 《长沙市海外引才联络站暂行办法》
江苏无锡	2018年9月6日	《中共无锡市委无锡市人民政府关于实施"太湖人才计划"升级版2.0打造国内一流具有国际竞争力人才发展高地的若干意见》
浙江宁波	2018年10月11日	《关于加快推进开放揽才产业聚智的若干意见》
河南郑州	2017年10月18日	《关于深化体制机制改革加快推进高技能人才工作的若干意见》
广东佛山	2018年11月26日	《佛山市高等教育高层次人才引进扶持办法》

（资料来源：作者根据网络资料整理而制。）

这一时期，各部门紧密配合，健全体制机制，不断更新原有的政策内容并开展新的人才引进项目，引才工作更具针对性和科学性，为高层次科技人才的引进创造了良好的环境。人才流动机制和人才市场趋于完善，通过人才引进计划吸引了大批高端科技人才，我国人才水平与国际竞争力大幅提升。

二 发展政策发展历程

人才引进政策与发展政策相辅相成，所以科技人才发展政策也可划分为三个阶段。

(一) 初探阶段

中华人民共和国成立初期，我国人才数量和质量上都远远不能满足国家建设的需要，各领域人才匮乏问题突出。该阶段的人才培养主要着眼于对现有知识分子的充分使用和大力培养新生力量、扩张知识分子队伍等方面。在中共中央拟定的高级知识分子培养规划中，提出12年内培养100多万名高级知识分子，培养出一定数量的接近现代科技发展水平的物理学家、化学家、数学家、生物学家以及其他理论科学家，能够独立解决我国现代化工业、农业、交通运输业、国防、卫生事业等技术问题。根据当时情况，国务院颁布《关于改进高级知识分子的工作条件的通知》，提出一系列改善高级知识分子住房条件、实验设备的措施，为培养高层次科技人才营造良好的工作环境。"文化大革命"期间，我国科研活动遭到破坏，高层次科技人才的培养工作被迫中止。该阶段人才培养政策的实施为我国后期的人才培养工作进行了有益尝试和积极探索，虽然中途遭到破坏，但为下一阶段人才培养政策的着力点提供了指引和方向。

(二) 恢复阶段

"文化大革命"结束后，人才政策着重于对被破坏的相关制度和机构进行恢复和发展，主要集中在人才培养制度恢复、科技人才培养机构建设、出国留学规定放宽等几个方面。1977年，国务院颁布《关于1977年高等学校招生意见》和《关于高等院校招收研究生的意见》，恢复高考制度和研究生考试制度，成为恢复人才培养政策的重大举措。同年，我国第一所研究生院——中国科学院研究生院成立，这是我国培养高层次科技人才的重要举措。为了培养更多留学人才，1979年，国家相继颁布《出国留学人员管理教育工作的暂行规定》和《出国留学人员守则》；1981年，《关于自费出国留学的请示》和《关于自费出国留学的暂行规定》开始实施；1982年，教育部颁布《关于增选出国留学学生的通知》……一系列政策的出台，迎来公派留学、自费留学等一波波的"留学热"，我国的留学潮空前高涨，为利用国际化资源培养我国人才奠定了基础。1985年，《关于试办博士后科研流动站的报告》正式出台，标志着我国博士后制度的正式确立和人才培养制度的进一步完善。1992年，《关于给部分高级知识分子发放特殊津贴的通知》《关于给做出突出贡献的专家、学者、技术人员发放政府特殊津贴的通知》《国家科委、卫生部对于有突出贡献的中青年科学、技术、管理专家医疗照顾的通知》等文件相继出台，体现出国家对科技人才的重视和关心，并对不同年龄阶段的科技人才采取各有侧重的人才政策。1996年，中科院开始实行"西部之光"计划，主要解决人才培养分布地区不均的问题，人才培养政策开始向地区倾斜。

经过该阶段的建设和发展，科技人才培养制度、职称制度等各项人才培养政策制度得到进一步完善，我国的人才培养工作取得了很大的进展。

（三）发展阶段

随着全球科技竞争的加剧和知识经济浪潮的兴起，高层次科技人才培养工作日趋重要，1998年，我国启动知识创新试点工程，人才培养政策得到进一步的完善和发展。《2002—2005年全国人才队伍建设规划纲要》和《中共中央国务院关于进一步加强人才工作的决定》等文件中明确指出，优秀学科带头人、高层次青年科技人才是国家人才培养的重点，符合区域建设需求的西部地区学科带头人和科研骨干也是人才培养的重点。《国家中长期科学和技术发展规划纲要（2006—2020年）》中提出加快培养造就一批具有世界顶尖水平的高级科技人才，破除科学研究中论资排辈和急功近利的现象，抓紧造就一批中青年高层次科研人才。以上政策呈现出该阶段人才培养政策以满足地区需求和青年科技人才需求为重点，具有世界顶尖水平的科技领军人才成为培养的重点。《关于加强专业技术人员继续教育工作的意见》中提出，要有针对性地开展专项继续教育，实现项目、资金与人才培养的密切结合。并规定在"十一五"规划期间对工程国家级人选轮训一遍，重点培养他们的创新能力和科研能力，并通过他们辐射带动，形成一批优秀的科研团队。《博士后工作"十一五"规划》提出提高培养质量、数量，加强多层次、多元化投入机制目标，促进了我国博士后发展制度的完善，提高了我国博士后的培养水平。此外，"新世纪百千万人才工程""长江学者计划""西部千名学科带头人工程""西部之光"等重要人才培养专项计划的实施，进一步促进了我国人才发展政策的完善，形成了多渠道、多方式的科技人才发展模式。

总体而言，1998年至今的人才培养政策日渐完善，发展目标逐渐向高层次科技人才会聚，强调高校、科研机构与企业联合培养，以重大人才专项和项目专项为依托，形成了全面的人才培养政策体系。

以我国万亿级省市为例，笔者整理的人才发展政策如表4-3所示：

表4-3 十九大以来我国万亿级城市科技人才发展政策情况一览表

省市	日期	政策名称
北京	2018年2月28日	《北京市引进人才管理办法（试行）》
上海	2018年3月26日	《上海市加快实施人才高峰工程行动方案》
广东深圳	2018年10月30日 2018年5月15日	《深圳市人才引进实施办法》 《关于加强党对新时代人才工作全面领导进一步落实党管人才原则的意见》《关于实施"鹏城英才计划"的意见》《关于实施"鹏城孔雀计划"的意见》
广东广州	2018年4月22日	《广州市引进人才入户管理办法实施细则》
重庆	2019年6月20日	《"重庆英才计划"实施办法（试行）》
天津	2018年5月16日	《天津市"海河英才"行动计划》
江苏苏州	2018年10月23日	《2019苏州太仓市高层次人才引进暂行办法》
四川成都	2018年4月8日	《实施"金熊猫"计划促进人才优先发展的若干政策》
湖北武汉	2019年2月26日	《关于建立完善人才工作体系推动武汉高质量发展的实施意见》
浙江杭州	2019年5月31日 2018年6月25日	《全日制大学专科（含高职）和全日制本科学历人才落户政策》 《杭州市外国高端人才服务"一卡通"实施细则》
江苏南京	2019年1月1日	《关于深化创新名城建设提升创新首位度的若干政策措施》
山东青岛	2018年6月6日	《关于实施人才支撑新旧动能转换五大工程的意见》

续表

省市	日期	政策名称
湖南长沙	2018 年 10 月 18 日 2018 年 10 月 18 日 2018 年 10 月 20 日	《长沙人才绿卡管理服务办法（试行）》 《长沙市高层次人才创新创业绩效评估办法（试行）》 《长沙市院士专家工作站专项资助实施办法》
江苏无锡	2018 年 9 月 6 日	《中共无锡市委无锡市人民政府关于实施"太湖人才计划"升级版 2.0 打造国内一流具有国际竞争力人才发展高地的若干意见》
浙江宁波	2018 年 11 月 28 日	《宁波市人才安居实施办法》
河南郑州	2017 年 10 月 18 日	《关于深化体制机制改革加快推进高技能人才工作的若干意见》
广东佛山	2018 年 7 月 6 日	《中共佛山市委关于印发〈佛山市人才发展体制机制改革实施意见〉的通知》（佛发〔2018〕2 号）

（数据截至 2019 年上半年。资料来源：作者根据网络资料整理而制。）

三 科技人才引进发展政策取得的成效

改革开放四十多年以来，从中央到地方、从单部门到多部门都制定了科技人才的引进和发展政策，我国的科技人才的政策形成了相对完善的体系，主要表现在以下几个方面。

（一）政府日益重视科技人才，政策制度体系日臻完善

科技人才越来越受到国家和地方政府的重视，从国家到地方都在从各个层面上完善各项制度体系，包括人才的引、用、育、留，制定了相应的科技人才引进奖励性政策、科技人才发展保障性政策，解决了"引得进""发展得好""留得住"的问题。首先，从吸引人才政策来看，为了能把人才引进来，给予的人才回流的引才政策，它包括人才的薪酬福利待遇、安家费、科研启动费、住房补贴等一次性奖励政策、创新创业资助、科研奖励和绩效奖励等不同的政策工具。

首先在薪酬待遇和一次性激励政策上，如表 4-4 所示，各地都出台了和国际标准接轨的有竞争力的薪酬待遇和奖励政策，真正拿出真金白银来吸引优秀的科技人才。在一次性奖励政策上，各地的奖励水平呈现较大的差异，像北京、上海凭借良好的科研氛围和一线城市的魅力在人才引进

的奖励力度方面稍弱，而新一线城市如成都、武汉、青岛都最高达到了亿元的标准。针对一些科技储备人才，比如应届大学生们，各个万亿级城市也出台了各种薪酬福利优惠政策，比如湖北武汉就率先在全国制定大学毕业生最低年薪指导标准，专科毕业生4万元，本科毕业生5万元，硕士毕业生6万元，博士毕业生8万元。这在全国城市中还是相当有竞争力的。

表4-4 我国万亿级城市引进发展科技人才薪酬福利待遇及一次性奖励政策一览表

省市	科技人才薪酬福利待遇及一次性奖励政策
北京	和国际接轨，海外高层次人才参考海外的收入水平，同时实施期权、技术入股、股权奖励、分红权等多种形式的激励。业绩突出的每年最高200万元奖励。设立建言献策奖励资金，被采纳或者形成制度性成果的给予10万至100万元的奖励。
广东深圳	对个人最高奖励1200万元。对获得市科技主管部门股权投资支持的创新创业团队所创办的企业，按照市股权投资额度的50%，给予不超过1000万元的一次性跟进股权投资。
广东广州	最高1000万元。
重庆	和国际接轨，海外高层次人才参考外海的收入水平，同时实施期权、技术入股、股权奖励、分红权等多种形式的激励。100万元人才补贴。
天津	给予最高1000万元科研经费资助和最高200万元奖励资助。每培养1名两院院士，给予用人单位500万元、本人200万元奖励资助及其他相关待遇。
江苏苏州	最高给予人才200万元奖励，培养单位500万元奖励。
四川成都	最高1亿元的综合资助。
湖北武汉	国际顶尖人才最高1亿元，顶尖人才及核心团队成员最高可获1000万元生活安家补贴；每人一次性200万元奖励，对企业奖100万元；率先在全国制定大学毕业生最低年薪指导标准，专科毕业生4万元，本科毕业生5万元，硕士毕业生6万元，博士毕业生8万元。
浙江杭州	院士人才基金最高3000万元。
江苏南京	顶尖专家最高给予资助1000万。

续表

省市	科技人才薪酬福利待遇及一次性奖励政策
山东青岛	对顶尖及领军人才所领衔的团队项目,经评审认定,可给予1000万元至1亿元综合资助,同时支持其人才、项目、平台一体化建设。
湖南长沙	产业领军人才及团队可给予1000万元项目资助;对长沙市产业发展有重大贡献、能带来重大经济社会效益的产业领军人才及团队,最高可给予1亿元项目资助。享有租房和生活补贴、博士、硕士购房补贴、博士后科研人员生活补贴、"四青"人才奖励补贴、创业培训补贴、一次性开办费补贴、经营场所租金补贴、优秀青年创业项目扶持资金以及高校毕业生就业见习补贴。
江苏无锡	先后推出"太湖人才计划""梁溪英才计划",给人才提供住房、资金、就学、就医等多方面、全方位的支持。无锡"太湖人才计划"给予人才50万元至150万元项目资金支持或购房补贴;无锡"梁溪英才计划"给予领军人才50万元至100万元人才经费资助等。
浙江宁波	引进的最高资助600万元,自主培养的顶尖人才给予人才200万元、特优人才50万元奖励。
河南郑州	引进顶尖人才最高500万元奖励、国家级领军人才200万元、地方领军人才50万元、地方突出贡献人才20万元奖励。三年内每人每月博士1500元、硕士1000元、本科500元生活补贴。
广东佛山	人才团队扶持提高到最高5000万元;科研创新奖励最高200万元;生活津贴最高每人每月3万元。

(数据截至2019年上半年。资料来源:作者根据网络资料整理而制。)

我国万亿级城市为了吸引人才,在落户政策上也是加大了优惠力度,特别是2018年以来,各地展开的人才争夺大战,为了引进科技人才更是在落户上提供方便之门。很多地方取消了年龄、学历、保险缴纳限制,也在就业、社保问题上放宽了条件。详见表4-5。

表4-5　我国万亿级城市引进发展科技人才落户政策一览表

省市	科技人才落户政策
北京	符合科技创新人才的标准可直接落户;另外在紧缺的高技能人才、在世界技能大赛中获奖者及其主教练、获得北京市职业技能一等奖的主持人或国家级技能竞赛的第一名获奖人都可直接申请落户。
上海	应届毕业生实行积分落户;留学生预约且符合条件,可以落户;高新技术企业+技术岗位高管企业满足条件(依法纳税+3年3倍社保),工作两年即可落户;技术人才居住证5年,3年3倍社保+依法纳税+技术岗位可落户。

续表

省市	科技人才落户政策
广东深圳	高层次人才取消年龄限制、全日制本科（≤45岁）及大专（≤35岁）、中级技术人才（≤45岁）、紧缺类高级工（35岁以下在深参保3年以上的）、紧缺类技师（≤40岁）可以直接申请落户，符合条件的本科生及以上有最高3万元补贴。
广东广州	放宽年龄限制，博士（≤50岁）、硕士（≤45岁）、本科（≤40岁），高校应届毕业生直接到公安部门办理人才入户，制定引进科技技能人才职业目录，为产业发展继续技能人才落户大开绿灯，为创新创业人才大开新入户渠道。
重庆	不受务工、就业、社保年限限制，没有年龄限制，重庆的落户政策最低到初中以下学历（具有初级职称的、获得职业资质证书的人员）；高层次科技人才可直接落户（引进的专家、学者、留学人才）、农民工（受到省〈部〉级以上授予勋章、荣誉称号、表彰奖励的人员和本市各级人民政府授予荣誉称号的）
天津	没有社保、居住证要求，博士没有年龄限制、硕士（≤45岁）、本科（≤40岁）；对于技能型的人才要求高级工（≤35岁）、技师（≤40岁）、高级技师（≤50岁），获得副高级以上的资格型人才（国内外精算师、注册会计师、注册税务师、注册建筑师、律师等执业资格的）、创业型人才（创办符合天津产业政策且企业稳定运行超过1年，个人累计缴纳所得税10万元以上的）。
江苏苏州	研究生以上、本科生（≤40岁）、具有高级工及以上职业资格证书的技术、技能型人才，直接落户。
四川成都	流程简单，本科及以上学历持有毕业证、身份证、户口本到公安办证中心直接落户；技能人才直接带上身份证、户口本、技能人才落户联系函。
湖北武汉	"门槛最低、手续最简、机制最活"的系统化落户政策，博硕士不受年龄限制，本科生（＜40岁）、专科生（＜40岁）直接落户。简化落户手续和审批流程，设立"社区公共户"，对来汉工作的创新创业人才及配偶、未成年子女，实行落户免审直批。
浙江杭州	以上政府规定的突出专业技术、职业技能或者经济发展特别需要的特殊人才，可直接落户。全日制紧缺专业的大专学历（＜35岁）居住满1年有工作单位并缴纳1年以上的社会保险，本科生（＜45岁）居住满1年并交纳1年以上的社会保险、硕士研究生（＜50岁），博士（＜55岁）直接落户；高技能人才直接落户；中级以上专业技术资格人员引进满足条件后可以落户。

续表

省市	科技人才落户政策
山东青岛	高层次领军科技人才可直接落户，博硕士（≤50岁）、全日制本科（≤45岁）可直接落户。
湖南长沙	应届本科及以上大学毕业生，持有毕业证、就业报到证或就业凭证就可直接落户，大专生、中专生除上述资料外还需要缴纳社保证明，对于引进人才获得市级以上（含）组织人事部门认定的人才，凭证明可直接落户。
江苏无锡	大专以上（≤45岁）无条件落户。
浙江宁波	高中中职工作、社保满2年可无房落户。
河南郑州	全面放开对高校毕业生、职业（技工）院校毕业生和留学归国人员的落户限制。专科以上毕业生、职业（技工）院校毕业生，凭毕业证来郑即可申请办理落户手续。
广东佛山	全面放开对高校毕业生、技术工人、职业院校毕业生和留学归国人员的落户限制，全面实行农村籍高校学生来去自由的落户政策。

（数据截至2019年上半年。资料来源：作者根据网络资料整理而制。）

住房政策，我国万亿级省市引进人才也在水涨船高，各个地方针对不同层次的人才基本上都制定了分级别的人才住房及补贴政策，主要体现在三种政策：一是放宽购房限制，主要是针对的有住房限购的地方，为了吸引人才，许多省市直接对高层次科技人才购房不限购；二是建设人才公寓；三是对购房、租房给予补贴。[①] 住房补贴城市之间差距较大，差距最明显的是北京和广州，北京通州一类人才即诺贝尔奖得主等人才最高才给予100平方米租金减免优惠2144元补贴，而广州则对顶尖一类人才最高开出了1000万元的补贴，这就造成了高层次科技人才逃离北上，被广、深俘获的原因。详见表4-6。

---

① 吴帅：《我国引进海外人才政策创新研究》，党建读物出版社2015年版，第158页。

表 4-6　我国万亿级城市引进发展科技人才住房政策一览表

省市	引进科技人才住房及补贴政策
北京	针对限购专门制定特殊规定。集专项房源，为在创新创业期间承租公租房的人才免除租金。同时，设购房补贴，针对不同级别的人才，从第一到第六层级人才给予最高 100 平方米、80 平方米、70 平方米、60 平方米、50 平方米、40 平方米的租金减免优惠。
上海	A 类人才包括（两院院士、国家"万人计划"杰出人才等）给予 100 万元，B 类人才（"国家百年人才工程"国家级人选、国家"万人计划"领军人才、国家有突出贡献的中青年等）给予 70 万元，C 类人才（上海领军人才人选、其他经认定的外省市省部级人才培养计划入选者等）给予 50 万元购买补贴。对其他创新类人才，以人才公寓和市场化租赁相结合的方式，给予连续 3 年每月 1500 元的租房补贴。
广东深圳	领军人才购房补贴由用人单位和政府按照 1∶1 的比例分担，政府补贴为：杰出人才最高 600 万元，国家级领军人才 300 万元，地方领军人才 200 万元，后备人才 160 万元。各类人才，符合相关条件，房价是售价的 50% 左右。
广东广州	最高住房补贴 1000 万元，杰出专家 500 万元，优秀专家 200 万元，青年后备人才 100 万元，为高层次人才提供住房补贴或 10 年免租的人才公寓，其中在广州工作的诺贝尔奖获得者、院士等顶尖人才可获 1000 万元住房补贴或入住 200 平方米的人才公寓。在穗全职工作满 10 年、贡献突出并取得广州市户籍的还可无偿获赠所租住房。
重庆	一类人才不少于 200 平方米，安家补助费 200 万元；二类人才不少于 150 平方米，安家补助费 100 万元；三类人才不少于 120 平方米，安家补助费 30 万元；四类人才不少于 100 平方米。
天津	建设人才公寓。新引进的高层次人才，在本市购买首套自住房不限购。外籍人才在缴存、提取住房公积金方面享受市民待遇。
江苏苏州	顶尖人才购房最高补 500 万，市级以上领军人才最高给予 250 万元购房补贴。
四川成都	高端人才购房不受限，顶尖人才、国家级领军人才配备 120 平米人才公寓，地方领军人才配备 90 平方米。
湖北武汉	大学生在读期间，可以个人名义缴存公积金，解决留汉大学生住房难问题；设立人才安居房建设基金；出台 9 项贴心政策措施，涵盖安居落户、促进就业、支持创业。

续表

省市	引进科技人才住房及补贴政策
浙江杭州	设立高层次人才住房保障专项资金。院士最高500万元生活补助或免费获得住房一套。硕士每人2万元、博士每人3万元补贴。外籍博士后可再获得每人2万元的一次性生活补贴。
江苏南京	A类人才实行"一人一策、一事一议",原则上可在本市选择申购不低于200平方米共有产权房、免费租赁200平方米人才公寓、申领不少于300万元购房补贴中的一种安居方式;B、C类人才可分别申请150平方米、120平方米的共有产权房或人才公寓,也可申领每月7500元、6000元的租赁补贴。
山东青岛	博士1200元/月、硕士800元/月、学士500元/月的,发放不超过36个月的住房补贴;其中,对列入紧缺急需目录专业的博士、硕士分别给予1500元/月、1200元/月的住房补贴。全市每年新建100万平方米以上人才公寓。
湖南长沙	对新引进的国际顶尖人才、国家级产业领军人才、省市级产业领军人才,分别给予200万元、150万元、100万元奖励补贴,分别按200、150、100平方米标准给予全额购房补贴。
江苏无锡	有关人才不限购,"太湖人才计划"对人才在锡购房给予50万元安家补贴,高层次最高150万购房补贴。大学毕业生给予为期2年的住房补贴,本科、硕士和博士每月住房补贴为800元、1000元和1500元。
浙江宁波	安家补助的额度在15万—800万不等。20万—60万购房补贴。新引进的顶尖人才,给予最高800万元安家补助,按照4:3:3比例在3年内逐年发放。新引进的特优人才、领军人才、拔尖人才、高级人才则分别给予100万元、80万元、50万元、15万元的安家补助,申请时已在宁波购房的,安家补助一次性发放;未在宁波购房的,按照4:3:3比例在3年内发放。
河南郑州	对全职引进或新当选两院院士以及同等层次顶尖人才,除国家和省政府奖励外,给予500万元奖励和不超过300平方米的免租住房,并给予200万元奖励和不超过200平方米的免租住房。顶尖人才、国家级领军人才在郑工作满10年且贡献突出的,无偿获赠免租住房。新引进落户、郑州市户籍未迁出户口的全日制博士研究生、35岁以下的硕士研究生、"双一流"建设高校的本科毕业生。补贴标准为:博士每人10万元,硕士每人5万元,本科毕业生每人2万元。最高提供不超过300平方米的免租住房。

续表

省市	引进科技人才住房及补贴政策
广东佛山	免租入住人才住房最高300平方米，租房补贴每人每月最高10000元（其中本科学历、初级职称或高级工可享受每年6000元租房补贴或20平方米人才住房免租金优惠）。

（数据截至2019年上半年。资料来源：作者根据网络资料整理而制。）

在发展保障性政策方面，经济环境方面。经济发展是被大多数学者视为决定省市吸引和发展科技人才的核心要素。从总结文献可以看出，学者们认为经济环境中以GDP、人均GDP和GDP增速等指标来衡量地区经济发展水平。详见表4-7。

表4-7　　　2018年我国万亿级城市发展经济水平

排名	省市	GDP	GDP增速	人均GDP（2017年）
1	上海	3.27	6.6%	12.66万元/人
2	北京	3.03	6.6%	12.90万元/人
3	广东深圳	2.40	7.5%	20.09万元/人
4	广东广州	2.30	6.5%	15.31万元/人
5	重庆	2.04	6.0%	5.79万元/人
6	天津	1.88	3.6%	11.89万元/人
7	江苏苏州	1.85	7%	15.96万元/人
8	四川成都	1.53	8%	8.72万元/人
9	湖北武汉	1.45	8%	12.44万元/人
10	浙江杭州	1.27	7%	13.66万元/人
11	江苏南京	1.27	8%	14.17万元/人
12	山东青岛	1.26	7.5%	12.93万元/人
13	湖南长沙	1.13	8.5%	13.33万元/人
14	江苏无锡	1.10	7.4%	16.10万元/人
15	浙江宁波	1.07	7.0%	12.50万元/人
16	河南郑州	1.02	8%	8.99万元/人
17	广东佛山	1.00	—	12.80万元/人

（资料来源：作者根据网络资料整理而制。）

人才的发展还和投融资支持力度、研发支持政策、创新创业政策有关。特别是创新创业资助近年来成为各地青睐的政策，因为产业聚集人才，人才兴旺产业，这是个双赢的过程。各地主要采用项目资助或者奖励资金和科研启动资金的方式资助的。这个资助差距也比较大，深圳、成都、杭州、武汉、青岛最高也达到了1亿元的标准。宁波力度最大，顶尖项目上不封顶，为了吸引人才不遗余力。

表4-8　我国万亿级城市引进发展科技人才创新创业资助政策一览表

省市	引进科技人才创新创业资助政策
北京	最高给予1000万元一次性奖励政策。
上海	大力引进海内外创新创业最高给予500万资助。
广东深圳	创新团队最高1亿元、给予创业人才最高1000万元启动资金，国家级扶持金额50%、成果转化资助最高1000万元。
广东广州	给予创业人才最高800万元启动资金，不超过500万元的股权投资。
重庆	最高可获500万元项目资金。
天津	给予最高1000万元科研经费资助和最高200万元奖励资助。高端人才，给予最高50万元创业启动资金支持。
江苏苏州	最高给予1000万—5000万元项目资助，引才单位100万元奖励。
四川成都	顶尖人才给予最高1亿元的综合资助。
湖北武汉	产业领军人才最高可获5000万元项目资金支持，高层次创新创业人才最高支持2300万元。对于确实优秀的顶尖人才可高达1亿元。
浙江杭州	给予20万—500万元不等的创业资助，最高给予1亿元资助。
江苏南京	顶尖专家最高给予资助1000万。
山东青岛	对顶尖及领军人才所领衔的团队项目，经评审认定，可给予1000万元至1亿元综合资助，同时支持其人才、项目、平台一体化建设。
湖南长沙	产业领军人才及团队可给予1000万元项目资助；对长沙市产业发展有重大贡献、能带来重大经济社会效益的产业领军人才及团队，最高可给予1亿元项目资助。享有租房和生活补贴、博士、硕士购房补贴、博士后科研人员生活补贴、"四青"人才奖励补贴、创业培训补贴、一次性开办费补贴、经营场所租金补贴、优秀青年创业项目扶持资金以及高校毕业生就业见习补贴。

续表

省市	引进科技人才创新创业资助政策
江苏无锡	先后推出"太湖人才计划""梁溪英才计划",给人才提供住房、资金、就学、就医等多方面、全方位的支持。无锡"太湖人才计划"给予人才50万元至150万元项目资金支持或购房补贴;无锡"梁溪英才计划"给予领军人才50万—100万元人才经费资助等。
浙江宁波	顶尖人才项目资助上不封顶。
河南郑州	重大项目最高可给予1亿元多元化资金支持、院士最高400万元,国家"万人计划"300万元、创新领军人才200万元、高层次创新紧缺人才100万元、青年人才满足条件可申请1万元一次性创业(帮扶)补贴。优秀企业可获得2万—10万元创业奖励。
广东佛山	对创新创业团队最高5000万元。

(数据截至2019年上半年。资料来源:作者根据网络资料自行绘制。)

研发和科技创新的政府投入和企事业单位的投入也是科技人才创新的动力所在。作为普惠性的创业支持的重要组成部分,研发的投入和扶持可以鼓励科技人才心无旁骛,埋头苦干。在提高研发投入方面,我国重点省市都在出台不同的制度文件,旨在鼓励科技人才积极申报各级各类科学技术和科研基金项目,开展科研活动。并对一些重要的优质项目给予力度颇大的经费支持,鼓励高校和政府、企事业单位进行产学研协同创新,加强交流和合作,联合组建创新中心,并给予税收的优惠和资金的扶持,对获得奖励的优质项目或者成果进行奖励。

加强投融资支持。随着国家大众创新,万众创业的施行,投融资支持成为各地吸引科技人才的"重头戏"。2016年7月18日,中央出台了《关于深化投融资体制改革意见》(后文简称《意见》)的通知,《意见》提出,突出企业主人翁的地位,充分激发社会投资动力和活力。要进一步转变政府职能,深入推进简政放权、放管结合、优化服务改革,坚持多措并举,多管齐下,建立完善企业自主决策、融资渠道畅通、职能转变到位、政府行为规范、宏观调控有效、法治保障健全的新型投融资体制。为人才提供了一网式、一站式办理投资项目的简政放权制度。随着《意见》规定的各项措施逐步得到落实,企业的投资主体地位将得到更好保障。

第四章 我国科技人才引进发展的政策分析

(二) 政策数量和文种多样化，政策吸引力逐步增强

改革开放 40 年来，我国科技人才政策的数量整体趋势呈阶段式上升[①]，在人才政策的恢复期和发展期人才政策梳理增加居多，体现出科技发展规划的总体引领特征。科技人才政策的文种多样化，有通知、意见、办法、规定、决定、条例、规划、方案、细则及函等 10 余种。详见图 4-1。

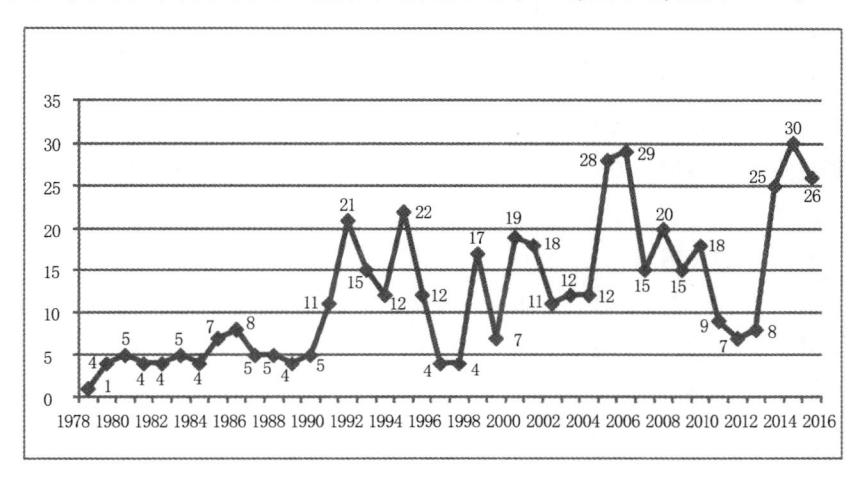

图 4-1　1978—2017 年中央科技人才政策文本数量分布

（资料来源：李燕萍、刘金璐、洪江鹏、李淑雯：《我国改革开放 40 年来科技人才政策演变、趋势与展望——基于共词分析法》，《科技进步与对策》2019 年第 3 期，第 3—10 页。）

在这些文件中占到最多的是通知，占到了 30%—50%，因为通知文件政策性较强，指导性和可操作性较弱，用在制定总体的需要周知的事项，或者近期需要遵循的事项。通知类的文件随着社会的发展和环境的变化，呈现了阶段性递减的趋势，意见、办法、方案等呈现递增的趋势，相对于通知类的文件更加细化、具体、可执行，说明我国政府在制定政策时更加注意落地性，更具操作性，更加规范和科学，科技人才政策也逐步走向成熟和完善，为我国科技人才的引进和发展提供了详细的规章制度。

---

① 李燕萍、刘金璐、洪江鹏、李淑雯：《我国改革开放 40 年来科技人才政策演变、趋势与展望——基于共词分析法》，《科技进步与对策》2019 年第 3 期，第 3—10 页。

随着经济的发展，社会的进步，我国人才政策对人才的吸引力逐年增强。从国际上来讲，据《人民日报》记者赵兵的消息得知，近年来我国的留学回国人数持续上升，党的十八大以来5年回国人数占到70%，出国留学完成学业后选择回国发展的留学人员比例由2012年的72.38%增长到2016年的82.23%，我国对海外人才吸引力显示出强大的"人才磁铁"效应。① 如图4-2所示。特别是在一些经济发达的省市，更加凸显了人才引力的作用。这是因为我国近年来经济发展迅速，经济发展带来更多的机会吸引更多人才回国，再加上国家针对人才出台的各项优惠措施也助推归国潮。各地都在完善各项政策措施，构建了更加开放和积极的引才发展人才制度体系，努力解决留学人才"永居难、落户难、子女入学难、开户融资难、优惠政策享受难"的问题。我国的人才引进工程对接国际一流科研条件，为归国人才创造平台，让他们学有所用，报国有门。一大批专家学者归国投身于最前沿、最新的专业领域，在基础研究领域取得了一大批原创性科研成果，对提升我国基础科学研究水平起到了积极的促进作用。

从国内来讲，经济发展水平影响着人才的流动，经济发展水平高的地方发挥了人才虹吸效应，人才随着经济发展水平的不同呈现了"孔雀东南飞"的迹象。根据猎聘网的调查来看，如图4-3所示，2016—2018年三年时间里全国人才净流入率排名前十五名中，城市GDP在万亿级以上的城市占到了14个，深刻地表明了经济发展水平对人才的吸引力。如表4-9所示。中国人才科学研究院的《中国人才集聚报告》研究表明，经济发展水平是促进人才聚集目标实现的重要因素。② 经济发展水平好的城市，人才的工作环境好、薪酬待遇高、工作机会多、工作平台广、配套设施棒、人文设施浓郁，能够满足人才对生产的需要和自我价值实现的需要，所以经济发达成为人才聚集的很重要的因素。

---

① 赵兵：《2016年中国留学回国人数265.11万人 大规模海归潮形成》，《人民日报》（海峡都市报电子版）2017-04-12（http://www.mnw.cn/.）。

② 蒋晓光、李理：《经济发展水平对人才聚集的影响分析》，《当代经济》2014年第23期，第103页。

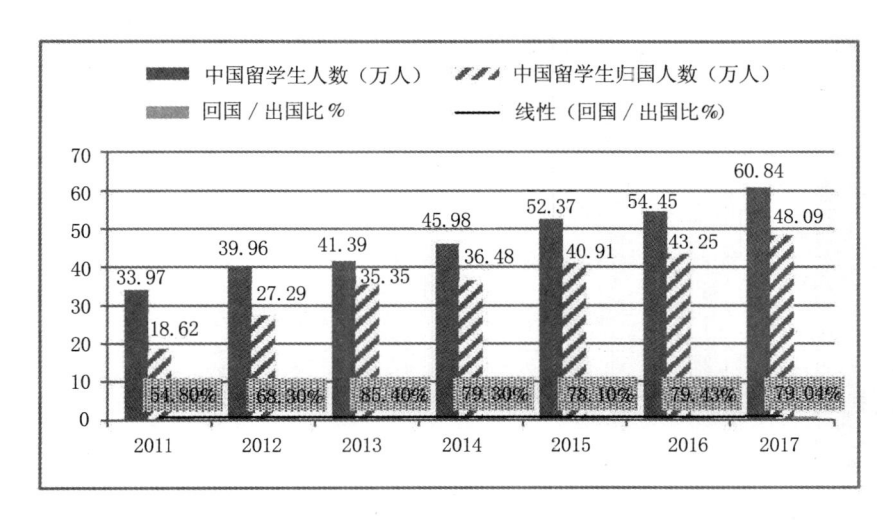

图 4-2 2011—2017 年我国留学生回国人数/出国人数变化趋势

（资料来源：作者根据网络资料整理而得。）

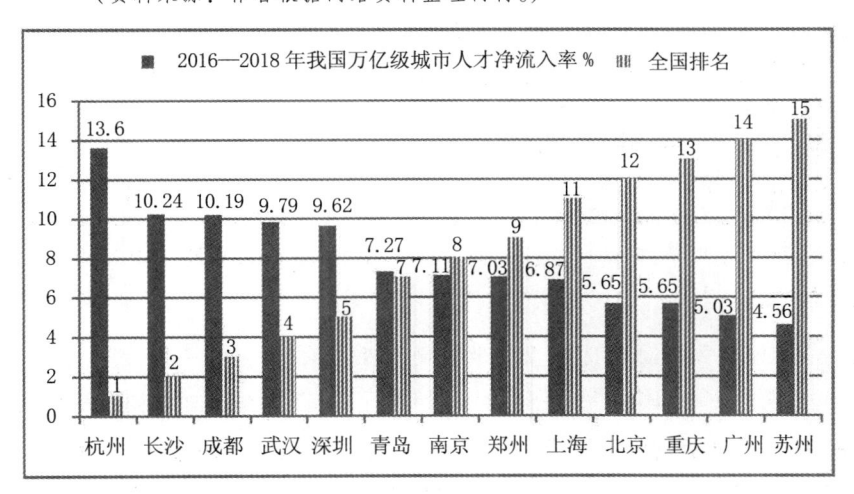

图 4-3 2016—2018 年我国万亿级城市人才净流入率排行榜

（资料来源：猎聘网，http://www.yidianzixun.com/article/0KR1fS0.）

表 4-9　　2016—2018 年我国万亿级城市人才净流入率排行榜

省市	人才净流入率%	全国排名
北京	5.65	12
上海	6.87	11

续表

省市	人才净流入率%	全国排名
广东深圳	9.62	5
广东广州	5.03	14
重庆	5.65	13
天津	—	—
江苏苏州	4.56	15
四川成都	10.19	3
湖北武汉	9.79	4
浙江杭州	13.60	1
江苏南京	7.11	8
山东青岛	7.27	7
湖南长沙	10.24	2
江苏无锡	—	—
浙江宁波	—	—
河南郑州	7.03	9
广东佛山	—	—

（资料来源：猎聘网，http://www.yidianzixun.com/article/0KR1fS0。"—"暂时无公开数据。）

（三）政策对标国际标准，政策更加生态化

改革开放40年来，中国的经济保持了十多年的高速增长，据中外城市竞争力研究院的数据表明：中国是全球发展速度最快的经济体，其以90.28的分数位居全球最具竞争力的国家第二位。我们对标国际标准，制定各项人才制度政策，我国的人才政策从各项"优惠措施"开始转向人才主体内生动力的培养，更关注个人的发展而不是一味的引进，政策目标更是朝向实现个人价值、社会价值、政策价值的方向努力，政策除了关注人引得进的问题，更关注让人才用得好，发展得棒，除了良好的薪酬福利措施之外，更关注人文环境、人才文化、人才氛围、人才发展机制体制，政策组合更加注重创新生态系统的建设，政策手段多样化，政策制度主体多元化，发挥协同作用，由多主体供给政策，让人才问题真正得到重视，解决，发挥市场机制作用，弥补行政手段不足。①

四 引进政策存在的问题

重学历，轻品质。各省市的科技人才政策均强调被引进者的学历和海外留学经历，特别强调被引进对象在国内外各领域岗位上的工作经历以及在国内外获得的重要奖项，而对科技人才的思想品德、职业道德等方面的要求和考察关注较少。科技人才的思想品德直接影响着科技成果的应用和团队人才的培养，所以思想品德的考察十分必要。唯学历论的审核方式缺乏对科技人才思想品质等方面的考察，容易造成人才引进的风险。此外，引进人才特定标准要求海外留学经历，引进对象主要倾向于海外留学的科技人才，不利于本地杰出人才的发展，容易造成本地科技人才的大量流失，使区域科技人才结构失衡。

重视单个人才引进，忽略创新团队建设。各省市目前的人才引进工作手段单一，强调高层次领军科技人才的引进，对引进创新人才团队不够重视。近年来的重大科研成果几乎都是靠团队协作完成的，通过组建科研团队进行科技创新已成为普遍形式。一方面是因为研究对象的日趋复杂化，需要不同学科背景的科技人员互补；另一方面，科学技术活动依靠的技术手段日趋多元化，需要具备不同技术手段的科技人员互相协作。因此，结构合理的科研团队成为现代科技活动的重要组成单位。而我国当前的高层次科技人才引进政策仍处于重视个人输出的旧阶段，对科研团队整体引进和团队培养建设不够重视。在这种情况下，即使引进一批顶尖科技人才，但由于对如何发挥领军人才的领军作用考虑不充分，对营造科研团队环境缺乏整体设计，最终会造成资源的分散，难以打造出一支优秀的科研创新团队。

待遇条件恶性竞争，引发人才抢夺战。"人才争夺战"不仅是人口的深层次问题、人才市场配置问题，更是人才管理体制问题；不仅是对人才价值的认识问题，更是人才管理手段问题；不仅是几个地区或城市的问题，更是全社会的问题；不仅是人才政策问题，更是制度和体制问题。缺

---

① 鞠伟、周小虎：《新时代中国科技人才政策的变迁与展望》，《中国人事科学》2018 年第 11 期，第 54 页。

乏配套的制度和全方位的管理措施，会拉大地区差异，导致地区发展极度不平衡问题出现，在这次人才争夺战中，东北成为人口流失"重灾区"，流失人口 TOP5 的城市中，大连第一、哈尔滨第四、长春第五。从各省市与具体产业相关的高层次科技人才政策内容上看，为发挥"人才＋产业＋市场"的优势作用，各省市相关政策紧贴的产业领域均与高新技术产业、战略性新兴产业相关，体现了省市间在重点产业人才布局上存在竞争性。目前，国内人才管理改革试验区建设遍地开花，呈现了"有条件要建、没有条件创造条件也要建"的发展态势，重复建设，学科领域同质化，不同区域之间的科技人才竞争演变成"竞相加码、相互挖墙脚"的恶性竞争现象。同时，高校之间、科研院所之间、高校与科研院所之间，动辄开出天价科研经费与高额安家费，展开国内用人单位之间以物质条件为主的恶性科技人才争夺战。①

政策制定主体不协调，存在政出多门现象。中组部、人社部、教育部、中国科学院、国家外专局、中国科协、海关总署等各部门均出台了一系列关于海外科技人才引进的政策措施，实施的人才专项计划内容趋同，各主体之间缺乏协调配合，职能划分不清，出现职能交叉与重叠过多的问题。高层次人次引进政策的制定主体过多，各部门只关注自身的政策目标，造成人才引进政策的内容出现趋同甚至互相冲突的问题。

政策内容同质化，区域特色不明显。各省市在贯彻国家相关政策时存在某种程度的相似，有一定的合理性。但也应该注重区域特色，避免盲目性。个别省市之间的科技人才引进政策相似度较高，对要引进的科技人才的专业和领域极具相似性，缺乏地域优势性领域。这种情况可能导致省域之间的科技人才竞争加剧，不利于发挥区域特色。各省市之间存在自然地理、历史、经济以及社会文化差异，相似政策的实施结果也会不一样。大部分省市都希望引进高层次领军科技人才，但这些地区是否都需要这种高端人才，当地的知识梯度是否与引进人才的知识梯度相匹配，引进的人才能否在当地产生立竿见影的效果，以上问题各省市在制定人才引进政策时都欠缺考虑，没有立足于当地的实际发展水平。以东西部地区为例，西部

---

① 高显扬、周尊艳：《我国高层次科技人才引进政策研究》，《合作经济与科技》2019 年第 1 期，第 99—101 页。

地区的经济发展水平和地理环境相对于东部来说处于劣势地位，对引进的科技人才应结合区域发展特色，制定符合当地发展要求的人才标准，而不是一味地追求具有两院院士、长江学者等称号的高层次领军科技人才。

引才制度碎片化，政策重叠和打架现象并存。[①]"碎片化"是指在政策上前后不衔接，各个地区各个部门标准不统一，政策执行就存在问题。这在引才方面表现为：横向上各地区协同不足。我国各个地区各个部门为了大肆引进人才，出台了很多的政策和制度，但是因为地区之间协同不足，沟通不力，合作缺乏，更是因为利益冲突，导致这些政策在协同和协调上不足。各个部门职责交叉，却缺乏必要的沟通与协调，针对同一批人由不同的职能部门出台了不同的引才激励政策，导致政策重叠问题和重复资助问题。比如根据学者牛衍、周建中的研究，教育部针对"长江学者奖励计划"、中科院针对"百人计划"、国家自然基金对"杰青"获得者进行关联分析，发现长江学者与杰青以及百人计划与杰青之间重复奖励，长江学者有45%获得了国家杰青的资助，"百人计划"中有37%的同时获得国家杰青的资助；[②] 纵向上新旧政策衔接不够，为了引才而引才，引才新制度与旧措施之间缺乏衔接，一人一策的特殊政策与现有的政策不相容，不配套，脱节，使政策执行不下去；选用育留系统上没有形成封闭的链条，没有形成运行顺畅的人才引进、培养和使用的全链条。

五 发展政策存在的问题

存在重引进、轻培养的现象。纵观各省市的科技人才工作，大部分省市的科技人才工作以引进高端科技人才解决短期目标为主，缺乏对人才的长期培养规划和落实措施，人才培养方面的经费与人才引进的经费相比较为缺乏，尚未形成系统和完善的培养机制。如果没有完整的人才培养体系，科技人才就会始终处于稀缺状态，难以形成稳定的人才保持率。引进海外高端人才虽然是短期内提升我国科学技术水平的重要途径，但是治标不治本，唯有不断加强我国科技人才的培养，才能形成可持续的有质有量

---

① 吴帅：《我国引进海外人才政策创新研究》，党建读物出版社2015年版，第172页。
② 牛衍、周建中：《基于CV分析方法对中国高层次科技人才的特征研究——以"百人计划""长江学者"和"杰出青年"为例》，《北京科技大学学报》（社会科学版）2012年第2期，第46页。

的科技人才创新队伍。

我国尚未形成系统完善的人才发展制度体系。我国科技人才的发展工作主要是依靠不断出台的政策文件,并没有正式出台的、权威的法律文件来规范人才发展工作。我国从中央到地方出台了大量的政策文件,涵盖了人才引进、培养与使用等各个方面,但是这些政策之间相互协调少,缺乏宏观的整体构架设计,没有形成一个操作性强的系统的政策措施体系,人才培养法律体系建设不完善,当前的政策配套与支撑不能满足高端人才培养的需要,这将会导致我国在高层次领军科技人才培养和使用过程中缺乏法律依据,可能存在政策落实不到位或者政策缺失等问题。

激励机制不够完善,存在官本位问题。各省市出台的相关政策中,对科技人才的激励主要是资金奖励、股权激励等,对做出重要贡献的科技人才授予"杰出奖""突出奖",并晋升其行政职位,这种激励措施呈现出物质化和"官本化"的倾向。优秀的科技人才有了"官职",便会忙于大量事务性的管理工作和社交应酬,占据了科技人才的宝贵时间,影响他们科研精力,不利于学术成果的产出。而普通科技人才的薪酬待遇则比较低,廉思(2014)的研究显示,2014年高校教师年收入10万元以下的占47.7%,年收入在15万元以下的占到总人数的85.9%;11.8%的高校青年教师工作前几年主要靠父母和配偶支持;14.2%受访者以兼职收入为主要经济来源,以代课、培训、承揽项目等方式贴补家用。[①] 对于科技人才的激励应该更加注重其科研成果在国际上的认可度和突出其学术地位等精神激励,而不是给予官职忙于行政职务,多制定鼓励科技人才在第一线工作的激励措施,提高其科研产出和学术成果,有利于科技人才的培养。

科技人才的培养与我国传统的教育体制脱节。当前,我国尚未建立起创新思维和创新意识培养的教育模式,虽然近年来提倡素质教育,但是基本上还是沿用"重知识灌输,轻能力培养;重趋同一致,轻标新立异"的传统教育体制,没有按照培养科学技术人才的培养模式去办学,缺乏创新教育,使得培养出来的学生缺乏创新思维和创新意识,难以适应高层次领军科技人才培养的需要。此外,随着高等教育的不断扩招,高校人才的培养质量也呈现下降趋势。主要是因为大部分高校研究生教育的人才培养

---

① 廉思:《中国青年发展报告(2014)》,《经济学动态》2014年第6期,第2页。

模式单一，导师的指导能力有限。而且对学生的考察重书本理论知识，轻创新思维能力和实践能力，对学生创造力和创新意识的培养缺乏力度。这种传统的教育体制与我国人才培养政策互相脱节，很难培养出杰出人才。

科技人才发展配套政策碎片化，人才发展开发不足。科技人才的发展政策涵盖丰富，包括人才的评价、发现、选拔、任用、配置、激励以及各项配套政策，其中科技人才的发展更是涉及多个职能部门，各个部门制定的政策之间没有完全耦合，有时会出现脱节、抵触的现象，各个部门不能根据新的情况制定有针对性的发展配套政策，形成了政策碎片化的格局。针对人才引进的政策比较完善，但是针对人才发展的政策缺乏或者不够细致，比如引进后的效果评估机制、进一步的激励机制、人才退出机制等却很少关注，或者完全忽视，导致人才"引得进、用不好、留不住"的现象出现。

第三节 我国科技人才引进发展政策的完善

一 引进政策完善措施

（一）健全人才评价制度，全面科学考核科技人才

针对上文中提到的引进科技人才"重学历，轻品质"的问题，我们要健全科技人才评价制度，全面科学考核科技人才。习近平总书记在2018年院士大会上指出，我国高水平创新人才特别是科技领军人才匮乏。一个很重要的原因就是人才评价制度不合理，唯论文、唯职称、唯学历现象仍然严重。为更好地对人才进行评价，应从人才标准分类、人才评价方式以及人才评价制度方面进行改革。在人才标准分类上，要避免"一刀切"，对高校、企业以及创业型科技人才制定不同的评价标准。在人才评价方式上，要精简各类人才评价任务，使科技工作者能专心进行科研任务；对于青年人才和基础性研究人才应延长评价周期。在人才评价制度上，要赋予用人单位更大的人才评价取向权限，以科技人员创新能力和贡献为导向，营造良好的创新文化氛围。[①]

---

① 李燕萍、刘金璐、洪江鹏、李淑雯：《我国改革开放40年来科技人才政策演变、趋势与展望——基于共词分析法》，《科技进步与对策》2019年第3期，第8页。

（二）加强科技人才团队引进，发挥人才团队云集效应

引进一个顶尖科技人才，势必会带来一个团队、一项先进技术，进而会兴起一个产业，发展一方经济。团队的整体绩效和效应必然大于个人，团队是由不同知识、技能、信息的优秀人才所组成的一个整体，每个人擅长的领域都不同，可以汇集来解决实际情况中具有复杂性特征的不同问题。所以，要加强顶尖科技人才及其团队的引进，科技人才团队引进在人才集聚、技术研发等方面会迸发核心带动力，云集效应。目前我国各地地方政府都纷纷加强对科技顶尖团队引进的支持力度，比如山东对引进的顶尖科技人才团队的资助最高是5000万，浙江余杭最高是1亿元，广东深圳达到了10亿元的资助。江苏南京制订了《南京市高端人才团队引进计划》，山东省烟台市出台了《关于深化拓展高端人才（团队）引进"双百计划"的意见》，突出重点产业发展、关键领域突破和科技创新需要，面向海内外加快引进一批高端创新创业人才和蓝色产业领军人才团队，广东省就高端团队的引进专门制定了创新科研团队、"孔雀团队""凤凰团队"的引进制度。但是现在科技人才引进中存在马太效应，只重视顶尖核心人物，没有特别针对企业科技人才整个团队的政策，各种福利待遇也只惠及核心人物，没有顾及整个科技团队。所以针对激励科技人才团队主要提出以下几点建议：一是制订团队扶持计划，为整个团队成员设定扶持专线资金和服务保障，人才团队的引进优先考虑扶持计划；二是优先推荐符合条件的团队核心成员申报国家级高层次人才奖励计划；三是设置清晰的职业发展通道，注重个性化奖励以及团队激励，鼓励合作创新；四是提高企业或者人力资源服务机构引进高端科技人才团队的奖励费用，鼓励他们积极引进人才团队；五是设置合理的团队目标和考评机制，给每个团队设定团队目标，使他们在达成目标后有成就感，以此来达到提高他们整体工作效率的目的，同时科学设置团队考评制度，公平考核每个团队成员；六是政府在企业组建人才团队方面，可出台鼓励企业组建科研团队的政策，对组建科技人才团队的企业可由政府组织适当给予相关的税收优惠，或者直接发放适当的补贴。

（三）引才主体多元化，实现政策协同效应

针对我国当前引进科技人才政出多门的现象导致的合力不足、政策协同效应不够的问题，应该构建一个由中央统筹管理的，地方政府各级单位

多方参与的多元主体通力合作的政策协作网络。首先，发挥中央政府在引才政策制定中的统领作用。① 由中央出台引进科技人才的综合性文件，加强与其他部门的协同，打破目前各部门各自为战的局面，提高政策的"耦合"作用，协调好各个部门的职责与重点任务，相互衔接，相互配合，互相支持，促进科技人才引进政策的落地与执行。其次，要发挥地方政府在科技人才引进中的积极作用。从上文中分析的万亿级城市的引进政策来看，省市的积极性的极大发挥才能促使政策的落地和执行，如果想对科技人才提供一条龙的服务，需要解决其创业的资金、税收、用地、服务方面的一系列问题，还需要解决科技人才发展配套的配偶安置、子女教育、医疗保障、生活环境、住房出行等措施，这些都需要各级各个负责部门通力合作，调动各方面力量为科技人才服务。

（四）人才引进精准化，突出地域特色和契合度

针对上文分析的各地人才争夺加剧，盲目引进人才，和产业不契合，用不好、留不住的现象，各地方政府要结合自己的产业结构与需求，有针对性地计划人才类型与数量，增强人才与地区的契合度。一是突出引才重点，应紧紧围绕各地产业发展重要领域，结合各地产业的基础，找准产业定位与优势，聚焦重点优势行业和重点领域、重点企业，精准实施引才，将人才战略和城市发展相结合，实现人才集聚效应；二是完善引才环境，人才的争夺还需要配套的一系列环境比如自然环境、人文环境，不能单纯地依赖物质条件，还要让人才用得好，留得住；三是转变引才观念，针对白热化的人才争夺战，特别是对高端顶尖科技人才，要树立"不求所有，但求所用；不求所在，但求所为"的观念，可以不拘形式和地点，采取多种柔性引进方式，有些甚至可以"离岸引进"，根据我们急需的海外高层次人才的需要确定为我所用的方式。另外，要以更前沿的视野来制定各地区以产业为基础的人才顶层规划。比如，广州可以结合当地实际大力发展服务业，深圳则可利用资源发展高新技术、科技研发等优势产业，在产业互补的基础上，建立人才工作小组，打破地区间制度的障碍，整体规划人才的制度。将人才发展同地区发展相结合，善于利用各个城市之间的资源优势，形成产业互补，结合当地的产业基础，发展特色产业。

---

① 吴帅：《我国引进海外人才政策创新研究》，党建读物出版社2015年版，第224页。

(五) 细分引才领域，加强政策制定的系统性和统一性

针对上文提出的引才政策碎片化的现象，要细分引才领域，责任到人，多部门协同发力，其中人才主管部门牵头，科技、教育和产业部门及重点单位通力合作，各司其职，细分国别、专业、层次，精确定位、精准引才。发挥多部门协同效应，政府宏观把控，市场做好人才配置，非政府的公益性人才交流组织、人才专家社团作为第三方机构，通力解决人才引进问题，定向进行人才供求信息对接。同时加强政策制定的系统性和统一性，政策之间要相互衔接、配套形成互补和支撑作用。做好人才政策与财税、金融、教育、科技等其他政策的联系，考虑大政策、大视野、大数据，引才政策和其他政策要相互贯通、相互支持，避免碎片化，为此要对现行的政策进行调研和梳理，加强人才政策的统筹整合和前瞻性设计，加强政策的科学性和系统性，形成层次分明、结构完整、相互衔接、彼此支撑、科学高效、执行力强的人才政策体系，发挥政策实施的合理效果。[①]

二 发展政策完善措施

(一) 引进为辅，自主培养和发展为主

改革开放初期，面对我国科技水平百废待兴的局面，我们制定的各项政策都是围绕赶超发达国家科技水平而定的，如《关于落实党的知识分子政策的几点意见》提出，"我们要用最短最快的时间赶超世界先进水平"。为此，国家在引进国外专家和鼓励科技人才留学国外学习国外先进科学技术，追赶国外科技水平，实现科技进步。随着我国经济的发展和科技水平的提高，我们的政策面向经济，鼓励科技人员从事应用研究，实现科技成果转化。到了现在，我国更需要自主创新技术，人才更需要自主培养，并且引进来的人才需要在我国更好的发展，所以，我国更需要完善科技人才自主培养各项制度，确保科技人才走自主创新之路，逐渐摆脱对欧美发达国家的技术依赖，完善各项配套政策，创造更优质的环境，优化我们的教育资源，拓展我们的创新平台，提供更多的人才培育载体，走引进为辅，自主培养和发展为主的道路。

---

① 吴帅：《我国引进海外人才政策创新研究》，党建读物出版社2015年版，第226页。

（二）建立系统完善的人才发展制度体系

要在较短时期内，通过对关键问题的重点突破，真正建起有利于科技人才发展的制度环境。一是建立有利于科研人员潜心研究的制度措施。包括科技人才评价政策、人才使用政策、人才激励政策。我国事业单位科研人员激励制度不健全，机构自主权小、考核评价导向不合理等问题已成为制约科技人才活力和科研活动有效进行的顽疾。建立符合科研规律的科研机构法人制度和治理机制是理顺科研人员激励机制的根本保障，合理的薪酬制度是稳定科研队伍的基础，合理的评价制度是正确引导科研人员行为的关键。深化事业单位科研机构改革已经迫在眉睫。二是完善有利于人才横向和纵向流动的机制。人才引进的主体应从政府向市场转变，改进人才引进机制，增加用人单位的话语权，积极发挥市场选人和评价的作用，提高人才引进的效率和效益。加快制约人才合理流动的户籍、档案管理、薪酬福利和社会保障等制度改革，促进人才在政府、事业单位、企业间顺畅流动。优化完善现有鼓励人才向欠发达地区流动的政策体系。三是建立有利于激励企业家创新的市场机制。加强对企业创新成果的知识产权保护，让创新型企业家有更多的参政议政机会。将"培育创新型企业家"作为人才政策重点之一，逐步形成崇尚创新型企业家的文化氛围。[①]

（三）重视激励工作，给科技人才完善保障

科技人才激励政策是人才政策的重要一环，前文分析了我国对科技人才的激励还存在着各种各样的不足，我国科技企业和人员开展原始性科技创新的积极性还未被充分激发。为了解决这个问题，我们需要从各个方面重视激励工作：首先，在激励的理念上，坚持正确的人才激励方向。国家人才政策要坚持统筹协调的原则，高度重视政策的叠加效应负面影响。人才政策要以为各类人才成长营造公平、良好的环境为中心；通过理顺科技资源分配机制、薪酬奖励制度、职务晋升制度等，建立常态化、普惠性的人才激励机制；减少针对特定群、特殊贡献、特定背景和知识层次的人才激励政策。其次，在激励方式上，一是重视物质激励，现在对人才引进的优惠条件很高，但是对人才发展的物质激励不足，特别是在科研成果的创

---

① 马名杰：《新时期创新型人才培养与发展制度建设》，《中共经济时报》2019年3月21日第004版。

新收益上，在科技人才的专利保护上，在周期较长的创新基础科技研究制定阶段缺乏激励性政策，很多地方特别是高校衡量科技人才的科研能力仅仅以他们能发多少国际论文作为评职称和发奖金的依据，忽视了基础研究，导致很多急功近利的现象出现。为此，要加强引进人才的税收激励政策创新，在科技人才成果转化上提升优惠措施，提倡多方式的税收优惠措施比如以奖代补、贷款贴息、创业投资引导，等等；加强薪酬激励政策，特别是对于引进人才与本地人才薪酬不同的问题，要凸显一流人才配备一流的薪资，体现人才价值为本；还要加强股权期权激励政策，等等。二是重视精神激励。热爱是最好的兴趣，能让科技人才焕发出创新潜力和动力，全身心地投入到科研工作中，所以要重视科技人才的精神激励，特别是加大那些"坐得住十年冷板凳"的基础科研工作者的激励，要加大功勋和荣誉性奖励，激发科技人员的内部动机，营造平和、理性、以事业和兴趣追求为核心的人才发展观，使科研工作具有意义和价值并富有挑战性。

（四）创新我国高等教育人才培养体制

要重点解决人才培养中的高等教育方式改革问题，建立有利于培养创造力和创新精神的高等教育制度。高等教育对培养学生创新意识和精神，批判性思维和创新能力具有重要作用，是创新型人才培养的重要环节。培育创新型人才，要以深化创新创业教育改革为抓手，在转变教育理念、创新教育方式、增强协同机制以及给予高校更多自主权等方面实施综合配套改革。

（五）完善科技人才发展配套服务政策

完善科技人才发展配套服务政策是为科技人才提供全方位、个性化、高品质的服务保障。完善科技人才发展的职业环境（包括经济环境、新兴产业环境、研发环境、创业环境和教育环境）、保障环境（包括收入状况、生活成本、住房保障、医疗保障、子女教育）、政策环境（包括高层次科技人才的界定、引进政策、培养政策、人才补贴和服务政策、创新平台建设、出入境/居留便利度）等诸多方面。在下文的比较措施中我们将从典型城市和省市地方政府的不同分析科技人才引进发展效果的不同。

第三篇 科技人才引进发展的比较分析

第五章　科技人才引进发展的省际比较
——以鲁浙苏粤沪为例

第一节　比较的方法与要素

本章以高层次科技人才为例，对比分析各个省市引进发展科技人才的成效。对比分析的前提是需要建立科学的指标体系，而且这些指标要在科技人才引进发展的典型省市做一对比，才能从中发现科技人才引进发展的水平和质量，也是后续分析科技人才概况、科技人才引进发展存在的问题和提出对策的基础。通过文献整理来看，科技人才引进发展的评价指标需要体现人才引进发展的内涵与特点，需要包含引进发展中科技人才的规模、质量、结构、动态及效益变化。因此，用规模性指标、质量性指标、结构性指标和效益性指标来度量科技人才引进发展的水平。其中，规模性指标包括人才总量、每万人人才数量等，结构性指标包括万人研究与研发人员数量、人才占社会从业人员的比例等，质量性指标包括院士人数、享受国务院特殊津贴人数、引进国外专家人数等，效益性指标包括经济产出、创新产出和创业产出等。

"安居"才能"乐业"，良好的环境成为能够吸引人才发展人才的重要因素。对人才引进发展影响环境的研究，是后续分析高层次科技人才引进发展存在问题的原因以及提出促进科技人才集聚的思路、对策的基础。总结学者的研究，可以把这些影响因素归结为以下几点。

一　职业发展因素

职业发展环境是影响人才引进发展的根本因素，是促进人才集聚的引力源泉和决定因素。通常职业发展环境好的城市人才吸引能力要强。它包括经济环境、新兴产业环境、研发环境、教育环境、创业环境等。

二　人才引进发展保障环境因素

人才引进发展保障环境是影响人才引进发展的动力因素，是促进人才集聚的基本动力和必要条件。人才引进发展保障环境包括收入状况、生活成本、住房保障、医疗保障、子女教育等一些福利政策因素，为高层次科技人才提供良好的收入和安家优惠条件，解决人才的后顾之忧。

三　人才引进发展的政策环境因素

地方政府出台的政策优惠条件构成了吸引人才和培养并留住人才的政策因素。基于"人才资源是第一资源"的理念，地方政府常借助人才政策的出台来提升地区人才吸引力。人才政策环境因素是影响人才引进发展的制度保障因素，是促进人才集聚的强大后盾和环境依托条件。人才引进发展政策环境包括高层次科技人才的界定、引进政策、培养政策、人才补贴和服务政策、创新平台建设、出入境/居留便利度等。

第二节　鲁浙苏粤沪高层次科技人才引进发展概况

截至2017年，驻鲁全职院士总量为48人，而驻上海院士人数2016年就高达172人，广东人口规模与山东相差不多，但院士人数总量已经超过了100人。而从院士所在籍贯来看，山东和广东的院士籍贯所在地却极为相似，山东籍贯的院士也远远超过了全职在鲁工作的院士人数。山东留不住院士。上海籍贯的院士才84人，连驻沪院士全职工作的人数一半都不到，这说明上海具有对院士天然的吸引力。

从1955—2017年中科院和中国工程院两院院士的分布来看，籍贯为江苏的院士人数高达463人，籍贯为浙江的院士人数高达395人，远远高于其他省市，堪称院士培养的摇篮。江浙两省为中国贡献了超过三分之一的院士，为什么江浙一带盛产院士？从学者的分析来看，第一，与经济高度相关。江浙历来是我国最富有的地方。我国自唐朝以来经济中心从北往南迁移，经济是聚集文化与人才的首要因素。经济基础决定上层建筑，才有了培养院士人才良好的物质基础。第二，与教育高度相关。厦门大学冯用军通过对1955年到2005年的院士教育背景的调查发现，院士出生地良好的教育环境、教育质量起到了很重要的作用，院士们在其出生地完成了基础教育，其中相当部分人数在籍贯所在地或者周边地区完成高等教育，可见一个地区的基础教育发展水平与院士培养人数有着密切的关系。从历史原因上看，江浙地带也是历来重视教育的。在科举制度盛行的时候，吴越地区重视教育，有着浓厚的习文之风。第三，与文化传统有关。燕赵崇武，吴越尚文。早在春秋战国时期，吴越就在战乱中不断融合，形成了独居东南沿海区域特色的吴越文化。好读书，喜功名。历史上出状元最多的地方就是江浙一带。自唐代以来416名状元中江浙一带就有114位之多。从1598年到1706年，108年经历了明清两代共产生了39名状元，其中江苏、浙江人为32名，占总数的82%。江浙一带的名家鸿儒也多，政治家、文学家、诗人层出不穷。自古我们说"浙江出师爷"，北大学者韩茂莉认为，之所以江浙成为文人才子聚集地，就是和他们一贯的"崇尚读书"的文化传统有关，"万般皆下品，惟有读书高"。人多地少，唯有读书才能够改变命运。第四，与家族传统有关。很多院士和状元都来自书香门第，浙江很有名的家族，比如钱家，这个家族在最近100年间，先后出了一位诺奖得主钱永健、二位外交家、三位科学家、四位国学大师、五名全国政协副主席，还有十八位两院院士。这都是因为这个家族自古以来就重视教育的原因。第五，与思维活跃、敢于创新的风气有关。智者乐山，仁者爱水。水在江浙人的生活中占有重要的地位，自古以来这里有着星罗棋布的湖泊，水利和漕运更是成为古代财政收入的主要来源，大大促进了当地经济的发展。水滋养了人的灵气，让人的思想更加灵活，更开发了江浙人民的智慧，养成了他们的开拓进取的精神。江浙人机智敏捷、思维活跃、精明强干，历来重视创新，重商轻农，常常从一些人们容易忽略的细微之处去赚别人包中的钱。敢于创新，中国十大互联网公司创始人中有三位出生在浙江，马云（浙江，创建阿里巴巴）、丁磊（浙江，创建网易）、陈天桥（浙江，创建盛大），两位出生在广东马化腾（广东，创建腾讯）、王志东（广东，创建新浪），浙江和广东独占鳌头。浙江的开放和活跃成就了这些企业家。第六，与政府的服务精神有关系。浙江杭州是一个服务型城市，杭州制定了"最多跑一趟"做好服务的制度，11354项行政权力事项和公共服务事项真正做到了"最多跑一次"改革，全市政府领导真正为科技人才服务，建立健全领导联系高层人才制度，及时帮助高层次领军科技人才干事创业，安心做事，解决他们的后顾之忧。这在其他地方都做不到的。

从人才质量上看，山东省在享有国务院特殊津贴人才数量和吸引国际人才等方面都不具有优势，长江特聘人才、杰青、优青等近五年的入选人数上也远远低于其他几个省市地区（详见表5-1）。

表5-1 2017年鲁浙苏粤沪高层次科技人才数量和质量对比

一级指标	二级指标	三级指标	山东	浙江	江苏	广东	上海
科技人才引进发展概况	科技人才数量与人才质量	院士人数（全职）（人）	48	46	99	大于100	172◎
		院士所属籍贯人（1955—2015年）	143※	375※	450※	145※	84※
		单列欧美国家籍贯院士（人）	8	50	48	32	19
		2017年新增院士地区分布（人）	2	4	5	4	13
		2017年新增院士籍贯（人）	8	18	14	1	2
		政府特殊津贴专家（人）	3260	2269	8499	5048（2011）	10000◎
		新世纪国家百千万人才工程（人）	176	140	276	\	\
		2017年新增国家百千万人才数（人）	11	13	13	13	10
		长江特聘人才近五年入选数量	11	6	69	30	93
		杰青近五年入选数	24	40	79	48	143
		优青近五年入选数	46	109	228	221	395
		累计留学归国人员数量（万）	14.1◎	12.5	大于8※	37	3

续表

一级指标	二级指标	三级指标	山东	浙江	江苏	广东	上海
科技人才引进发展概况	科技人才数量与人才质量	国际人才规模指数排名	8	6	4	3	1
		中国区域国际人才竞争力水平	6	5	4	3	1
		境外来华专家指数排名	\	5	3	1	2
		亚太知识竞争力指数排名	30	27	24	23	5
		亚太每千人在高技术业排名	22	21	27	19	9

（数据截至2017年，带※注释的数据为2015年数据，带◎号注释的数据为2016年数据，"\"为暂时无公开数据。）

［资料来源：《近五年国家高层次人才数据统计，看看各省市都有多少人》，《中国区域科技创新评价报告2016—2017》（2017-10-31），部分数据为作者根据统计年鉴和网络数据整理。］

根据全球化智库（CCG）在国际、西南财经大学发展研究院、社会科学文献出版社在北京发布《2017中国区域国际人才竞争力报告》蓝皮书中公布的资料发现，上海在我国国际人才竞争力总体竞争力水平上位居首位，国际人才规模、来华留学生主要集中地上海遥遥领先，马太效应明显，广东成为引进外国专家最多的省份，并在国际人才创新方面表现最佳。广东成为吸引外国人才重要省市的原因：一是因为其是国内改革开放最早、程度最高的地区，也是外来人口流入最强的省市；二是广东长久以来形成了高科技产业生态系统聚集度和成熟度最高的地区。

从2018年全国人口机械增长的数量来看（详见图5-1），山东在全国人口变化中处于倒数第二的位置，仅次于北京，2018年山东人口净流失近20万人。在全国各省常住人口统计中，2017年山东人口净流出达到40万，在全国所有省份中排名第一。① 山东2017年人口自然增长101.16万人，但净增常住人口只有不到60万，中间有40万的差额就是流失人口了，流失到其他省份了。而在这五个省市中，净流入人口最多的就是广东

---

① 国家统计局，http://k.sina.com.cn/article_6449284007_1806843a700100b5cp.html。

省，广东省排名第一，2017年净流入70万人，2018年增加到了84万人，人口的流动很鲜明地表现出科技人才的吸引与保留的现象，说明山东省在人才的引进和保留方面是相当失败的。

2018年鲁浙苏粤沪人口机械增长（万人）（见图5-1）。

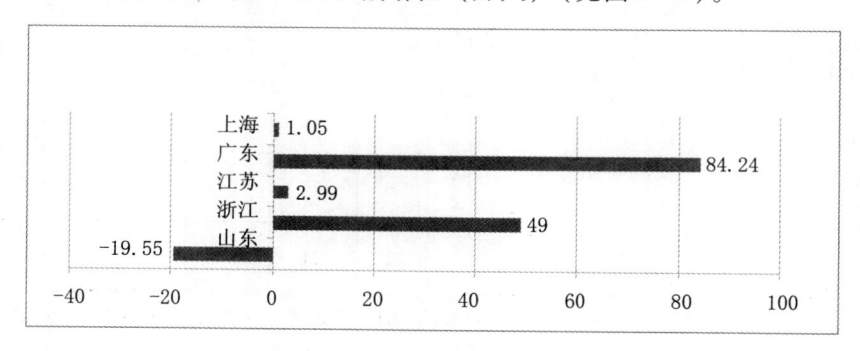

```
上海    1.05
广东                                    84.24
江苏    2.99
浙江
山东              49
       -19.55
  -40   -20    0    20    40    60    80   100
```

图 5-1　2018 年鲁浙苏粤沪人口机械增长数

（资料来源：城市 GDP 吧，https://tieba.baidu.com/p/6083335560）

反观广东省，成为各省市人才抢夺大战中的最大赢者，广东省为什么会成为人口流入最多的省市？分析其原因，第一，经济优势。作为改革开放首发阵地的广东，经过40年的改革开放，在经济发展速度和发展质量上远远超过了其他省市，在我国17个GDP超过万亿级的城市中，广东省就占到了3个，在全国省市中数量是最多的。而且深圳的人均GDP在全国人均GDP排名中占到了第一的位置，经济发展快。第二，产业发达。产业发展对劳动力需求量大，珠三角地区是我国制造业最发达的地方，庞大的制造业规模，对用工需求十分旺盛，吸引了大量外省人口到广东工作和生活。2007—2017年十年间，广东常住人口增加1788万人，其中外省流入644万人，户籍人口的自然增长是806万人。另外，广东是新兴产业聚集地，这里聚集了腾讯、华为、中兴、富士康等创新性科技公司，创造了极大的经济效益。第三，政策好。广东的经济发展好得益于国家的各项优惠措施和政策制度在广东先试先行，全国股市总共两个，广东占到了一个，全国特区总共两个，广东占到了一个，还有一个自贸区，吸引着国内外大量资金的投入。而且，广东省在人才政策的优惠力度上在全国都是比较大的，人才优惠措施在全国是最强的省市之一。第四，商业氛围浓厚。作为我国最早对外开放的窗口，广东的商业贸易自古就很发达。广州是中国海上丝绸之路的起点,是闻名中外的千年贸易之都。明朝时,这里已是中国对外通商与文化交流的重要口岸;清朝时曾有一百多年是中国唯一的对外贸易窗口,著名的外贸商埠——十三行所在地。做生意已经成为广东人普遍的意识,作为我国最开放的省市,广东人头脑灵活,思维超前,兼容并蓄,容易变通。第五,功能多,地理位置好。广东有着"口岸""通道""窗口"三重功能,既可以加强和发展与内地的联系,也可以开拓对外的经济文化交往和贸易事业。作为祖国的南大门,占据腹地,内陆平坦,面向东南亚,恰处三大洋的航运的枢纽位置上——太平洋、印度洋、大西洋,是中国重要的海上交通要冲、沟通海外的通道和主要对外通商口岸之一。因是中原地区南下出海的必经之地,被誉为海上的"丝绸之路"。而且广东省地处北回归线贯穿之处,全年太阳高度角大,太阳辐射量多,是全国太阳能最丰富、植物生长量最大的地区之一。海域面积大,有利于发展海洋经济,靠近港澳。香港、澳门作为中西经济、文化交流的商埠和世界自由贸易的港口,同世界各地特别是与欧美有着天然的联系,对紧靠港、澳的广东的发展有着深远的影响。

第三节 鲁浙苏粤沪科技人才引进发展因素比较

一 人才职业发展环境因素

具体来讲,人才职业发展环境评估分为经济环境、新兴产业环境、研发环境、创业环境和教育环境五个方面。

经济环境方面。经济发展是被大多数学者视为决定省市吸引和留住高层次领军科技人才的核心要素。从总结文献可以看出,学者们认为经济环境中以 GDP、人均 GDP 和 GDP 增速等指标来衡量地区经济发展水平。山东在经济总量上和其他四个省市相比虽然具有相对优势的,但是人均 GDP 的数值却无法与一线省市相比。人均 GDP 水平反映了一个国家或者地区的社会保障、医疗卫生、教育和人口寿命以及环境和生活的发展水平,也反映了该地的社会发展水平及城乡均衡发展程度,所以,具有社会公平和平等的含义。人均 GDP 直接决定和影响着一个国家在居民收入、生活水平及社会建设方面的投入取向、投入能力与投入水平。对人才的吸引和保留有着更为重要的意义。所以山东从人均 GDP 方面对人才的吸引力是不足的。详见表 5-2。

表 5-2　　　　　　2017 年鲁浙苏粤沪经济环境比较

一级指标	二级指标	三级指标	四级指标	山东	浙江	江苏	广东	上海
影响因素	职业发展	经济环境	GDP（亿元）	72678.2	51768.3	85900.9	89879.23	30133.86
			GDP 增速	7.40%	7.80%	7.20%	7.50%	6.90%
			人均 GDP（万元/人）	7.29	9.2	10.7	8.11	12.46

（数据截至 2017 年底）（资料来源：作者根据统计年鉴和网络数据整理。）

从经济总量上，山东远远超过了浙江，但是山东大型领军企业的发展相对滞后，根据孙国茂（2015）的研究数据，山东的上市公司总量少（2015 年占全国上市公司比重 5.69%），总市值更低（占比 3.38%），总资产不到广东的 1/10，销售利润在四个省中最低，销售净利润率低。如图 5-3、图 5-4 所示。[①] 2017 年山东上市企业数量仅为 294 家，而浙江为 415 家，为全国第二。厦门大学经济学系副教授丁长发认为，这源于浙江的民营经济最发达，民营经济是领军科技人才科技创新的载体，浙江省政府始终以为民营经济做好后顾服务为宗旨，坚持政府有为、市场有效、突出政府搭台、企业唱戏，办好各类科技人才创新创业大赛，支持孵化器做精做优，搭建链接资本与人才的桥梁，杭州市就做到每天平均 8.9 场创业活动，给人才搭建了广阔的舞台。这样做得好的成果就是，不像山东的顶尖人才云集在国有企业、高校科研院所，杭州市 88% 的人才资源会聚在企业，90% 以上的人才服务于企业。[②] 杭州的电子商务发展在全国最好，以阿里巴巴公司为代表的电子信息经济发达，成为我国的电商之都。广东的上市企业数量全国最多，达到了 571 家。2015 年广东上市公司总资产规模是山东的 10 倍。深圳借助深交所的地理位置优势，聚集了大量的 PE、基金等金融机构，产业结构以高新机构产业为主，发展快，资金吸纳能力强，拥有的上市公司也多。山东的产业结构相对传统，上市企业

[①] 孙国茂：《山东上市公司经营绩效研究——基于与粤、苏、浙三省上市公司 2015 年报的比较》，齐鲁财富网（http://www.qlmoney.com/content/20160621-191914.html）。

[②] 纽约商务新闻社采访组：《杭州——以一流环境吸引一流人才，以一流人才建设一流城市》（http://blog.sina.com.cn/s/blog_4b676f940102x8wd.html.）。

基本是能源化工传统产业，新兴产业大多处于初创阶段。

表 5-3　　　　　　　2017 年鲁浙苏粤沪上市企业数量比较

一级指标	二级指标	三级指标	四级指标	山东	浙江	江苏	广东	上海
影响因素	职业发展	经济环境	上市企业数量（家）	294	415	382	571	264

（数据截至 2017 年底，◎注释的数据为 2016 年数据。）（资料来源：作者根据统计年鉴和网络数据整理。）

表 5-4　　2015 年山东与苏、浙、粤总资产、净资产及全国占比　　　　单位：亿元

地区	总资产	全国占比	净资产	全国占比	利润总额	全国占比	净利润	全国占比
全国	1724122.7	100%	264120.53	100.00%	34545.16	100%	26448.22	100%
山东	15666.98	0.91%	6675.97	2.53%	656.12	1.90%	502.06	1.90%
广东	191135.61	11.09%	30893.24	11.70%	5254.29	15.21%	4037.96	15.27%
江苏	30943.69	1.79%	9283.24	3.51%	956.31	2.77%	575.42	2.81%
浙江	2512120	1.46%	9444.03	3.58%	1059.18	3.07%	854.09	3.23%

（资料来源：Wind 资讯，齐鲁财富网研究部，济南大学金融研究院。）

新兴产业环境方面。山东省低于广东、浙江、江苏和上海。根据学者张志元（2018）的研究，认为山东之所以出现这样的问题，是与思想观念分不开的，趋于保守、改革创新意识不强，缺乏危机意识，错失了移动互联网的大潮。而趋于保守和传统产业占据主导地位的因素，导致山东的企业在顶尖人才的引进上乏力，高层次领军科技人才流失严重。人才已经成为制约山东高新技术产业发展的瓶颈。[①] 作为改革开放试验田的广东深圳，集聚了华为、中兴、富士康、比亚迪、朗科、腾讯、大族激光、燕加隆等一批创新型企业，形成了较为成熟的新兴产业链条。根据媒体报道，深圳高新技术企业数量高达 8027 家，但新兴产业增加值增速为四个城市中最高。详见表 5-5。

[①] 郑代良、章小东：《中美两国高层次人才政策的比较研究》，《政策分析》2015 年第 21 期，第 77—80 页。

表 5-5　　　　　　2017 年鲁浙苏粤沪新兴产业环境对比

一级指标	二级指标	三级指标	四级指标	山东	浙江	江苏	广东	上海
影响因素	职业发展	新兴产业环境	新兴产业增加值增速	7.5%	12.20%	13.60%	10.7%	5.0%◎
			高新技术企业数量（家）	4692	6938	8027	19857	6938◎

（数据截至 2017 年，◎注释的数据为 2016 年数据。）（资料来源：作者根据统计年鉴和网络数据整理。）

研发环境方面。数据显示，2011 年以来，山东省与广东和江苏在规模以上工业企业研发经费、研究与试验发展项目数量、研究与试验发展人员数量三项主要数据均拉开较大的距离。以 2016 年数据为例，广东与江苏规模以上工业企业在研发经费、研究与试验发展项目数量、研究与试验发展人员数量均超过 1650 亿元、5 万项、40 万人/年，而同期山东仅为 1415 亿元、3.58 万项、24.18 万人/年。[①] 广东的科技研发环境明显优于山东，研发经费投入居全国第一，其研发投入占 GDP 比重为全国第二，达 2.56%。而山东研发投入强度为 2.34%，虽然略高于全国平均水平的 2.1%，但落后于其他省市。详见 5-6。

表 5-6　　　　　　2017 年鲁浙苏粤沪研发环境对比

一级指标	二级指标	三级指标	四级指标	山东	浙江	江苏	广东	上海
影响因素	职业发展	研发环境	研发投入强度（%）	2.34	2.39◎	2.66	2.56	2.11◎

（数据截至 2017 年，◎注释的数据为 2016 年数据。）（资料来源：作者根据统计年鉴和网络数据整理。）

科技创新环境方面。如表 5-7 所示，据 2018 年国家创新调查报告《中国区域科技创新评价报告》显示，山东省是落后于浙苏粤沪的，在此项评比中，上海创新人才资源集聚水平、创新创业投入规模和强度、知识创造的广度和深度、技术成果传播和扩散效应、对国内乃至国际的创新辐

---

① 吴少龙、王君晖：《新旧动能转换：山东的困局与破局》，腾讯网（https://finance.qq.com/a/20180413/002173.htm）。

射均明显领先于其他地区,这主要得益于上海的科技创新环境、科技活动投入、科技活动产出、高新技术产业化和科技促进社会经济发展的水平都是居全国首位的。[1]

表 5-7　　　　　　区域综合科技创新水平指数排序

排名	地区	2018 年区域综合科技创新水平指数排序前十名
1	上海	85.63
2	北京	84.83
3	天津	80.75
4	广东	79.47
5	江苏	77.13
6	浙江	74.26
7	湖北	67.44
8	重庆	66.63
9	陕西	66.58
10	山东	65.71

(资料来源:《中国区域科技创新评价报告 2018》http://tech.ifeng.com/a/20181029/45203554_0.shtml.)

创业环境方面。上海是全国的金融中心,是风险投资进入中国后最先布局的城市之一,据不完全统计,2016 年,上海风险投资金额达到 136 亿元。上海也是众创空间主要集聚地。2016 年,蚂蚁众创空间、飞马旅众创空间等知名创业孵化机构从上海迈向全国。据不完全统计,2016 年间,上海的众创空间数量已经从 2015 年的 250 余家翻了一番,突破 500 家。这些众创空间带来了上海财政收入的激增。上海市对高层次领军科技人才的吸引主要得益于经济发展的质量和效益不断提高,这是源于在产业改革上重点突出,加大科技创新的引领支撑作用,特别是第三产业拉动力持续增强、区级收入增幅超过市本级、郊区增长快于中

---

[1] 《中国区域科技创新评价报告 2018:上海北京天津位列前三》,2018 年 10 月 29 日,中国科技网(http://www.stdaily.com/zhuanti01/2018pujiang/2018-10/29/content_725043.shtml)。

心城区、税费结构较为合理。① 广东深圳也是全国著名的创业之城,创业融资便利度高,科技孵化行业起步早。2016年,深圳风投机构投资金额达到23.50亿元。与上海和广东相比,山东的风险投资行业还处于萌芽阶段。总体规模仍低于上海几百家的体量。山东青岛是全国首批知识产权质押融资试点城市,但鉴于优秀创新创业项目有限、社会创业投资集聚度不高,2016年知识产权质押融资金额仅约1.2亿元。同年,广东深圳和上海的知识产权质押融资分别达到16亿元和9.32亿元。浙江杭州的知识产权质押融资金额也达到8.62亿元。近年,浙江杭州积极推行跨境风险投资融资,取得积极效果。详见表5-8。

表5-8　　　　2017年鲁浙苏粤沪新兴产业环境对比

一级指标	二级指标	三级指标	四级指标	山东	浙江	江苏	广东	上海
影响因素	职业发展	创业环境	风投机构投资金额(亿元)	7.0(青岛)	36.0※(杭州)	\	319.46	136.0◎
			省级众创空间数量(家)	293	100(杭州)	607(2018)	500	500
			知识产权质押融资金额(亿)	1.2(青岛)	8.62※(杭州)	\	16(深圳)	9.32

(数据截至2017年,◎注释的数据为2016年数据。※注释的数据为2015年数据。"\"注暂时未找到公开数据。)(资料来源:作者根据统计年鉴和网络数据整理。)

教育环境方面。相对广东、江苏、浙江,山东在人才培养方面的比较优势主要源于逐渐加大的教育财政投入。2016年山东教育投入达到2242.30亿元,公共财政教育经费占公共财政支出比例达到了20.82%。山东省的教育投入和公共财政教育经费占公共财政支出的比例都排在三个省市的前面。在公办普通本科高校数量的对比中,也仅次于江苏位列第二位。高校毕业生数量也仅仅屈尊于江苏,但是山东的高校毕业生流失数量惊人。从教育环境看,山东学生可以说得上是全国最用功学习的

---

① 《2016年广东财政收入1.04万亿　首次破万亿稳居第一》,《21世纪经济报道》2017年2月20日第4版。

群体之一,高考难度也是最大的几个省份之一。全国统一试卷时,同一所985高校里,山东考生的高考分数高出其他省份同学100多分是非常普遍的。但是在高水平教育机构数量上,上海在4个城市中占绝对优势。2016年,上海211/985高校数量分别为10所和4所,而山东仅为3所和2所。山东大学从"双一流"大学建设中全面落败。山东大学虽有百年校史和深厚的学术底蕴,但多年来文恬武嬉,精于政绩塑造而疏于真正的实力建设,在管理水平和科研水平上的逐步倒退大家有目共睹。从网络资源来看,山东大学虽然在海外引才方面不遗余力,但是在安家费等具体待遇上难以和其他几个地市相比,在工作环境、管理制度上的差距更大。所以,引才的数量不占优势。

二 人才引进发展保障环境

虽然上海、广东、江苏和浙江在科技人才职业发展环境上高出一筹,而大城市的高昂生活成本和稀缺的医疗资源是制约人才发展的重要短板。具体来看,人才生活发展环境评估分为收入状况、生活成本、住房保障、医疗保障和子女教育五个方面。

(一)山东省的高层次科技领军人才补助不具有绝对优势,政策出台晚

从收入状况来说,根据2016市场调研数据,如表5-11所示,广东、上海、浙江、江苏职工的平均收入水平都比山东省的要高,就科技人才的补助来说,山东省虽然最高奖励1亿元,但不是最高的,只能说和同等省市奖励力度相当,且出台政策晚。2018年才出台类似激励政策,而作为人才流出大省的辽宁大连市,从2013年开始,对于本市引进或者培养的院士,就给予单位1亿元的奖励,郑州市从2015年起就提出了重大项目和团队"一事一议"政策,最高可获得1亿元的资助。相比于广东,山东省对于顶尖人才的奖励幅度还是不具有绝对优势。广州市出台的"黄金10条"中规定,杰出人才最高可获得2亿元资助,优秀人才最高可获得1.1亿元资助,精英人才最高可获得1200万元资助。对特别重大的人才项目,量身定制扶持政策,最高资助10亿元,支持力度可谓全国最大。[①]

---

① 《青岛砸1亿争夺院士,科技奖背后是城市竞争》,《齐鲁晚报》2017年5月26日第3版。

(二) 山东省科技青年储备人才收入低,城市留存率低

如表5-9所示,就普通人才而言,据中国薪酬网公布的2018年中国大学生薪酬排行榜前40名里面,上海有11所学校,广东有5所学校,浙江有1所学校浙江大学且在前十名中,江苏2所大学,山东0所。山东的大学生薪酬待遇水平整体是低于苏、浙、粤、沪的,上海的收入是最高的,薪酬是决定基础科技人才流动的一个很重要的因素,仓廪实而知礼节,作为刚刚毕业的大学生,解决温饱、体面的生活是人生基本需要,所以山东省的科技储备人才吸引力不足,其中薪酬低也是一个重要的原因。

表5-9　　　2018年中国大学生薪酬排行榜TOP40　　　　　单位:元

首年薪酬排名	学校名称	类型	所在地	是否985院校	是否211院校	平均月薪2017	平均月薪2015届	平均月薪2013届
1	清华大学	理工	北京	√	√	9025	10969	12614
2	北京大学	综合	北京	√	√	9042	11212	13790
3	北京外国语大学	语言	北京			9020	10464	12242
4	上海交通大学	综合	上海	√	√	9010	10542	12861
5	对外经济贸易大学	财经	北京		√	8998	10617	12316
6	外交学院	语言	北京			8956	11016	12669
7	复旦大学	综合	上海	√	√	8842	11052	13594
8	浙江大学	综合	浙江	√	√	8810	10308	12369
9	同济大学	理工	上海	√	√	8784	10893	13616
10	中央财经大学	财经	北京		√	8771	10086	11902
11	上海外国语大学	语言	上海			8746	10758	12587
12	中国人民大学	综合	北京	√	√	8737	10659	12258
13	上海财经大学	财经	上海		√	8705	10184	11814
14	国际关系学院	政法	北京			8669	10836	12786
15	华南理工大学	理工	广东	√	√	8660	10258	11899

续表

首年薪酬排名	学校名称	类型	所在地	是否985院校	是否211院校	平均月薪2017	平均月薪2015届	平均月薪2013届
16	北京航空航天大学	理工	北京	√	√	8629	10096	11813
17	中国科学技术大学	理工	安徽	√	√	8620	10258	11899
18	中山大学	综合	广东	√	√	8620	10086	12607
19	北京邮电大学	理工	北京		√	8543	10497	12281
20	上海对外经贸大学	财经	上海			8500	10370	12755
21	东华大学	理工	上海		√	8485	9758	11710
22	南京大学	综合	江苏	√	√	8462	10154	12693
23	华东师范大学	师范	上海	√	√	8448	9969	11464
24	广东外语外贸大学	语言	广东			8434	10542	12229
25	上海理工大学	理工	上海			8423	10275	12125
26	北京理工大学	理工	北京	√	√	8416	10267	11910
27	北京电影学院	艺术	北京			8399	10415	12081
28	西安交通大学	综合	陕西	√	√	8392	9987	11884
29	华东政法大学	政法	上海			8364	9702	11255
30	厦门大学	综合	福建	√	√	8356	9777	11243
31	中央美术学院	艺术	北京			8355	10110	11727
32	北京交通大学	理工	北京		√	8353	10274	12329
33	东南大学	综合	江苏	√	√	8316	10228	11865
34	暨南大学	综合	广东		√	8283	9940	12226
35	北京大学医学部	综合	北京			8253	9491	11674
36	上海大学	综合	上海		√	8235	9470	11269
37	北京化工大学	理工	北京		√	8147	9614	11152
38	深圳大学	综合	广东			8131	9595	11610

续表

首年薪酬排名	学校名称	类型	所在地	是否985院校	是否211院校	平均月薪2017	平均月薪2015届	平均月薪2013届
39	北京信息科技大学	理工	北京			8105	9644	11477
40	哈尔滨工业大学	理工	黑龙江	√	√	8051	9258	10832

（资料来源：中国薪酬网：《2018年中国大学毕业生薪酬TOP200排名榜》https://baijiahao.baidu.com/s?id=1609933279569767416&wfr=spider&for=pc）

就生活成本而言，山东的有比较优势，广东深圳房价平均水平为青岛的近三倍，但是从房屋购买力指数来说，山东是比较低的，房屋购买力指数等于当地岗位薪酬与房价的比值，比值越大表明月入房屋面积越大，即买房越容易。济南、青岛两地以0.43和0.33的指数分别位列第六、第八，排名较为靠后，这也表明当地收入与房价差距较大，购房压力也相对较大，毕竟落户就要生活，而生活就离不开买房，买房的难易势必影响着人才的流向。

如表5-10所示，每万人拥有的医护人员和病床数量其他四省市均明显低于山东，上海人才收入平均月薪较高，抵消部分生活成本高的缺陷，上海政府财力雄厚，为医疗保障和住房保障提供了有力支撑。广东虽然和湖南、江西两省毗邻，但是因为中间有五岭相隔，所以广东从气候，到语言，到饮食，和其他省份的差异都非常大。这也和促成广东成为目前中国人口第一大省的因素相同，即一方面广东人口流入情况突出，另一方面广东人流出情况堪称全国最低水平。独特的岭南文化，造成广东人对于自身文化的超高认同感和归属感。即使广东人也常有外出经商，但是较少会选择定居其他省份。第三个因素是交通因素，高校数量是第四个因素。其实通过深入研究其他省市的人才政策不难发现，无论是武汉、南京、杭州，在人才争夺大战中的一个很重要的指标，就是非本省户籍大学生留在本地工作的比例，所以目前出台的各地人才政策，都是围绕如何留住人才展开，但是山东的人才留存率就比较低，非山东户籍的毕业生留存山东工作的仅占5%[①]，

---

① 《聚焦：毕业季下的"抢人大战"，山东省为何难以突围》，2018年6月20日，齐鲁人才网（https://baijiahao.baidu.com/s?id=1603849231643308255&wfr=spider&for=pc）。

与山东省相关政策过度强调"高端人才",忽略了普通专本科学历人才有关,进而造成了人才的流失,使山东逐渐沦为"人才输出大省"。

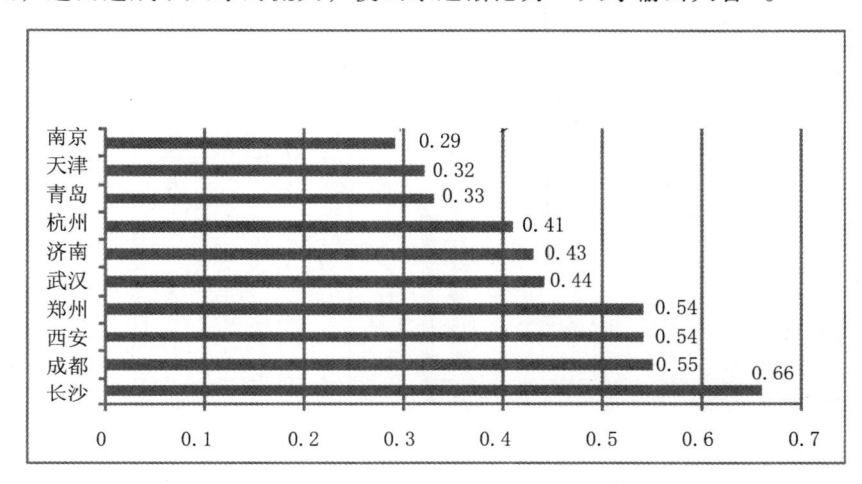

```
南京  0.29
天津  0.32
青岛  0.33
杭州  0.41
济南  0.43
武汉  0.44
郑州  0.54
西安  0.54
成都  0.55
长沙  0.66
      0   0.1  0.2  0.3  0.4  0.5  0.6  0.7
```

图 5-2　齐鲁人才网统计 2018 全国"抢人大战"热门城市房屋购买力指数

[资料来源:《聚焦:毕业季下的"抢人大战",山东省为何难以突围》,2018 年 6 月 20 日,齐鲁网(https://baijiahao.baidu.com/s?id=1603849231643308255&wfr=spider&for=pc)。]

表 5-10　2017 年鲁浙苏粤沪高层次领军科技人才生活环境指标比较

一级指标	二级指标	三级指标	四级指标	山东	浙江	江苏	广东	上海
高科技人才引进与培养的影响因素	人才引进发展保障环境指标	收入状况	职工平均工资(元)	62539	73326	71574	72326	67569
			生活成本人均可支配收入/人均消费	1.55	1.55	1.49	1.33	1.45
			家庭可支配收入/元	25953.5	42046	35024	33003.3	25974
		居住环境	人均公园绿地面积(平方米)	16.67	14.4	14.16	1.5	8
			人均水资源量(立方米)(2012 年)	283.93	2641.29	472.01	1921	143.4
		住房保障	每平方米年收入房价比	5.8※	8.5※	6.7※	9.4※	14.0※
			政府保障住房建设数量(万套)	64.18	47.77◎	110◎	6.12(深圳)	5.00◎

续表

一级指标	二级指标	三级指标	四级指标	山东	浙江	江苏	广东	上海
高科技人才引进与培养的影响因素	人才引进发展保障环境指标	医疗保障	政府医疗保障占GDP比重	0.89%（青岛）	0.69%（杭州）	/	0.77%（深圳）	1.21%
			每万人拥有卫生技术人员量（人）	63※	81	68	57※	70※
			每万人拥有病床数量（张）	53.43※	70.56※	/	32.01※	89.0※
		社会保障	每万人中参加养老保险人数/人	4528	6917	4192	7551	6579
			每万人中参加失业保险人数/人	1268	2441	1971	2832.5	1351
			每万人中参加工伤保险人数/人	1568	3494	2104	3046	1635
			每万人中参加基本医疗保险人数/人	7278	9284	6251	9280	8464
			每万人中参加生育保险人数/人	1186	2460	1895	2955	1384
		交通	公共交通服务指数	青岛 0.625	杭州 0.588	南京 0.568	深圳 0.756	上海 0.641
			高速公路通车里程/名次	5821/10	4154/21	4692/16	8338/1	900/30
			高铁里程（公里）	1240(	1485(	846(	1542(	110(

（数据截至2017年，带※注释的数据为2015年数据，带◎号注释的数据为2016年数据，带（号注释的数据为2018年数据，\ 为暂时没有查到数据。）（资料来源：作者根据统计年鉴和网络数据整理。）

就子女教育而言，山东人才流失和不能吸引高科技领军科技人才的一个很重要的原因是高考录取率低，如表5-11所示，2017年的山东高考数据，一本率10.6%，985录取率1.47%，211录取率4.44%，2017年山东大学文理科加起来在山东招生2065人，中国海洋大学文理科加起来在山东招生990人，而山东2017年的高考人数为54.9万。[①] 子女教育是海外科技人才落户最为关注的问题之一。根据不完全统计，在教育部批准设

[①] 《咱山东的娃上重点大学难吗？难！大数据都在这里》，2018年5月30日，百度网（https://baijiahao.baidu.com/s?id=1602946280253272154&wfr=spider&for=pc）。

立的116所外籍人员子女学校中，上海有21所，为外籍人才子女提供了良好的教育保障，是全国各省市中拥有国际学校数量最多的地区。便利的国际交通是上海吸引国际人才的最大优势。中国民用航空局发展计划司2015年的统计数据显示，上海能通航25个国家和地区的69个城市，通航城市数量为全国最大值。素有"东方巴黎"之称的上海是个既现代又具传统文化特色的城市，拥有丰富的人文资源、迷人的城市风貌、繁华的商业街市和脍炙人口的各邦菜肴，也吸引了很多国际游客。如表5-10所示。

表5-11　　　　　　　　2017年鲁浙苏粤沪高考录取率

	山东	浙江	江苏	广东	上海
985录取率	1.47%	1.87%	1.41%	1.32%	5.33%
211录取率	4.44%	5.19%	5.19%	2.74%	13.58%
一本录取率	10.60%	4.0%	12.10%	11.20%	21.80%
考生人数（万）	55.3	29.13	33.01	75.7	5

（数据截至2017年。）（资料来源：江苏省的考生想要考上重点大学，到底有多难？https：//www.sohu.com/a/162193422_759880）

三　人才政策环境比较

（一）关于高层次领军科技人才的界定：既有共性也有个性

纵观国家及五个省市对高层次领军科技人才的界定也是有其共性的，都基本上包括了国际或者国家层面的最高学术荣誉或者奖励，强调了对技术创新和自主知识产权的重视程度。如表5-13所示。包括以下几种：一是拥有国家最高学术称号的个人，如两院院士；二是国家部委专项科技人才计划入选者，"长江学者奖励计划"入选者中央人才工作协调小组"国家高层次人才特殊支持计划"（简称"特支计划"，又称"万人计划"）入选者等；三是国家级科学基金项目获得者，如"国家杰出青年科学基金"项目获得者、国家自然科学基金优秀青年科学基金项目获得者，此外，譬如"973计划"或"863计划"课题负责人、教育部哲学社会科学研究重大攻关项目首席专家等也被视为高层次科技人才；四是国内公认的重大奖项获奖者，如国家自然科学奖、技术发明奖、科技进步奖获得者、高等学校科学研究优秀成果奖获得者、国家级教学成果奖一等奖获得者等。国内绝大部分大学主要引进上述四类人才,还有少数大学具有国际视野,其高层次科技人才政策特别指向他国最高学术称号获得者、国际顶尖奖项或国际公认著名奖项获得者,例如诺贝尔奖、菲尔兹奖获得者,又如沃尔夫奖、邵逸夫奖、阿贝尔奖、肖邦奖获得者等。我国地方政府在国家对高层次领军科技人才界定基础上,根据自己的需要和经济发展的要求对高层次领军科技人才的界定略有不同,山东和江苏都区分了杰出人才和领军人才,杰出人才主要是在科研创新方面取得的成就和业绩,领军人才除了要求在学术上有其过人的成绩之外,还要求在管理上、创业团队带领上有丰富的经验和技能,能够带领一个团队取得骄人的成绩,相比而下山东省对于高层次科技人才的认定标准更加详细具体,这样的好处是可以对这部分人才精准施策,精准引进和培养。但是缺点是可能忽视另外的在特殊领域获得过骄人成绩的人才;浙江把高层次科技人才进行了层次上的区分,分为了国际顶尖、国家级、省级、市级人才,便于对人才进行分层分类培育;而广东省和上海市则对高层次领军科技人才界定比较笼统,参照的是国际的界定标准。

表 5 – 12　　2017 年鲁浙苏粤沪高层次科技人才认定标准

省市	高层次科技人才认定标准
山东	杰出人才:主要包括诺贝尔奖(物理、化学、生理或医学、经济学,The Nobel Prize, Physics、Chemistry、Physiology or Medicine、Economic Sciences)、格拉芙奖(Crafoord Prize of the Royal Swedish Academy)、沃尔夫奖(The Wolf Prizes)、泰勒奖(Tyler Prize for Enviromental Achievement)、菲尔兹奖(Fields Medal)、维特勒森奖(The Vetlesen Prize)、拉斯克奖(Lasker Medical Research Awards)、图灵奖(A. M. Turing Award)等国际性重要科学技术奖获得者;中国科学院院士、中国工程院院士(均含外籍院士);美国、英国、德国、法国、日本、意大利、加拿大、俄罗斯等国家最高学术机构会员(详见说明 1);国际著名学术组织主席、副主席(详见说明 2);全球自然指数(Nature Index)最新排名前 100 位的高校与科研院所的校长(院长)、副校长(副院长);世界 500 强企业总部首席技术官;其他获得国际权威机构认可的杰出人才。 领军人才:主要包括全球自然指数最新排名前 100 位的高校与科研院所的重点学科带头人;近 5 年国家科学技术奖励首位完成人;国家"万人计划"和"国家杰出青年科学基金""长江学者"等国家级人才称号获得者,且现为国家自然科学基金重点项目、国家科技重大专项、国家重点研发计划等国家级重大科技项目首席科学家或项目第一负责人;国家级技术创新平台首席科学家或技术负责人;经省人才工作领导小组研究,与上述人才水平层次相当的其他领军人才。(《引进顶尖人才"一事一议"实施办法》)

续表

省市	高层次科技人才认定标准
浙江	A类指的是国内外顶尖人才，包括诺贝尔奖获得者、两院院士等；B类指国家级领军人才，包括享受国务院政府特殊津贴专家等；C类是省级领军人才，包括省有突出贡献的中青年专家等；D类指的是市级领军人才，包括市杰出E类则是高级人才，博士学位、副高职称等。《关于印发〈杭州市高层次人才分类认定办法（试行）〉的通知》
江苏	A类：国际杰出人才。包括诺贝尔奖获得者；国家最高科学技术奖获得者；中国科学院院士、中国工程院院士；国外相应最高学术权威机构会员（或称"院士"）；"万人计划"杰出人才、"科技顶尖专家集聚计划"A类人才等。 B类：国家领军人才。包括全国杰出专业技术人才，新世纪百千万人才工程国家级人选，国家有突出贡献的中青年专家，享受国务院政府特殊津贴人员；江苏省"333高层次人才培养工程"第一层次培养对象；世界500强企业总部首席技术官或技术研发负责人，世界品牌500强企业总部首席技术官或技术研发负责人；国家技术发明奖一等奖、二等奖前3名；国家科技进步奖一等奖前5名；中国青年科学家奖；中国专利金奖（须为专利发明人及设计人）等。 《南京市人才安居办法适用对象（目录）》。
广东	国家级人才，诺贝尔奖获得主、两院院士、国家科技重大专项带头人、世界500强企业首席执行官等（《广州市黄埔区广州开发区聚集"黄埔人才"实施办法》和《广州市黄埔区广州开发区加强知识产权运用和保护促进办法》）。
上海	"诺贝尔奖""图灵奖""菲尔兹奖"等国际知名奖项获得者；或是中国政府"友谊奖""国际科技合作奖"等国家级对外表彰奖项获得者。而企业杰出人才同样要求极高，需是本市国有企业、高新技术企业、跨国公司上海地区总部、研发中心、投资性公司的中高级管理、技术人才和科研骨干。取得国内外同行公认的突出成就、一般处于本领域全国前5名或国际前20名，或年富力强、活跃在创新创业一线，具有成长为世界级高峰人才的潜力。《关于进一步深化人才发展体制机制改革加快推进具有全球影响力的科技创新中心建设的实施意见》《上海加快实施人才高峰工程行动方案》。

（数据截至2017年。资料来源：作者根据各省市政府网站公开资料自绘。）

具体来看，人才政策环境分为人才引进、培养、奖励与补贴、创新平台建设和出入境/居留便利度几个方面。山东省在高端人才和团队的补贴水平上，远低于广东。对于顶尖人才除了出台了"山东省引进顶尖人才一事一议"政策制度外，没有专门设置顶尖人才计划工程。

（二）关于高层次科技人才引进政策的比较：趋同明显，缺乏个性化引才政策

人才引进政策是人才政策中最为基础和重要的，特别是对于各个省市都非常稀缺的高层次领军科技人才，都是五个地方人才政策的重中之重。纵观五地市人才政策，高层次领军科技人才的引进政策比较类似，吸引人才的手段大多集中在购房补助、科研启动资金、生活费补助等方面，政策同质化程度高。这就导致了山东省在与浙江、江苏特别是浙江、上海市这些一线发达省市相比较中没有体现出区位优势和产业吸引力，而且山东省的诸多政策相对于这些省市来说出台比较晚，没有体现先发优势，还会因为一些处于"攀比"和"跟风"的原因为出政策而出政策，被动迟缓，这些仓促出台的人才政策会导致政策的成熟度不高、可执行性偏弱，且会因为更多类似政策的持续供给而进一步降低已经出台和后续出台的政策的作用力度。

表 5-13   2017 年鲁浙苏粤沪科技人才引进工程

省市	科技人才引进品牌工程	高层次领军科技人才引进政策
山东	"齐鲁之约"引才活动 "中国山东海内外高端人才交流会" "山东—名校人才直通车"	《引进顶尖人才"一事一议"实施办法》 《关于做好人才支撑新旧动能转换工作的意见》
浙江	海外高层次人才引进计划 海鸥计划 高校海外精英集聚计划 钱江人才计划 杭州"5050 计划"	《引进院士专家等顶尖人才政策》《新一轮高层次人才创业创新"5213"计划》 《萧山区"金梧桐"人才安居计划实施办法（试行）》 《高水平建设人才强省行动纲要》
江苏	江苏双创计划 姑苏人才计划	《关于聚力创新深化改革 打造具有国际竞争力人才发展环境的意见》
广东	珠江人才引进计划 孔雀计划 扬帆计划	《广州市黄埔区 广州开发区聚集"黄埔人才"实施办法》 《广州市高层次人才认定评定办法》 《关于印发〈中共广州市委、广州市人民政府关于加快吸引培养高层次人才的意见〉10 个配套实施办法的通知》

续表

省市	科技人才引进品牌工程	高层次领军科技人才引进政策
上海	曙光计划上海海外高层次人才集聚工程 上海市杨浦区海外高层次人才创新创业基地"3310"引才计划 上海市浦江人才计划 上海海外高层次人才集聚工程	《上海市引进人才申办上海市常住户口试行办法》 《2010年上海市浦江人才计划申请指南》

（数据截至2017年。资料来源：作者根据各省市政府网站公开资料自绘。）

表5-14　2017年鲁浙苏粤沪科技人才引进住房政策比较

省市	安家费	住房补贴
山东	顶尖人才最高给予600万元安家补贴，高校毕业生最高可享10万元的购房补贴。	院士住房按不低于180平方米安排。
浙江	"金梧桐"人才安居计划； 院士500万住房或者生活补助。	全职引进的院士等顶尖人才，每人500万元生活补助，也可选择面积200平左右免租10年的住房，全职工作满10年并贡献突出的，可无偿获赠所租的人才租赁住房；
江苏	A类顶尖人才"一事一议"，B、C类人才安居有四种标准：共有产权房或人才公寓50—120平方米、购房补贴170万—200万元、租赁补贴每月每平方米50元。也就是说，国家领军人才级别的B类人才可以拿到200万购房补贴，或者申购150平方米的共有产权房。	

续表

省市	安家费	住房补贴
广东	对引进的诺贝尔奖获得者或院士，给予安家费最高1000万元，对杰出人才、优秀人才、精英人才分别给予安家费500万元、300万元、200万元。	新引进的诺贝尔奖获得者、院士还提供面积约300平方米的人才别墅，在本区全职工作满10年，可获赠别墅产权。在区内的房地产开发项目中配建5%以上的人才公寓，供人才优惠租住；对杰出人才、优秀人才、精英人才，分别给予每月最高10000元、8000元、5000元住房补贴，补贴期3年。
上海	国家"万人计划"人选、国家杰出青年基金获得者、长江学者特聘教授等，给予100万—200万元工作、生活和购房补贴。 市"领军人才"人选、市"浦江计划"人选、享受国务院特殊津贴人员、其他部级专家等，给予50万—100万元工作、生活和购房补贴。	

（数据截至2017年。资料来源：作者根据各省市政府网站公开资料自制。）

表5-15　2017年鲁浙苏粤沪科技人才引进薪资报酬、补助政策比较

省市	薪资待遇与科研补助
山东	针对杰出人才。管理期内省财政按照用人单位实际给付的劳动报酬50%比例给予人才津贴，每年最高不超过100万元。 针对领军人才。管理期内省财政每年给予50万元人才津贴。领军人才项目支持方式参照杰出人才执行。 顶尖人才：顶尖人才团队最高可获5000万元综合资助或6000万元的直接股权投资支持。 杰出人才：全职来我省开展创新工作的，对其项目按科研补助、研发攻关、平台建设和产业化项目实施总投资额的30%给予综合资助，最高资助5000万元。 杰出人才全职来我省开展创新工作的，最高资助不超过3000万元；来我省创办具有国际一流技术水平、能够推动我省产业转型升级企业的，对其项目省级引导基金可给予最高不超过4000万元的直投股权投资支持。

续表

省市	薪资待遇与科研补助
浙江	温州2000万元的最高综合奖励覆盖人群包括诺贝尔奖、图灵奖、发达国家院士、两院院士等；创新团队奖励100万—3000万元。 院士最高5000万元的平台建设基金，用于配套院士工作站、产业化平台投入，以及科研经费投入。
江苏	引进的诺贝尔奖获得者、海内外院士、国家科学技术奖最高奖获得者以及同层次的顶尖人才或领军团队，带技术、带项目、带资金来锡创新创业，实现核心技术产业化，产生重大经济社会效益，给予1000万元至1亿元项目资金支持。 对发展急需紧缺的，在行业领域具有国际一流、国内领先水平的海内外领军型团队，实现重大技术突破的，给予300万元至1000万元项目资金支持。
广东	对新引进诺贝尔奖获得者、院士、国家创业人才和创新人才（长期项目）创办的企业，给予最高2000万元的场地租金补贴和设备购置补贴，或将对地方5年经济发展贡献全部予以奖励；对成功申报国家科技重大专项或新入选的广东省"珠江人才计划"的创新创业团队，区财政最高配套资助8000万元；经认定为区创业英才的，最高资助500万元；对获得产业发展用地的杰出人才，最高提供2000万元的场地代建经费支持；根据《广州开发区创新创业领军人才聚集工程实施办法》，对经认定为区领军人才的，资助1780万元，并提供科研项目配套经费500万元；根据《广州市黄埔区广州开发区促进高新技术产业发展办法》，对高层次人才创办的企业，可获最高3000万元的直接投资扶持。 总之，杰出人才最高可获得2亿元资助，优秀人才最高可获得1.1亿元资助，对特别重大的人才项目，将采取一事一议，量身订制扶持政策，最高资助10亿元，支持力度全国最大。
上海	诺贝尔奖获得者、海内外院士等顶尖人才最高可获500万元奖励资助和薪酬补贴、2000万元项目综合资助；能突破关键技术、引领高新产业发展、带动新兴学科建设的战略科学家和领军人才中，创业人才最高可获500万元综合资助，创新人才最高可获350万元综合资助。

（数据截至2017年。资料来源：作者根据各省市政府网站公开资料自制。）

(三) 关于科技人才发展政策的比较：偏好各不相同

人才培养政策是人才开发的核心内容，是对人才进行针对性教育、培训的相关政策。从各地的人才培养政策中可以看出人才培养的对象偏好有所不同，大都根据各地区经济和社会发展需要而有所侧重。山东省主要是产业领军人才的培养，广东省主要的培养政策对象是中国工程院和科学院的后备型人才，浙江省的"151人才工程"主要是针对学术技术带头人。各地区在人才培养政策中培养方式也有所不同，浙江省的"151人才工程"和江苏省"333工程"是在工作中进行人才的培养，出国培训与实践相结合。《广州市高层次人才培养资助方案》明确为人才举办和参加会议论坛、进修培训、发表论文、出版著作等方面给予一系列支持资助，杰出专家、优秀专家、青年后备人才每月可分别领取3000元、2500元、2000元的资料津贴。广州还将在5年内投入约2亿元，通过采取政府购买服务的方式，引导社会机构为科技人才提供全链条、集约化、定制化的创新创业服务。

表5-16　　　　2017年鲁浙苏粤沪科技人才发展政策

省市	科技人才培养
山东	实施六大人才培养计划：新工科优先发展计划，青年人才国际化培养计划，企业家发展领航计划，企业博士（后）集聚计划，高技能人才素质提升计划，哲学社会科学优秀人才培养计划 泰山系列人才工程
浙江	《关于高水平打造高技能人才队伍的意见》 浙江省151人才工程 《浙江省财政厅关于印发浙江省会计领军人才培养使用管理办法的通知》 《高水平建设人才强省行动纲要》 钱江人才计划、杭州"5050计划"
江苏	江苏双创计划 姑苏人才计划
广东	《广东省培养高层次人才特殊支持计划（"广东特支计划"）》 《2017年"珠江人才计划"高层次人才认定项目》 《广州市高层次人才培养资助方案》
上海	上海市浦江人才计划 上海海外高层次人才集聚工程

（数据截至2017年。资料来源：作者根据各省市政府网站公开资料自制。）

（四）关于科技人才发展服务制度的对比

在科技人才发展服务制度上，全国都要学习浙江省。2003 年时任浙江省委书记的习近平提出了"八八战略"剑指体制机制改革、打造环境优势，为建设服务型政府、法治政府和有限政府做好前提，在此行动纲领指导下，浙江省开始实行"互联网＋政务服务"的改革。2016 年浙江省首次公开提出"最多跑一次"改革，2017 年正式实施。"最多跑一次"细化为"一窗受理、集成服务""一网申请、快递送达""一号咨询、高效互动"，真正落实到位。"最多跑一次"让浙江的科技人才在家就能查社保、查公积金、交通违法处理和缴罚、缴学费、补换驾照、出入境办证，还涉及子女落户、教育考试和医疗，等等。改革的成效是显著的，2018 年据统计显示，"最多跑一次"写入了政府工作报告，从浙江走向全国，满意度达到了 94.7%，在 2018 年全国人才引进中，杭州、宁波中高端人才净流入率位列全国第一位、第二位。[①]

表 5-17　　2017 年鲁浙苏粤沪高层次科技人才引进服务政策

省市	高层次领军科技人才服务政策
山东	《山东省高层次人才服务绿色通道规定》 《关于加快推进高层次人才服务体系建设的实施意见》
浙江	《关于进一步落实高层次人才安居相关政策的通知》 《浙江省高层次人才特殊支持计划》 "浙江省人才服务平台"
江苏	《江苏省人力资源和社会保障厅关于印发全省人社系统审批服务事项清单》 "江苏省人事人才公共服务网"
广东	《广州市高层次人才认定方案》 《广东省引进高层次人才"一站式"服务实施方案》 《广州市高层次人才服务保障方案》 《广州市高层次人才培养资助方案》

---

① 《深度解读：浙江"最多跑一次"改革的"前世今生"》，http://www.sohu.com/a/236930340_448551。

续表

省市	高层次领军科技人才服务政策
上海	"上海市人才服务中心" 《关于上海市引进人才申办本市常住户口有关问题的通知》 《上海市鼓励创业带动就业专项行动计划（2018—2022年）》

（数据截至2017年。资料来源：作者根据各省市政府网站公开资料自制。）

2019年5月，浙江省人才服务平台正式上线。服务平台的宗旨是深化人才领域"最多跑一次"改革，积极推进人才服务的数字化转型，打造"网上人才之家"，把涉及人才的政策、服务、评审、信息"一网打尽"，实现人才创业创新各类事项"一网通办"。该平台经过近一年的建设，基本建成了人才政策、人才资源库、公共服务、人才工程、项目展示和大学生实习六大板块，初步实现了人才政策网上看、个人事项网上办、人才项目网上展、人才需求网上找、人才评审网上报等功能。[①]

比较服务途径，山东省高层次科技人才的信息化做得比较落后。截至2018年7月，山东省对于高层次科技人才没有建立专门的网站，只有一个人才山东网站（http://www.rcsd.cn/），在人才工程中有高层次领军科技人才的设定。

根据查阅最新的网络信息，"山东省高层次人才服务信息系统"2018年8月份上线，根据新闻，笔者打开相应的山东省的人力资源与社会保障的网站，并没有看到很醒目的窗口，只能根据上述新闻中的链接打开"山东高层次人才信息网"网站，还需要复杂的注册和认证登录后才能看到有关的信息，而不像其他四个地市的网站高层次科技人才的政策、制度都很鲜明，这些对于未来想引进的高层次科技人才是一种便利，能够通过浏览相关服务政策和措施，对于吸引人才有很大的裨益。

而在其他省市里则专门有针对高层次科技人才服务的网站，比如广东有引进高层次网上"一站式"服务大厅（http://www.gccrc.cn/website/

---

① 浪潮新闻：《浙江省人才服务平台正式上线运行 推进人才服务的数字化转型》，http://zjnews.china.com.cn/yuanchuan/2019-05-16/174642.html。

approve/Index. jsp）。上线早，办事便捷，对高层次人才界定、外国人工作许可证、外籍医师来华短期行医审批、高层次人才及随迁家属入户广东、博士后进出站优先、省外来粤人员专业技术资格确认、职称评定、子女进入学前教育、义务教育、配偶、子女就业等 26 项事务施行一键式在线办理。在广东高层次人才服务网和广东人才网设立广东省引进高层次人才"一站式"服务专区，尽快实现了部门之间互联互通、信息资源共享和网上受理、网上办事，打造网上"一站式"服务平台。并且为了保障高层次人才服务落实到位，建立了联席会议制度，实行领导问责制，落实经费保障。

浙江省安排专人负责受理引进高层次人才公共服务项目申请材料，承办和代办有关手续，实行"一站式受理、一次性告知、一条龙服务"。"一站式"服务涉及多个职能部门，各部门要相互配合，通力合作，形成合力，共同打造引进高层次人才服务"绿色通道"。各部门要按照各自职能分工和服务内容，设立相对应的服务窗口或提供绿色服务通道，公开办事内容和程序，严格受理回执和办结时限等要求，明确责任人，提供便捷、高效的引进高层次人才"一站式"服务。

上海市值得称道的是对于高层次科技人才的重视。上海市具有全球影响力的科技创新中心，在人才 R&D（研究与开发）中持续全国领先，并以其国际化、创新性和开放性为特色，对海归人才有着天然的吸引力，据领英 2018 年 3 月发布的《中国海归人才吸引力报告》显示，从 2013 年到 2017 年，上海吸纳的归国留学人数占比在主要城市中始终高居 35%—40%，遥遥领先于其他地区。正是由于广纳人才，上海在若干重点领域拥有一批国际先进水平的科技领军人物和重点行业的国际知名企业家。[1]近年来，上海市对科技人才引进发展工作非常重视，相继出台了"人才 20 条""人才 30 条"，上海市已经连续 7 年荣获"外籍人才眼中最具吸引力中国城市"第一的荣誉称号。从我国 2017 年 4 月实施外国人来华工作许可制度至今，上海市引进外国人才的数量和质量均居全国第一。2018 年外国人才签证制度实施以来，上海市已为近 500 位外国人才办理了《外

---

[1] 《2018 亚太知识竞争力指数发布，港沪京粤台排名前十》，http://www.stcsm.gov.cn/cxxj/pjcxld/560925.htm。

国高端人才确认函》，数量居全国第一。上海还在国家外国专家局等有关部门的支持下，积极推动外国人来华工作许可制度、外国人才签证制度等一批国家出台的外国人才政策改革和创新在沪试点实施，进一步从更好满足市场主体和外国人才的需求出发，制定推出便利化举措，优化营商环境。①

在外籍人才出入境居留便利方面，山东要学学广东。据保守统计，现在中国的常住外籍人口在 200 万—300 万之间，其中广东占到了十分之一，这源于广东的经济发展得好，贸易自由，民风开放。另外在 2016 年 7 月份公安部特意推出了支持广东自贸区建设和创新驱动发展 16 项出入境政策措施。公安部授权广东省公安厅制定标准，对符合认定标准的外籍高层次人才及其配偶、未成年子女，可直接申请在华永久居留资格，扩大申请永久居留的投资者范围，降低申请永久居留投资额度标准，取消工作年龄限制，简化申请手续，放宽居留许可期限，允许因急事来粤就读的中小学校外国学生，申请口岸签证和居留证件，等等。这使广东的出入境更加便捷，突破了烦琐的签证程序，吸引了很多高层次科技人才和留学生申请居留，政策实现了"组合"效应，提高了政策效能，对外籍高层次人才家政服务特事特办，满足了他们的生活需要，优化了过境免签制度。这在全国来说都是创举，所有这些广东自贸区特有的政策对于广东科技人才的引进和发展都是有利的。其他指标评估详见表 5-18。

表 5-18　　　　2017 年鲁浙苏粤沪科技人才政策环境指标

一级指标	二级指标	三级指标	四级指标	山东	浙江	江苏	广东	上海
科技人才引进发展的影响因素	人才政策环境指标	人才奖励与补贴	院士生活补贴奖励最高水平（万元）	500	500	600	120	200
			院士人才项目团队补贴奖励最高水平（万元）	10000	10000	5000	2000	50

---

① 杨舒鸿吉：《2018 年外籍人才眼中最具吸引力中国城市揭晓，上海第七次拿第一》，2019 年 4 月 14 日，界面网（https：//www.jiemian.com/article/3040183.html）。

续表

一级指标	二级指标	三级指标	四级指标	山东	浙江	江苏	广东	上海
科技人才引进发展的影响因素	人才政策环境指标	人才奖励与补贴	博士后人才最高生活补贴（万元）	30	5/年	5/年	50	10
			高层次科技人才最高购房补贴（万元）	50	60	30	40	200
			是否具有高端人才免租房（是1，否/未规定0）	1	1	1	1	1
			引才中介最高奖励金额（万元）	60	50	200	290	20
			院士培养单位奖励	1亿	\	500万	500万	\
			是否具有系统人才服务制度（是1，否/未规定0）	1	1	1	1	1
		创新平台建设	国家级重点实验室数量（个）	9（青岛）	10（杭州）	\	14（深圳）	32
			省市级重点实验室、工程实验室、工程中心数量（个）	87（青岛）	102（杭州）	\	1423（深圳）	323
		出入境/居留便利度	外国人才过境免签最长时长（小时）	144	144	144	144	144
			是否具有外国人才落地签或相关规定（是1，否/未规定0）	1	1	1	1	1
			外籍高层次人才居留许可有效期（年）	10	5到10	5到10	5到10	5
			是否具有外籍人才投资移民制度或相关规定（是1，否/未规定0）	1	1	1	1	0
			是否允许外国学习或相关规定（是1，否/未规定0）	1	1	1	1	1
			是否取消申请永久居留工作单位担任职务限制（是1，否/未规定0）	1	1	1	1	1
			是否有就业居留向永久居留资格的转换机制或相关规定（是1，否/未规定0）	1	1	1	1	1

（数据截至2017年。资料来源：作者根据各省市政府网站公开资料自绘，"\"为暂时无公开数据。）

第四节 山东省科技人才引进发展的现状分析

一 山东省科技人才引进发展成效

（一）科技人才规模不断攀升，人才质量不断提高

近年来，山东省围绕实施人才优先发展和人才强省战略，加强了人才引进和培养的力度，取得了不错的成绩。截至 2017 年底，共有在鲁两院院士 49 人，国家百千万人才工程人选 176 人，享受国务院政府特殊津贴专家 3260 人，省有突出贡献的中青年专家 1297 人，齐鲁首席技师 1359 人，高技能人才 290.6 万人。获中国政府"友谊奖"专家 66 人。获得"高层次高技能人才服务绿卡"人选 402 人。引进一个顶尖人才，往往带来一个团队；落地一个项目，就助推一个产业。泰山系列人才培养工程历经 15 年的发展逐步完善，全省申报人数创历年之最。仅 2017 年，共遴选泰山学者 111 名、泰山产业领军人才 175 名，泰山系列人才工程总人数达 1695 名。[①]

（二）科技人才引进发展政策体系不断丰富

为提升引才工作的精准度和科学化水平，大力打造人才的政策新优势、制度新优势和服务新优势，山东省 2017 年成立了省级层面的人才工作领导小组，2018 年开展了"人才政策落实年"，出台了《山东省有突出贡献的中青年专家选拔管理办法》《关于做好人才支撑新旧动能转换工作的意见》等政策文件，实施了加快引进急需高层次人才计划、《引进顶尖人才"一事一议"实施办法》、"齐鲁英才汇聚计划"等专项引才计划，颁布施行了"山东省泰山领军人才计划"《"一事一议"有关规定和操作办法》，推进工作站建设，加大柔性引才用才力度，探索依托社会化、专业化力量，更加快速有效地引进急需紧缺人才。以外国专家引进方面的政策为例，其政策就较为全面，《关于加强新形势下引进外国人才工作的实施意见》《关于加快推进人才国际化的若干措施》《外国人在山东工作管理暂行办法》等政策包括了引才和管理的各个方面，实施外国人才签证

[①] 鲁才轩：《盘点 2017 年：山东人才发展全面驶入快车道》，《党员干部之友》2018 年第 2 期，第 35 页。

制度，加快构建具有国际竞争力、山东特色的人才引进政策体系。政策的出台要有配套的落实政策和督办措施，不然好的政策也是一纸空文。所以，山东省把出台的政策进行了全面的梳理，在加强宣传的基础上大力推进政策的落地执行，并配备了一系列督查督办的考核程序。落实近期出台的《关于做好人才支撑新旧动能转换工作的实施意见》和《关于深化职称制度改革的实施意见》，细化、实化各项工作任务。梳理这些政策体系具有以下几个特点：一是政策制定的高规格。政策的出台对于山东省的高层次领军科技人才的工作具有指导、引领和带动作用。二是政策涵盖的范围广。出台的政策包括人才的引进、培养、使用等各个方面。更新印发《人才支持政策指引》，收录31个国家和省主要人才工程和人才项目，于目录注明适用领域，便于参考使用。

（三）科技人才引进发展品牌工程逐步形成

近年来频发的全国人才竞争尤其是高层次领军科技人才的竞争日趋激烈，高层次领军科技人才已经成为一个国家一个地区乃至一个城市发展的根本决定力量。山东引才工作走出了独具齐鲁特色的工程化、品牌化模式，开创了人才工作的新格局。山东省近年来着重实施重大人才工程，做好高端领军科技人才的推荐选拔工作。推进享受国务院政府特殊津贴人员、"国家百千万人才工程"人选、泰山学者攀登计划、泰山产业领军人才工程、省有突出贡献的中青年专家、专业技术二级岗位人选、社会建设领域智库高端人才等人才工程，其中"泰山工程"尤见成效。起始于2003年的"泰山学者"计划、2004年的"泰山产业领军人才工程"，截止到2018年4月止已经成功延续了16届，培养了9名两院院士，48名国家"万人计划"，46名长江学者，51位国家杰青。[①] 山东省的引才工程呈现出以下特点：第一，系统化和持续化。表现在高端平台引人育人平台优化又引才的持续优化双向交互的过程，引才呈现"学科带头人＋学术团队"的团队群落体系。第二，层次化与特色化。山东省从科技人才的引进方面出台的政策与制度体现了国家级、省级、地市级的层次性，16个地市根据自己的人才需求与要求形成了自己的引才品牌与引才体系，并且

---

① 《山东引才进入工程化品牌化时代 "泰山品牌"成标杆》，《大众日报》2018年4月12日第1版。

独具特色，形成错位发展。第三，引才培才重点突出与品牌凸显。经过历年的发展，山东省已经在引才培才方面形成了品牌工程，比如首席技师、乡村之星、和谐使者、金融之星等"齐鲁"系列人才工程和泰山系列人才培养模式，重点培育新工科、青年人才、企业家、企业博士（后）、高技能人才和哲学社会科学人才等科技人才发展计划。

（四）人才国际化水平实现了新跨越

构建多元化引智体系，推动人才国际化。近年来，山东的招才引智工作，坚持对标国际标准，在政策机制、平台模式、服务环境等方面开展了一系列创新和探索，在推动人才国际化建设方面取得了积极成效。举办第十届"海洽会"，按照"多元化、专业化、精准化、高端化"的办会理念，吸引更多海内外高端人才来鲁创新创业。实施"海创山东"人才发展计划、"外专双百计划"等重大引才工程，支持重点产业、重点学科引进高端外国专家及团队。"十二五"以来，山东省通过实施"大活动引领、大项目带动、大合唱聚力"战略，共引进外国专家43363人次，派员出国（境）培训6300余人次。引进国际人才重点突破，山东省在组织实施引进外国专家项目数量、获中国政府"友谊奖"外国专家数入选外国专家人数、引智示范推广基地数等方面，均居全国前列，其中还有诺贝尔奖获得者。

（五）引才资金投入实现了新突破

近年来，山东省密切跟踪科技前沿，瞄准锁定对促进全市产业发展具有战略引领作用的诺贝尔奖获得者、世界级水平科学家、两院院士等，面向全球引进顶尖人才及团队，为此，山东省组织部印发《引进顶尖人才"一事一议"实施办法》，用良好的政策机制吸引顶尖人才及团队。

（六）人才服务不断加强

营造优质高效的人才服务环境。加快科技人才服务体系建设，修订《山东省高层次人才服务绿色通道规定》，率先在全国出台《关于加快推进高层次人才服务体系建设的实施意见》，建立人才服务专员制度，为高层次科技人才提供诸如政策咨询、手续代办、待遇落实等一对一"保姆式"服务，丰富科技人才服务绿色通道待遇，向高层次科技人才发放山东"惠才卡"，凭卡享受入出境、户籍、医疗、交通等29项服务内容。加大外专工作的宣传力度，优化外国专家表彰奖励机制，提升引进海外人才软实力。建立柔性引才机制，深入开展专家服务基层活动。围绕促进产业集聚、园区建设、骨干企业培育、经营业态创新、人才支撑，加快推动人力资源服务业转型升级。开通人才山东网站互动版块，升级人才山东App，整合优化科技人才信息管理，推进共建共享。优化金融服务，开展特色人才培训，推进自身建设，实现服务不断升级。

二 山东省科技人才引进发展存在问题

尽管山东省科技人才引进发展已经取得了不错的成绩，但和国内发达省市相比仍然存在不少差距，下面就选择4个代表性的国内一线省市——江苏、浙江、广东和上海市，从对科技人才引进发展呈显著影响的因素——各级指标方面进行对比。人才引进发展情况对比评估体系包含3个一级指标：科技人才资源集聚度、科技人才引进发展影响环境和科技人才发展效能分析。

（一）山东省科技人才引进发展质量总体情况差

1. 高层次领军科技人才总数少，行业地域分布与结构不合理

从人才质量上看，山东省在院士、享有国务院特殊津贴人才、长江特聘教授、杰青、优青数量和吸引国际人才等方面都不具有比较优势。

近年来，山东省虽然密切跟踪科技前沿，瞄准锁定上海、广东、浙江、江苏，也做出了一定成绩。但在亚太地区知识竞争力指数上排在四个省市后面。山东省的院士数量、科技人才的年龄、专业领域、地区分布以及结构不合理不优化的问题还比较突出。山东的青岛、济南、泰安、东营、烟台5市为院士的主要聚集区。其中，青岛市、济南市占据绝大部分，青岛市的26名院士中，海洋专业领域的人数多达19人，占到了73.1%的比例，平均年龄77.6岁[1]，超过了科研创新的黄金年龄。而在信息技术开发等领域，现代服务业、战略性新兴产业等重点发展领域急需人才仍然比较缺乏。与山东省新一轮快速发展的经济要求相比，还有一定的差距，与国内先进地区相比差距较大。

2. 顶尖人才培养开发能力不足，管理比较僵化

对于高层次领军科技人才，山东省轻培养重引进，而引进人才的成本高、难度大；在高新技术产业核心区建设中缺乏具备原创性的领军型高新

---

[1] 《山东人才之殇：院士总量仅比外省一所大学多几位；青岛院士多，但也挺尴尬》，http://www.sohu.com/a/191831455_756136。

技术人才，而且存在人才引进和流失共生的现象；在以公司制为主体的现代企业制度的背景下，缺乏既精通专业技术又懂经营管理的企业家人才，尤其是缺乏对大企业家的培养力度；相对于广东、浙江、上海开放的人才管理环境，山东在顶尖人才管理上存在"官本位""行政化"倾向，顶尖人才在现实中的科研申报、报销、兼职方面有种种局限，这些都是阻碍山东高层次科技人才引进发展的因素。

（二）科技人才引进发展影响环境存在的问题

1. 产业集群不完善，高端领军新兴产业数量少

山东省缺乏一些顶尖高端高新技术企业，产业结构尚在调整之中。同时，山东省政府在引才对象、目标设计方面，缺乏与产业共生、互动的局面；尽管确立了优先发展的产业，但由于领军型人才缺乏、依附性人才不足，导致产业发展不利。与上海、浙江、广东等省市相比，产业群和科技人才的成长和打造远远不足。同时，山东省大型领军企业的发展相对滞后，2017年上市企业数量仅为294家，而广东为571家。山东省在高技术制造业产值占规模以上工业的比重名列居后，规模明显偏低，广东深圳市高技术制造业主要集中在电子及通信设备和计算机及办公设备制造业，占到90%以上。新兴产业环境方面，山东省低于广东。广东作为改革开放试验田的深圳，集聚了华为、中兴、富士康、比亚迪等一批创新型企业，形成了较为成熟的新兴产业链条。

2. 创新平台数量较少、承载力弱，科技转化率低

从承载平台来看，截至2016年底，山东高新技术企业的总数4692家，广东省则达到了19857家。山东省的国家级重点实验室数量、省市级重点实验室、工程实验室、工程中心数量较之浙江、上海和广东数量过少，科研机构、省级以上开发区、工业园区、重点实验室、企业技术中心、科技孵化器等高端载体也在建设之中。这些产业园区还存在体制机制不活、产业定位雷同等问题。另外，在人才市场发育方面，山东省众多科研成果没有及时得到转化，实现成果转化的仅30项左右，不足10%。在发明专利方面，在发明专利申请受理量排名前十位的国内企业，专利申请量及授权量前十名的企业中，山东省均无一家。江苏在这块做得就很好。江苏省有186个省级以上孵化器，孵化面积高达941万平方米；建立115家创投骨干机构，创制资金管理规模达277亿元。江苏通过优化科技人才的生态环境与出

台具有吸引力的相关政策，形成了环境与资源的双重保障，具有吸引人才的独特优势，促进了科技人才的引进和创新成果的产出。

3. 研发环境落后，创业环境不充分

研发环境方面，从研发环境各项指标看，广东的科技研发环境明显优于山东，广东深圳其研发投入占 GDP 比重为全国最高，达 4.1%。而山东研发投入强度为 2.34%。创业环境方面，上海是全国金融中心，是风险投资进入中国后最先布局的城市之一，2016 年，上海风险投资金额达到 136 亿元。上海也是众创空间主要集中地。广东也是全国著名的创业之省，创业融资便利度高，科技孵化行业起步早。2016 年，仅广东深圳风投机构投资金额达到 23.50 亿元。与上海和广东相比，山东的风险投资行业还处于萌芽阶段。2016 年山东省省级以上众创空间总体规模仍低于上海几百家的体量。山东青岛是全国首批知识产权质押融资试点城市，但鉴于优秀创新创业项目有限、社会创业投资集聚度不足，2016 年知识产权质押融资金额仅约 1.2 亿元。同年，广东的深圳和上海的知识产权质押融资分别达到 16 亿元和 9.32 亿元。浙江杭州的知识产权质押融资金额也达到 8.62 亿元。近年来，杭州积极推行跨境风险投资融资，取得积极效果。

4. 人才培养的高水平教育研发机构少，人才培养发展环境不完善

大学和科研院所是院士们集中的地方，顶尖人才主要集中在高水平教育研发机构。但是山东在这方面也处于下风。据统计，截至 2018 年，山东的双一流高校仅 2 所，低于江苏（15 所）、上海（14 所）、广东（5 所）、浙江（3 所）。山东的院士主要集中在山东大学、中国海洋大学和中国石油大学，其中山东大学有 8 人，中国海洋大学全职院士其中有 12 人，且集中在海洋专业领域，中国石油大学有院士 11 人，且集中在石油石化领域，而浙江大学的全职院士有 38 人，南京大学有 31 人。[1] 山东其他大学院士数量方面，如山东农业大学拥有 5 名院士；山东科技大学拥有院士 4 名（另有 9 名双聘院士）；烟台大学拥有院士 1 名（兼职院士 13 名），为中国工程院院士温俊峰；海军航空工程学院也有 1 名院士，为中国工程院院士何友；而其他高校的院士数量就显得有些尴尬。相对于广东、上海，山东在人才培

---

[1] 刘雯：《院士艾兴在鲁逝世 山东院士再少一人》，https://sd.ifeng.com/a/20180409/6489315_0.shtml。

养方面的比较优势主要源于逐渐加大的教育财政投入。在高水平教育机构数量上，上海占绝对优势。山东 211 和 985 分别仅为 3 所和 2 所。浙江虽然只有一所浙江大学是 985 和 211，但是在新一轮高校"双一流"评估中，却超过了山东省，说明浙江省非常重视高等教育的发展，具有后发优势。"国际人才发展指数"是对国际人才来中国大陆开展工作的基础环境进行评估。山东的国际人才发展环境指数不高，有数据显示，上海达到指数最高，主要是依托港口经济和良好的国际化发展背景，是外资企业落地和国际贸易往来的最重要门户。山东得分只有不到 0.12。

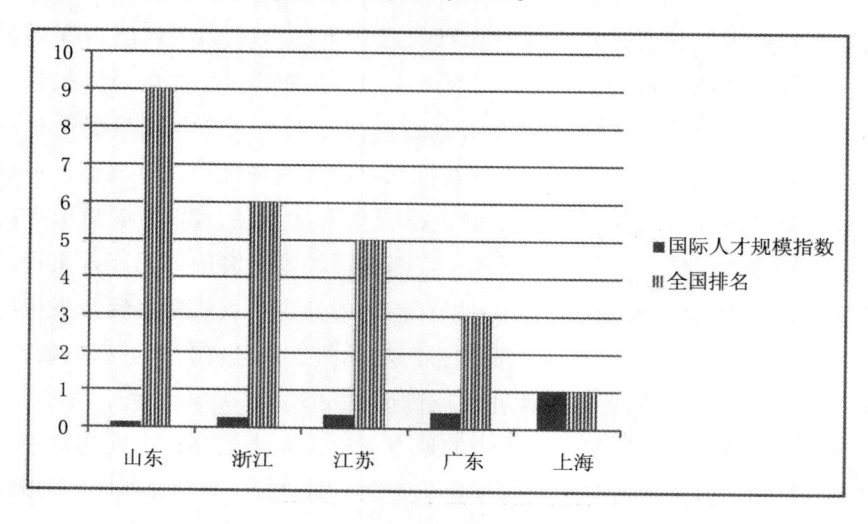

图 5-11　2017 年国际人才发展指数

（资料来源：搜狐网：《2017 中国区域国际人才竞争力排行榜：上海居首　国际人才发展指数满分》，https://www.sohu.com/a/191207183_99978839）

5. 国际生活指数低，不能很好留住顶尖人才

山东因为种种原因城市功能还不健全，城市建设还是存在一定的问题。表现在山东省国际人才生活指数低。国际人才生活指数是影响国际人才长期居留或永久性居留的重要因素，主要包括医疗卫生条件、子女教育水平、人口密度分布、空气质量状况、交通便利程度等。依据该项指标，广东、北京、江苏、山东和上海分别占据前五名。广东凭借其完善的基础设施和宜居的城市环境，位居榜首。见图 5-13。从这些指数看，山东省

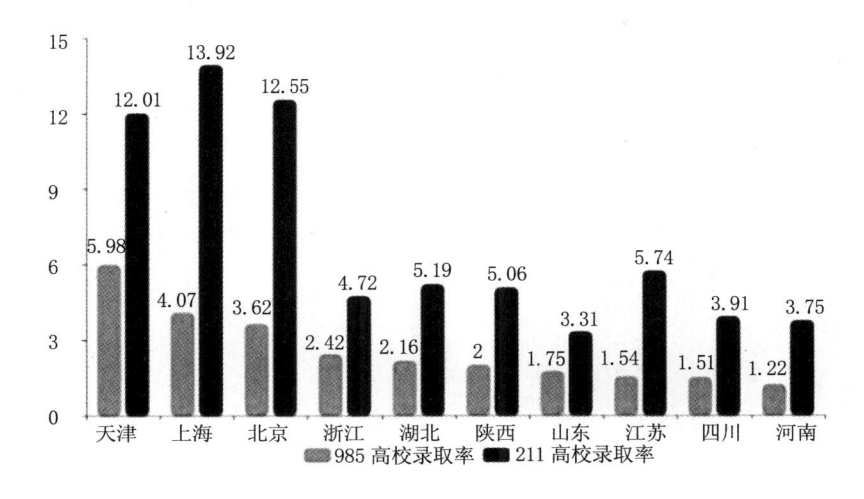

图 5-12　2017 年部分省份 985/211 高校录取率

（资料来源：搜狐教育：https://www.sohu.com/a/233621344_186389）

的医疗交通不便利：山东万人拥有卫生技术人员、病床数量均低于其他省市，万人保险数量明显处于劣势。高速公路通车里程落到了全国第 8 位，双向六车道的不足 20%，高铁出省通道只有 1 条，省内高铁尚未实现互联互通。民用航空对外联通能力不足。地铁普及率不足。山东省也是全国城市中比较缺水的城市，如青岛人均拥有水资源仅占全国的 1/10。再有就是基础教育发展不是太完善，山东省每万人拥有高中数量在四个省市中处于不利地位，优质公共幼儿园和小学教育资源相较于发达城市来说也是比较稀缺，这对顶尖人才的吸引都是短板。

6. 人才政策环境不完善，缺乏顶级人才顶级个性化配套政策

体现在以下几个方面：（1）政策出台晚，跟风明显，失去先发优势。山东省的国际人才政策指数低，相比于其他省市激进超前的科技人才吸引政策，山东省在人才政策出台时间上就失去了先机，山东省 2018 年才出台类似顶尖人才引进大手笔激励政策，而人才流出大省的辽宁大连市，从 2013 年开始，对于本市引进或者培养的院士，就给予单位 1 亿元的奖励，郑州市从 2015 年就提出了重大项目和团队"一事一议"政策，最高可获得 1 亿元的资助。在我国各类顶尖人才普遍缺乏的背景下就失去了先发优势，再加上政策趋同明显，同质化程度太高，山东省在整体研发实力落后

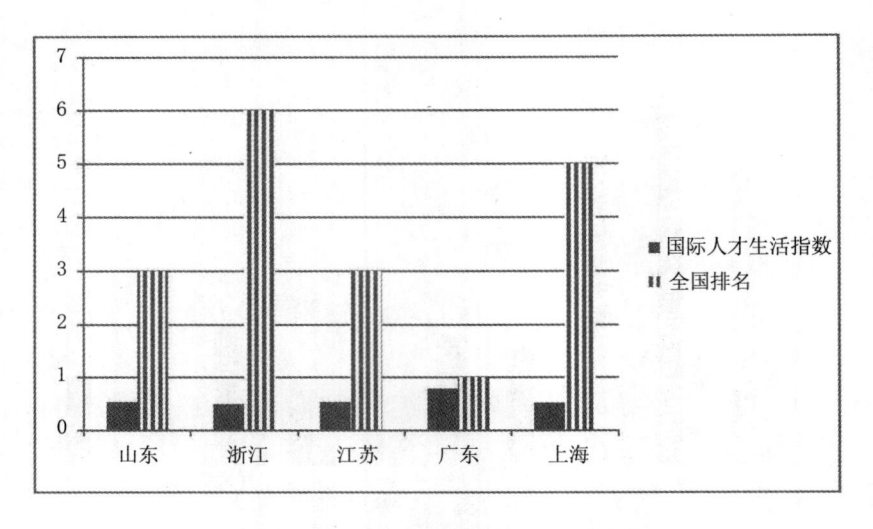

图 5-13　2017 年国际人才生活指数

（资料来源：搜狐网：《2017 中国区域国际人才竞争力排行榜：上海居首　国际人才发展指数满分》，https：//www.sohu.com/a/191207183_99978839）

的前提下就显得政策乏力，成熟度不高、可执行性偏弱。（2）政策个性化功能不明显，不能和山东省产业布局配套。据齐鲁人才网数据显示，就岗位发布量来看，机械/设备/重工行业目前依然是山东省人才需求量最大的行业，其占比高达 8.59%，这也与山东省产业结构不无关系，但是该行业工作环境较差，薪酬较低，对于高层次科技人才的吸引力是很不足的。产业结构不优，新动能成长不快，发展活力不足，经济效益不高，拉低了山东的区域竞争优势，也限制了对人才的吸引。（3）缺乏配套支撑政策，政策推行难度大。政策的出台执行是需要系统配套措施的，政策的量和质都要有普遍改善，需要最大限度地发挥各种政策的组合效能，发挥效能最大化，政策在推进中不断随着城市发展的旧动能减弱和逐步退出的同时新的动能可以及时接续并发挥关键作用。给出诱人的财政支持需要兑现，如果兑现存在困难或者根本无法兑现，政策就是一纸空文。（4）偏重引进政策，培养激励政策不足。经过梳理山东省的人才政策发现，高层次科技人才引进政策密集而力度空前，表现在富有竞争力的薪酬制度、核心关键的岗位、无缝隙的服务与支持、广阔的事业发展空间与前景、家人生活等保障措施的支持，而对于内部人才培养的政策却鲜少发力，激励不足，特别是对青年人才的培养激励制度不足，引进人才与现有人才待遇存在严重的双轨制，导致了人才出现"挤出效应"。据 BOSS 直聘的研究显示，2018 届济南非本省户籍大学生选择留在山东工作的仅占 5%，这与山东省政策过于强调对高端人才引进忽视对青年人才培养有关，这样内外有别的人才激励政策很容易挫伤人才的积极性，也使得山东省沦为"人才输出大省"。（5）人才服务政策信息化落后。山东省的高层次科技人才的信息化做得比较落后。截至 2018 年 7 月，山东省对于高层次领军科技人才没有建立专门的网站，只有一个人才山东网站，"山东省高层次人才服务信息系统"2018 年 8 月份上线，功能不全，打开不便。（6）国际人才政策指数低，在人才国际化竞争中处于劣势。国际人才政策指数是由全球化智库（CCG）与西南财经大学发展研究院提出来的，所谓政策指数是根据关键政策的出台与否、配套措施是否完备以及配套措施的数量等客观因素的评价，评估各级政府为引进国际人才所出台的政策措施。[①] 该政策措施包括国际人才创新指数和配套指数两个二级指标。国际人才政策创新指数是对区域引进国际人才的政策创新情况进行的评估，主要包括区域对国家人才政策的顶层设计的最新落实情况，如出台中长期人才规划以及高层次科技人才引进计划和关于外国人出入境与永久居留政策突破创新的情况等。报告显示，浙江、江苏、上海、北京在国际人才政策创新方面分数相对较高，分别为 0.91、0.83、0.77 和 0.62。广东在国际人才政策创新指数方面得分为 0.49，排在中等偏上位置，主要与其顶层政策中人才"十三五"发展规划和落实中央《关于深化人才发展体制机制改革的意见》的具体政策未及时出台有关。但广东在国际人才出入境政策方面具有良好的创新性和示范作用，尤其是针对广东出生或原户籍为广东的外籍华人推出了 5 年以内多次入出境有效签证，对华人回国发展是重要的政策突破。

国际人才政策配套指数是对区域内为落实国际人才引进与发展政策所设立的具体配套措施，主要包括国际人才创新创业发展的集聚区域建设和推动国际人才引进、交流与发展活动的举办等。报告显示，国际人才政策配套指数中各区域的差距相对明显，呈阶梯状分布，即在差距明显的同时

---

① 何芬兰：《我国人才引进政策实现创新突破》，《国际商报》2017 年 9 月 20 日第 A07 版。

还出现了显著的落差。其中，江苏、北京、广东在国际人才政策配套指数中分数相对较高，分别为 0.80、0.74 和 0.48。据不完全统计，江苏 2015 年举办的大型国际人才活动达 49 场；北京拥有大量的留创园，每年一次的欧美同学会北京论坛等活动也具有较强的影响与号召力；广东每年一次的中国留学人员广州科技交流会也在 2016 年升级为中国海外人才交流大会暨中国留学人员广州科技交流会，成为吸引国际人才的高端平台。①

表 5-19　2017 年鲁浙苏粤沪高层次科技人才奖励与补助的最高限额的比较

类别	山东	浙江	江苏	广东	上海
人才奖励与补助	5000 万，《引进顶尖人才"一事一议"实施办法》	500 万元，《引进院士专家等顶尖人才政策》《新一轮高层次人才创业创新"5213"计划》	500 万元奖励《中共徐州市委徐州市人民政府关于加快建设淮海经济区人才高地的意见》	2 亿资助《关于促进人才优先发展的若干措施》	200 万元，《关于海外高层次引进人才享受特定生活待遇若干规定的实施意见》
团队奖励与补助	最高 1 亿元的资助或 1.5 亿元的直投股权投资支持《顶尖人才奖励资助暂行办法》	1 亿元，《引进院士专家等顶尖人才政策》	最高 1 亿元的资助《中共徐州市委徐州市人民政府关于加快建设淮海经济区人才高地的意见》	10 亿元《黄金 10 条》	1 亿元《上海市浦江人才计划管理办法》
国际人才政策指数排名	8	3	1	4	5

　　[截至 2017 年数据。资料来源：作者根据各省市政府网站公开资料自制，国际人才政策指数资料来源于全球化智库（CCG）与中国西南财经大学发展研究院在中国北京发布的《2017 中国区域国际人才竞争力报告》，2017 年 9 月 11 日，搜狐网，http://www.sohu.com/a/191207183_99978839]

（三）科技人才发展效能存在的问题

　　在人才效能方面，山东在创新产出和创业产出两个方面与其他四个省

---

① 《2017 中国区域国际人才竞争力报告》，2017 年 9 月 25 日，全球化智库网（http://www.ccg.org.cn/research/view.aspx?id=7569）。

市有着较大的差距，主要与山东以制造业和服务业为重心的经济发展定位相关，其创新创业起步相对较晚。另外，在人才市场发育方面，山东省众多科研成果没有及时得到转化，不足10%。在发明专利方面，发明专利申请受理量排名前十位的国内企业，专利申请量及授权量前十名的企业中，山东省均无一家。而广东在人才产出、经济产出、创新产出和创业产出四方面均明显高于其他四个省市。这得益于广东40年改革开放积累了市场力量促进人才创新的宝贵经验，形成了以企业为主导的创新机制，进而形成人才自主、自发创新的氛围。上海凭借雄厚的科研资源基础，创新成果发展保持前位。上海已经提出建设具有全球影响力的科技创新中心。近年来，杭州创新成果增加明显，连续11年位居全国省会城市第一。这与杭州把推进智慧产业化、产业智慧化作为"一号工程"，大力发展信息经济，着力推动传统优势产业通过"互联网+"实现转型升级的发展战略密切相关。

  从创业产出看，山东低于广东、上海和浙江省，虽然山东创业空间等硬件设施不断扩张，创业补助等政策红利不断推出，但其人才创业广度深度相比深圳和上海仍有不小差距。以新三板挂牌企业数来间接衡量，新三板企业是科技型中小企业获得融资渠道和推动科技金融服务体系不断完善的重要抓手。截至2017年，山东全国排名第六，拥有597家挂牌企业，仅为广东的1/3，不到江苏的1/2，落后于浙江（956家），山东在创新能力上也远远落后于其他几个省市。见表5-21。广东省拥有1703家新三板企业，名列全国首位，主要集中在深圳、广州，占到了64.83%。在这些企业中，科技型的企业就占到了接近80%，体现了广东省挂牌企业科技含量高、创新能力强的特点。[1] 这些企业融资能力强，发展迅速，探索出"以市场精细化分层为抓手，统筹推进发行、交易、投资者准入、信息披露和监管等各项改革，稳步推进市场的双向开放，全面提升市场价格发现、资源配置和风险管理等核心功能"[2]。

  从创新能力国家排名中，根据中国科技发展战略研究小组、中国科学院大学中国创新创业管理研究中心发布的《中国区域创新能力评价报告

---

[1] 朱婧、周振江、胡品平：《广东省新三板企业发展情况及对策建议》，《广东科技》2017年第9期，第58—61页。

[2] 《总量全国第一！广东新三板挂牌企业累计近2000家》，《21世纪经济报道》2018年6月22日第3版。

2017》，广东省创新能力排名第一，原因是其"创新的开放度高、外贸经济发达，且市场活力较好、创新创业活动十分活跃，具备宽松的创业环境"；江苏位列第二，"江苏在企业创新方面有优势，表现为研发机构的企业数、企业研发人员总量、企业技术改造经费投入等指标均排名全国第一"；上海位列第四，"拥有得天独厚的区位优势，沿袭了历史上对外开放、自由贸易的传统，集聚了一批大企业和外资企业，创新开放度不断提升"[①]。

表 5-20　　　　　　　科技人才发展效能指标省际对比

一级	二级	三级	山东	浙江	江苏	广东	上海
科技人才发展的效能指标	经济产出	省域基础研究竞争力排名	8	7	3	4	2
	创新产出	发明专利申请数量（万件）	6.8	37.7	18.7	18.26	369.8
		年发明专利授权数量（万件）	1.9	2.87	4.2	4.57	183.6
		有效发明专利密度（件/万人）	7.57	39.85※（杭州）	22.5	18.26（深圳）	39.85※
	创业产出	小微企业数量（万户）	201.1	168.3	222.74	500（中小微企业）	386（每万人小微企业）
		新三板挂牌企业（家）	597	956	1325	1703	947
	中国区域创新能力排名	综合实力	4	3	2	1	6
		创新实力	4	3	2	1	6
		创新持续能力	12	6	3	17	5
		科技成果效益	15	1	3	6	4
		科技成果转化	17	21	5	2	1
		创新物质条件	6	22	7	18	1
		创新意识	16	6	4	5	1

（截至 2017 年，※为 2015 年数据。资料来源：区域创新能力来自《中国区域科技创新评价报告 2016—2017》，部分数据作者根据各省市政府网站公开资料自绘。）

---

① 沈慧：《〈中国区域创新能力评价报告 2017〉发布：粤苏京居前三》，《经济日报》2017 年 11 月 25 日，http：//district.ce.cn/zg/201711/25/t20171125_26995536.shtml。

第五节　山东省科技人才引进发展的完善对策

一　山东省科技人才引进发展的思路与规则

（一）总体思路

1. 优化组织建设，实现省市两级联动

在现有的"省人才工作领导小组"、省委组织部"人才支撑新旧动能转换工作专项组"下成立专门的"高层次科技人才工作办公室"，同时要求山东16个地市专门围绕"高层次科技人才"对口成立相关部门或责任人负责工作落地。

2. 加强目标考核，有奖有罚一票否决

对相关部门和责任人，一方面要具体任务分工、政策落实督查，定期协调调度，做得好的要奖励；另一方面改变目前人才引进发展"重奖励轻处罚"的制度现状，要实行目标责任制，制定引进发展的保底目标，在考核上对责任单位实行"一票否决制"，如"吸引人才不达标不能参加年度评比、吸引人才不达标单位负责人和分管领导不能晋升"，让各单位真正对人才重视到影响自身发展生死存亡的意识上来。

3. 明确关键领域，目标清晰宁缺毋滥

对于省、市两级，引进科技人才的行业和专业方向要精准，每个地市必须聚焦在本市有基础、有优势、能突破的重点领域进行摸底，从世界领先、国内领先两个层次对产业进行规划，进行差异化竞争，并制定可量化的短、中、长期目标，作为评价和考核依据，宁缺毋滥。

4. 以新旧动能契机，优化人才改革试验区

充分发挥山东省新旧动能转化的政策联动优势，以科技人才政策突破和体制机制创新为重点，在本省重点企业、各市重点区域或产业在人才引进培养、股权激励、成果转化、创业孵化、创业融资等方面先行先试，而不是全面铺开，均衡用力。试点建立与国际规则接轨的科技人才招聘、薪酬、考核、科研管理、社会保障等制度，支持高校、科研院所、园区等试点建立"学科（人才）特区"，实施长聘教职制度，构建灵活的用人机制。

(二) 山东省科技人才引进发展的基本原则

1. 按需集聚原则

需求是发展的动力,科技人才集聚更应该如此。科技人才是经济发展的根本,山东省要大力引进或发展人才,促进科技人才的集聚不是一时的战略而是长远的方针,不应仅仅停留在区域或数量层面,而是要深入山东省16个地市各行各业的科技人才实际情况中。要定期做科技人才工作情况统计分析,切实掌握山东省发展经济所需的科技人才,明晰山东省各个产业以及产业发展各个环节上科技人才发展现状和科技人才需求情况,了解山东省科技人才发展现状及人才缺口,才有利于制定出有针对性的对策来弥补缺口、优化现状。

2. 产业推动原则

产业是引进发展人才的核心。科技人才引进发展与产业的发展相辅相成。一方面,科技人才集聚是促进产业发展的主要内容。在山东省重点产业的发展过程中,科技人才集聚始终是为产业发展服务,为产业发展提供重要的智力支撑。另一方面,产业的发展为人才集聚发展提供了重要平台。一种是依托山东省的现有重大产业项目、优势产业,吸引区域外的人才集聚到区域内产业中来,或吸引区域内其他产业的科技人才引进到重点特色产业中来。另一种是山东省要主动吸引外来或者培育新兴产业项目、新兴产业,进而引来与之相匹配的创新创业人才。

3. 规律导向原则

在市场经济条件下,要遵循人才流动的一般规律,即科技人才总是从净收益较低的地区或产业流向净收益较高的地区或产业。在此基础上,合理引导科技人才向山东省产业集聚,核心是以山东优质产业资源为依托,加快发展山东经济,把特色重点产业做大做强,这样人才会不请自来,"栽得梧桐树,引来金凤凰"可以很好地阐释这个道理。

4. 开发为主引进为辅原则

推进山东的发展所需要的科技人才规模大、结构复杂、层次多样,单纯依靠科技人才引进或者大部分来源于人才引进是不现实的:一是人才引进的成本很高,高额的负担会压垮相关产业;二是人才引进后产生的效益无法预测,高价引进的科技人才发挥的作用可能极小。因此,开发盘活现有科技人才资源、提升科技人才效能是山东省产业发展的根本,同时也是山东省围绕重点产业促进人才集聚的重要落脚点。

5. 以用为本原则

创新人才管理机制，促进人才发展的高效能。创新人才管理方式，切实做到"以用为本"，完善人才培训、评价、激励机制，持续不断地激发人才的积极性、创造性和人才活力，促进人才发展的高效益。[1]

（三）山东省科技人才引进发展的多元主体职责

建设山东"人才强省"是个庞大的系统工程，需要政府、企业、高校、科研机构和社会各界能够明确自身职责、发挥各自优势，共同将山东建设成为科技人才集聚区。

政府：制定政策，规划战略，助推产业。山东省政府是政策的制定者和供给者，针对人才引进发展的各项工作，需要站在山东省长远发展的战略视角提供各种人才政策，助推人才的集聚。制定山东省科技人才发展顶层规划，引领山东省科技人才引进发展的主方向。要紧扣山东省产业发展战略部署，结合相关产业发展实际，遵循战略性、先导性及带动性原则，加强山东省科技人才发展顶层设计，并制定科技人才集聚专项规划，统筹、引领人才向重点产业集聚。加快重点产业体系构建，增强山东省人才集聚的硬实力。

企业：凝聚主体，激励载体。充分发挥企业在经济转型升级进程中的主体作用和激励作用。企业是人才集聚的主体，也是人才培养、引进和使用的主体。坚持把政府的主导作用、企业的主体作用和市场配置资源的基础性作用有机结合，推进产业人才集聚工程，整合部门政策资源，引进和用好人才，不断增强科技创新能力，促进人才向企业流动、创新成果向企业集中、创新要素向企业集聚。同时加强对人才的各种激励措施，做好人才的服务工作，解决人才的后顾之忧。

高校和科研机构：加大投入，完善体系，开发人才。完善山东省人才教育体系，推动人才引进发展的结构。充分了解和掌握山东省经济发展对各类人才培养提出的新要求，以发展需求为出发点，制定高等教育和人才队伍建设规划，在人才培养方面主动融入、主动呼应、主动对接重点产

---

[1] 陈晶晶：《促进山东半岛蓝色经济区海洋人才集聚的对策研究》，中国石油大学硕士学位论文，2015年，第43页。

业，促进各类型科技人才的引进和发展。

社会：提升服务，优化环境，做好保障。良好的人才环境是吸引人才、留住人才的重要保障，因此要通过提高人才经费投入，提高人才服务能力，优化人才发展环境来创造良好地人才环境促进人才集聚。只有这样，才能促进山东省科技人才引进发展形成人才的"强磁场"。

二 山东省科技人才引进发展的路径选择

（一）以"四个千"顶尖人才引进工程为契机，增强山东省科技人才输血能力

1. 差异化精准化引进国内顶尖人才，吸引一千人

突出山东优势，避开同质化竞争，因地制宜精准施策，更加精准地引进顶尖人才。通过山东省重点产业引进、核心平台引才、优质项目引才、发挥市场作用四种吸引人才途径，引进国内顶尖人才。重点产业引进是指围绕山东省新旧动能转化契机，聚焦新技术、新产业、新业态、新模式，围绕东部海洋经济、能源原材料及高端化工、现代农业与旅游、高端装备制造、信息化与金融科技、医养健康等新旧动能转换重点产业发展和现代管理需要，与国内同等企业定制人才吸引计划。核心平台引进是指通过加强山东省各类园区、高校、科研院所等平台建设，积极支持高校、科研院所发挥骨干优势联合企业开展技术攻关，支持高层次领军科技人才联合企业、高校共同申请国家重点支持项目，联合开展科研成果转化。重点项目引进是指借助环渤海地区北京、天津的丰富的人才资源，以山东省重点产业发展需要为出发点，依托重大科研、工程和国际合作项目，引进领军人才、拔尖人才和紧缺人才，促进科技人才以项目合作的方式进驻齐鲁。发挥市场作用引才，是指加强顶尖人才市场建设，加强山东省高端人才信息库建设和智库建设，让顶尖人才动起来、用起来。

2. 高标准参与高层次海外人才竞争，引进一千人

山东要在重点领域建设具有全球影响力的科技创新中心，必须牢牢把握世界科技进步大方向、全球产业变革大趋势、集聚人才大举措，再加上系统、细致的住宅、奖励、签证、永久居留等政策，实现海外顶尖人才容易来、愿意来、长期在、留得住、待得长甚至永久居留。要根据山东省和各地市的优势产业及重点领域，对国际上相关产业领域的分布情况，具体

问题具体分析，有针对性地走出去，完善全球信息发布制度，聘请招才引智大使，通过"海外齐鲁精英故乡行""海外人才齐鲁聚"等形式，组织海外科技人才聚集齐鲁大地，建立海外人才离岸创新创业基地和"区内注册、海内外经营"的保障服务机制，把重点放在与山东有着较好往来的日本、韩国、欧洲等国家所在地区的企业进行对接。在推介模式上可以借鉴"山东旅游"统一策划、打包推广的模式，提高整体推介效率，在推广渠道上拓宽国际猎头引才的范围，充分发挥遍布各国的山东商会、留学生、山东高校在海外各国的校友会的媒介作用，加快培育面向海外的科技人才市场。

3. 健全科技人才柔性引才机制，集聚一千人

针对山东省在科技人才集聚方面的弱势，树立"人才不唯我所有但为我所用"的柔性引才观念，建立健全科技人才柔性流动机制。积极探索优化候鸟型（不带家属和户口，定期来鲁服务）、蜻蜓点水型（在关键时期，关键技术上帮助攻克）和远程型（通过网络远程服务）的柔性引才机制。推广"虚拟人才制"，以"虚拟科研所"为载体的人才使用模式，采取技术咨询、委托设计、联合开发等多种运作方式实现新型人才柔性使用制度。形成进出更自由、渠道更畅通、方法更灵活的流动方式，引才借智，柔性聚集一大批支撑和引领山东省产业转型升级、自主创新的领军人才，使山东成为引领环渤海、辐射全中国的人才高地。

4. 发挥高精尖载体和优质项目优势，吸附一千人

为了实现优质项目和高精尖载体对科技人才和项目的吸附能力，山东省需要制定高端平台各阶段建设目标，在升级现有高端研发平台的基础上，实现山东省高端平台总量突破。全省各高校、行业领先企业、各地科研院所共同建立产、学、研技术创新战略联盟和协同创新基地，同时打造科研信息化共享网络，形成点点链接、点线联合，辐射全省的线上、线下创新协同联盟，实现"建好一个载体，引来一个人，带来一个团队，搞活一个产业，发展一个城市，带动全省发展"的目标。

（二）以"五平台"人才培养为依托，增强山东省科技人才造血能力

顶尖人才的引进费事费力，最主要还是要自主培养。针对山东省科技人才数量稀缺的现状，可以以"五平台"人才培养为依托，增强山东省科技人才造血能力。

1. 高层次科技人才高质量培养平台

顶尖人才需要高质量培养。首先，完善科技人才培育体系建设，落实顶尖人才直接认定机制。完善省领军型创新创业团队培育计划；强化"万人计划"统筹力度，建立辐射各地市、各领域、各部门有效衔接、涵盖各类人才各个发展阶段的培养体系。其次，依托大项目、重点实验室，在项目经费上采取稳定支持、优先委托和滚动支持等措施，优化高端人才的培养机制，在某一研究方向或研究领域进行长期跟踪、积累和深入研究，培养出顶尖人才。

2. 高层次科技人才高规格孵育平台

实施山东省高等教育强省战略行动计划，通过"鼓励引进外省高校、重点办好本省高校"的原则，引进一批985、211入驻山东，对现有的重点高校调整优化高校学科专业结构，聚焦优势特色学科建设，加快实施省重点高校建设计划。对于普通高校，鼓励科研创新，支持打造全国领先的重点优势学科，充分发挥大学、企业、研究院所、科研基地功能，着力打造集创业载体、人才培养、技术研发、市场开拓、品牌推广等系列服务为一体的人才载体孵育工程。支持若干所高校创建国内一流大学、国内特色高水平大学。加大引进一流大学的力度。聚焦高端装备、新材料、能源环境等前沿技术和战略性新兴产业领域，全力建设国家级重点实验室、打造世界领先水平创新基地、科研院所。顺应山东省新旧动能转换重大工程，重点发展新一代信息技术、高端装备、新能源新材料、现代海洋、医养健康、高端化工、现代高效农业、文化创意、精品旅游、现代金融服务等"十强产业"。

3. 高层次科技人才高效率配置平台

针对山东省顶尖人才分布不均、发展不平衡的特点，未来山东省将推动建设能承载海内外高层次领军科技人才创新创业的产业园、创业园、工作站等基地，促进山东省领军人才资源、科技资源的高效配置。建设创新创业载体，支持在鲁用人主体再建一批院士专家工作站、假日工作室等高端平台。建设中国山东顶尖人才服务产业园，打造新型人才研发机构，支持军民融合人才创新研究院，加大科技人才成果转化。

4. 齐鲁青年英才高标准塑才平台

科技人才的培养关键是青年人才的培养。借助于国家杰出青年基金、优秀中青年科学家科研奖励基金、高校青年教师成长计划、省有突出贡献中青年专家和省青年科技奖等在青年科技人才中的高标准塑造方面的引领作用,鼓励支持青年人才在高端科技领域做研究、出成果。通过在科研院所设置"齐鲁青年英才"培育基地,每年选拔一批拔尖学生进行重点培养,在解决户口、住房、医疗、教育保障方面给予特殊政策,提高奖励政策,防止优秀的大学毕业生流失。

5. 本土人才开发使用政策匹配平台

针对山东省科技人才培养政策制度缺乏的现状,系统化出台本土化高层次领军科技人才开发使用政策体系,各个政策在高层次领军科技人才的认定、使用、开发、激励、评价、监督方面形成政策互补优势,鼓励本土人才增智强能,公平享受所有待遇,避免不必要的科技人才流失。还要注意政策与本地的匹配的问题,因地制宜,实现科技人才后续培养,提高政策的集中性与系统性,完善配套政策,全方位实现本土科技人才的开发使用。

(三)以"四全面"完善人才公共服务创新,打造国际领先的科技人才发展环境

山东省必须着力制定良好的引才和培养政策。从本省的客观实际出发,从安家之本(如住房、生活、配偶、子女、医疗)到事业条件(科研资金、管理权限、职务待遇),在政策中予以明确、详尽规定。另外,对已经颁布执行的引才政策及时在政府、社会各媒体上公布,便于科技人才了解。具体如下:

1. 全面提升山东省城市公共服务功能,优化科技人才生活服务质量

山东省要实施科技人才出行便利化措施,加快高铁、地铁、飞机等交通便利建设,统筹区域性基础设施和生活环境建设,促进城市全面、协调、可持续发展。山东省顶尖人才系统接入山东省各级医院系统,与省、市医院共同出台顶尖人才的就医优先、优惠政策,在优秀人才挂号入院之时,就能够第一时间享受到必要的服务,同时积极吸引国际化医疗管理团队参与山东省医疗市场运营,提升整体医疗服务水平。建立全省市统一的专家体检和医疗休养政策,加强特殊一线岗位专家医疗保障工作。对于科技人才引进之初就明确落实其子女幼儿园、义务教育阶段就学政策,让优秀人才无后顾之忧。

2. 全面深化科技人才服务"零跑腿"改革，实现"五子登科"提升人才满意度

通过梳理，进一步完善人才领域行政服务事项目录，制定山东省人才"零跑腿"服务工作指南，明确人才管理服务权力清单和责任清单。推行一站式保姆式服务，解决住房、落户、子女教育等人才服务，针对房子问题，可为科技人才提供购房补助、免除户籍限制或提供人才公寓等；针对车子的问题，考虑到部分高层次领军科技人才不在鲁居住，为方便人才交流，可为其办理通行证；针对孩子的问题，加快推进落实外籍人员子女入学问题，可由教育部门统筹安排；针对本子的问题，免除科技人才落户限制，配偶、子女可随迁等；针对票子的问题，根据人才指标对高层次领军科技人才进行评估，并根据评估结果给予资金扶持或贷款资助。解决人才的后顾之忧，让顶尖人才安心创业做事。

3. 全面简政放权，提高执行力营造一流软环境释放科技人才创造力

政策是好的，但是落地快执行好的政策才是最好的政策。比较起来，山东的政策不比其他省市差，但是由于种种原因在执行落地方面不尽如人意。所以，要全面简政放权，加快构建省市县联动、线上线下一体化运行的科技人才服务体系，让"保姆式""零跑腿"为标志的科技人才服务升级版落地可执行。明确绿色通道服务事项落实责任，科技人才服务事项省级主管部门负责牵头制定政策落地的实施细则。按照国际通行规则，对海内外高层次领军科技人才在用人权、财务权、技术路线决定权、内部机构设置权等方面全面放权。为顶尖优秀人才配备"一人一策一助理"，全面解决行政事务对他们的困扰和阻碍，让他们全身心投入科研创新过程中。

4. 全面建设数字化政府，提高科技人才的信息化服务水平

省、市两级人才管理部门要建立统一数据接口的领军人才数据库，实现省市两级数据资源共享，按照统一认证、统一受理号、全程监管的要求，积极推进各地市业务办理系统与"一窗受理"平台对接，为政务服务无差别受理提供支撑。依托公安部"互联网+"可信身份认证平台，打造全省统一入口、便捷高效的移动办事平台，以公安、民政、教育、卫生计生、社保、公积金、市民卡、公用事业等民生领域为重点，进一步深化电子签章、电子证照在政务服务领域的应用，强化网上网下一体融合，深化基层治理综合信息系统应用。拓展统一公共支付平台应用，加强跨部门业务协同应用。推进政务领域大数据示范应用，加快推进政务信息系统上云，开展部门政务专网整合，拓展电子政务视联网应用。

（四）以"两创新"为改革动力，提升科技人才收益

1. 以技术创新因素为支撑，提升科技人才创新水平和成果转化收益

（1）推进战略性新兴产业等重点产业的创新集聚。加快编制、优化山东省产业地图，引导各地区差异化精准定位，以培育产业结构升级和经济发展的新动能为目标，打造产业集聚创新模式。（2）吸引国家支持，明确省级重点支持，各地市侧重支持的方式，加大对技术经费的投入，遵循企业创新与产业发展相结合的原则，保障技术创新研发工作持续有效进行。（3）加强技术经费投入与使用的监督管理机制，在投入到位的同时完善经费监督机制，杜绝技术经费被贪污、挪用、他用的现象，提升技术经费贡献率。（4）确权在前，注重转化。科技成果所有权收益中，先确认职务发明人的成果所有权，再进行研发和科技成果转化，优先推荐前瞻性专利与科技项目，做到转化责任人、转化项目、转化经费、转化方案、转化目标明确，确保专利、科技项目成果高效产出。

2. 以人才投资方式创新为助力，优化人才融资环境

积极开展领军人才和科技人才项目的资助活动，继续加强各方面的集成支持，对初创企业，全面落实各级政府有关支持机构和个人进行天使投资的优惠税收政策，同时进一步优化鼓励天使投资的税收政策，在条件成熟的地区先行先试。对商业银行与天使投资、风险投资的投贷联动模式进一步完善优化；更加科学、合理的优化对创业投资的风险补偿机制，缓解人才创业初期融资难题。

（五）以"十个度"为保障，提高政策执行力度

有力度，在科技人才的资助与补贴上凸显优势；有高度，站在全省经济发展战略的层面上做好科技人才的引进发展的顶层设计，为顶尖人才单独施策；有速度，在科技人才的扶持上实行快速启动策略，缩短周期，提高政策兑现效率；有温度，政策要得人心，奖励培养方面加强力度，在扶持青年领军人才和留存大学毕业生方面加大力度，让未来的科技人才感受到齐鲁重才爱才的温度；有精度，针对不同人才群体需求精准发力，精准施策，因地因材因人制宜；有广度，扩大范围，将本土人才培养纳入高层次领军人才重点资助计划，体现公平；有信度，政策出台要考虑长远利

益，不目光短浅，时间上先后出台的政策应该形成优势互补；有效度，求实效，摒弃人才重引进轻使用的错误做法，加强过程指导，结果评估，让政策执行力度增强；有厚度，人才政策极易被模仿复制，人才生态才是聚才持久竞争力，厚遇人才要注重方法，建立机制，努力营造一流的人才生态，真正尊重人才；有准度，人才专业优势、区域特点、产业导向和资源禀赋等结合起来，精准选择发展所需的人才。

第六章 科技人才协同发展的省际比较
——以京津冀鲁为例

第一节 基本概念与相关理论

一 协同理论

1. 协同

协同（Synergetic），又称为"协和学"或"协同论"，是系统科学理论的重要分支和新兴学科，兴起于 1970 年左右，基于多种交叉学科的理论研究，主要是 1975 年德国物理学家哈肯所研究的激光理论技术的基础上，经过不断探索和整理逐渐形成和发展起来的。协同论的基本观点有以下几点。

（1）协同效应，是在协同作用下产生了整体的有序形式的结果，是一个包含大量子系统的复杂开放的系统，因子系统的交互作用而最终产生的整体效应或集体效应。自然界中的任何复杂系统都服从这一规律：在外来能量的作用下，或者系统的状态达到某个临界状态时，系统会因子系统之间产生的协同作用，使系统在这个临界状态后发生改变，这种改变可以是系统发生了质变并产生协同效应，或是从无序变为有序，可能是在混沌状态中产生了一种新的相对稳定的结构。因此，子系统产生的协同作用是整个系统形成有序结构的内在动力。

（2）伺服原理，以影响因素的角度来描述系统的自组织过程，并将这些因素分为稳定因素与不稳定因素两种，即快变量和慢变量，快变量的变化服从慢变量，其中又以序参量支配着子系统的行为。当系统接近不稳定点或某个临界状态时，会突然出现少数几个序参量决定着子系统的变化方向，因此整个系统中其他的变量也由这几个序参量支配或规定。

（3）自组织原理。自组织是相对于他组织而言，具有内在性和内生性的特点。自组织是指系统在没有外界指令的情况下，在某一段时间内，该系统内部的各个子系统之间能够按照一定的规则按照系统内在要求而自动形成某一特定的结构，这种结构不同于之前的系统结构。自组织原理表明，当任何系统处于封闭或孤立状态时，就会明显缺乏与外界环境进行物质、能量和信息交流的能力，因此而出现"死寂"的现象。因此，系统必须也只有通过不断地与外界进行物质、信息和能量的交流，才能维持其正常的生命特征，进而使系统向有序化的方向发展。

2. 协同发展的模式

区域协同的模式有三种，即要素协同、产学研协同、政府协同。

从区域角度看，要素是区域大系统的重要组成（资金、人才、信息、基础设施这些显性要素，以及市场、文化、政府组织、制度等隐性要素都是促进区域协同的关键要素）。

产学研协同是合作各方以资源共享、优势互补为前提，以共同参与、共享成果、共担风险为准则，为共同完成一项技术所达成的分工协作的契约安排，以企业为技术需求方，以大学、科研机构为技术供给方的创新模式。

政府协同是指各级政府及政府部门通过体制机制创新来消除影响区域协同的不利因素，提升区域的整体协同发展能力的模式。

二　区域科技人才协同发展含义

区域科技人才协同发展目的是通过人才自由流动和人才优化配置，实现都市圈共同利益最大化，包括人才开发效益最佳化、人才价值实现充分化。其核心是人才市场一体化，基本对策是形成以市场为导向的协调机制，从而逐步形成一个"人才开发共同体"，包含预测规划一体化、教育培训一体化、考核评价一体化、选用配置一体化、使用调控一体化以及人才流动一体化等，最终实现都市圈共同的可持续发展以及各类人才的全面发展。京津冀人才交流融合共同发展的理想状态，应该是在区域内各地区功能定位科学，经济结构错位，产业布局合理，在形成相互支撑、互为补充格局的前提下，政府部门对不同人才需求进行调控、引导、优化配置，实现经济结构与人才结构相互适应，最大限度地发挥区域人才资源的整体效能。

三 科技人才协同发展体系的构成

科技人才协同发展体系是专门针对科技人才协同发展问题而构建起来的，是区域一体化背景下区域各主体围绕党和国家的各种人才政策而构建的人才发展的规章、制度、路径的统称，由科技人才发展顶层设计、科技人才协同发展实现措施、科技人才协同发展保障体系三个方面组成，其构成如图6-1所示。

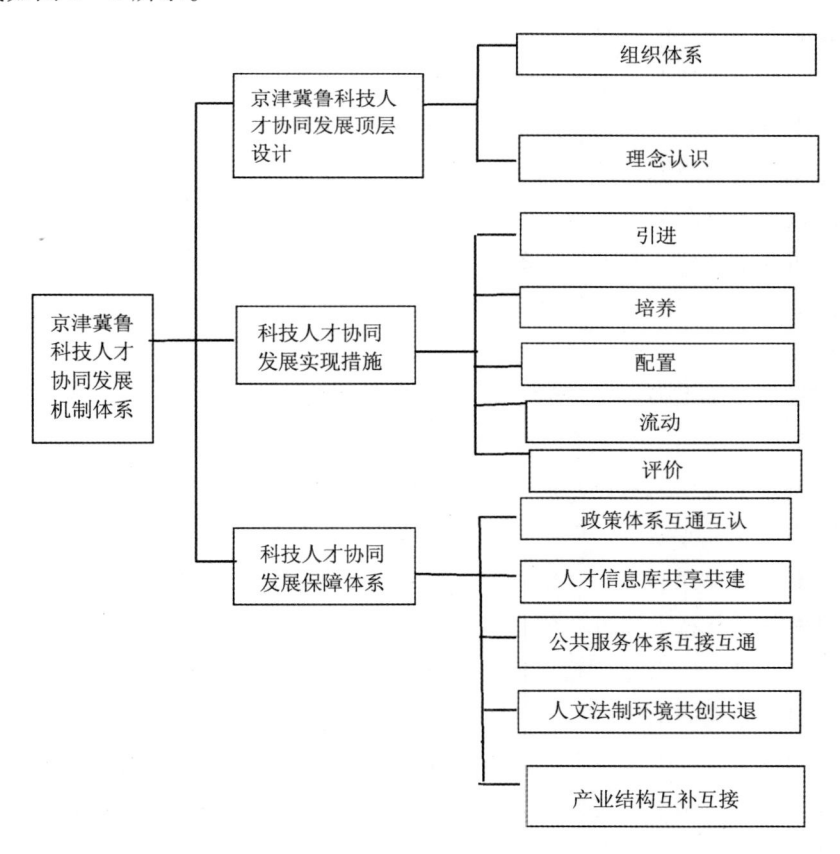

```
                              ┌── 组织体系
        ┌─ 京津冀鲁科技人才 ──┤
        │  协同发展顶层设计    └── 理念认识
        │
        │                          ┌── 引进
        │                          ├── 培养
京津冀鲁 │   科技人才协同          │
科技人才 ├─ 发展实现措施 ─────────┼── 配置
协同发展 │                          ├── 流动
机制体系 │                          └── 评价
        │
        │                          ┌── 政策体系互通互认
        │                          ├── 人才信息库共享共建
        │   科技人才协同          │
        └─ 发展保障体系 ─────────┼── 公共服务体系互接互通
                                   ├── 人文法制环境共创共退
                                   └── 产业结构互补互接
```

图6-1 科技人才协同发展体系构成图

在科技人才协同发展体系的构成中，顶层设计是引导性文件，是发展体系总领，科技人才协同发展措施是工具，科技人才协同发展保障体系是支撑。为此，应建立三个方面有机统一的科技人才协同发展体系，即制定科学的科技人才协同发展纲要，厘清科技人才发展问题，找出具体的科技人才发展措施，完善的人才协同发展保障体系，实现京津冀鲁科技人才协同发展。

四 山东省融入京津冀一体化科技人才协同发展 SWOT 分析

（一）优势分析

在当今世界全球一体化的大背景之下，区域的竞争力将会发挥越来越重要的作用。目前来说，京津冀地区在我国凝聚和吸引创新型科技人才的各大区域中占据着重要地位。因此，山东省如果能够融入京津冀地区的科技人才协同发展，对山东省自身来说有着极大的好处。

山东省要想融入京津冀一体化科技人才协同发展，有着自身的优势。首先，山东省在地理位置上紧邻京津冀地区，在科技人才交流的地理、交通方面非常便捷，在地区间的科技人才交流中能够及时迅速，节省很多时间。四个地区之间可以建立起无地理阻隔的科技人才交流网，科技人才交流直接方便。

其次，李克强总理所做的首份施政报告提出将"加强环渤海及京津冀地区经济协作"写入 2014 年重点工作，在这种情况下，山东省融入京津冀一体化科技人才协同发展有着国家政策方面的大力支持。京津冀鲁四地同属于环渤海地区，国家在对环渤海地区的区域一体化发展中给予了许多政策上的便捷和优惠，山东省可以利用这些政策方面的优势，加强和京津冀地区在科技人才方面的合作。

在经济上，京津冀地区和山东省因为地缘接近，又同属于环渤海地区，四地之间的经济联系十分紧密。北京、天津地区的高新技术产业十分发达，山东省在大型企业方面占有优势，河北省更加重视农业和重工业的发展。因此，基于经济发展方面的一些差异，四地在经济上的互通可以带动科技人才方面的互通。

2015 年，京津冀地区的本科类院校共有 216 所，高职类院校有 106 所，山东省的本科类院校共有 121 所，高职类院校共有 73 所（数据来源：国家教育部网站）。从本科和高职类院校的数据上我们可以看到，山东省如果融入京津冀科技人才协同发展，可以和京津冀地区起到一定的人才互补作用，这不管是对京津冀还是对山东省来说都是有利的。山东省和京津冀地区在所拥有的科技人才类型方面有所差异，因此，山东省可以利用这一契机，在科技人才方面和京津冀地区互通有无，优势互补。

综上所述，山东省可以依靠国家在政策上对环渤海地区共同发展的支持，地缘上靠近京津冀地区的优势，经济上和京津冀地区紧密联系的契机，在科技人才方面和京津冀地区互通有无，共同发展。

(二) 劣势分析

目前来看，京津冀地区各类高校的分布发展是不平衡的，这种不平衡表现在很多方面。

一方面，京津冀三个地区的科技人才培养发展不平衡。北京占据我国主要的科研资源和高等教育资源，因此，在人才方面北京具有十分突出的优势地位；天津地区同样拥有实力雄厚的高等教育资源；而相比较之下，人口众多且地域广阔的河北省却在高等教育方面，尤其是在研究生的教育方面，有着相对来说比较落后的基础。北京具有硕士及以上授予权的高校多达100多所，而河北全省具有博士学位授予权的高校仅有8所，具有硕士学位授予权的也仅有18所，北京市具有博士学位授予权的高校是河北省的近6倍。另一方面，京津冀地区的科技人才培养基本上处于一个条块分割的状态，其主体多元办学，管理体制也呈条块状，三地孤立发展，各自为战。

因此，在这种情况下，山东省要想融入京津冀地区的科技人才协同发展是具有一定困难的。首先，京津冀地区在科技人才的协同发展方面存在着不均衡、互相孤立的局面。其次，京津冀地区作为我国区域发展工作中关注的重点地区，已经在经济政策以及人才等方面进行了一定程度的一体化发展，此时山东省要想融入京津冀地区进行协同发展，可能会面临着以前没有融入京津冀协同发展的经验，在京津冀一体化中后来进入，难以融入京津冀一体化科技人才协同发展的局面。

(三) 机会分析

1. 国家对环渤海战略的重视，提供了政策机会。在党的十四大报告中，明确提出了要加快环渤海地区的开发、开放，将这一地区列为全国开放开发的重点区域之一，国家有关部门也正式确立了"环渤海经济区"的概念，并对其进行了单独的区域规划。而环渤海地区区域间的科技人才合作，横向联合，优势互补也能够为环渤海地区开拓更为广阔的发展空间。实现环渤海地区，尤其实现京津冀和山东省地区之间的区域内资源整合是提升京津冀地区和山东省之间区域竞争力的有效途径。环渤海地区经济社会的发展需要高层次的创新型科技人才为其提供源源不断的智力资本。环渤海地区包括辽宁省，京津冀和山东省，山西省和内蒙古中部地区，一共涵盖了五省二市，是环绕渤海海域的一片广大的地区，其中主要地区是辽宁省，京津冀地区和山东省。环渤海地区国内生产总值达到16.17万亿元，占我国国内生产总值23.9%左右，其中京津冀地区的生产总值近7万亿元，山东省为6.3万亿元左右，辽宁省为2.87万亿元左右。因此，我们可以看到，对于山东省来说，如果能够抓住国家重视环渤海地区发展的机遇，再结合自身的优势，要想融入京津冀一体化科技人才的协同发展，有着地域上毗邻，政策上国家有各种政策的大力支持，经济上相比较辽宁省而言有着很大活力和竞争力，京津冀地区高端科技人才资源丰富，相对而言，山东省的技术型人才资源更加丰富，因此，山东省可以和京津冀地区在科技人才方面起到优势互补的作用，这样，山东省就能够更好地融入京津冀一体化的科技人才发展中去。

2. 京津冀地区的人才溢出效应，提供了科技人才共享的机会。京津冀协同发展对山东地区人才流动有溢出效应。人才溢出效应是指当中心城市人才集聚到一定程度时，由于人才集聚的不经济性、地方产业结构调整和政府人才政策等原因而产生的人才从中心城市向周边地区流动，并由此带来中心城市周边区域，经济社会发展变革的现象和过程。当大量人才聚集到京津冀地区后，交通拥挤、生活成本上升带来了人才集聚的不经济性，京津冀产业布局调整和山东地区产业结构优化升级的现实需要，以及山东地方政府各类人才优惠政策的出台，都推动着京津冀科技人才向山东地区溢出。人才溢出效应会对山东的经济社会发展带来深刻影响：促进山东地区人才存量的提升；推动山东地区的经济结构调整和产业转型升级；优化山东地区的科技人才结构，化解京津冀虹吸效应的负面影响，通过人才集聚实现人才集聚的经济效应；有效带动山东地区企业管理理念和管理技术的更新，进而促进山东地区企业的创新和发展。

3. 在京津冀产业转移中优化山东产业结构,实现产业科技人才互补的机会。经济技术发展的不平衡,客观上会在地区间形成一种产业梯度,促进了产业的空间转移。京津冀地区的北京和天津两个核心城市,由于人口密度、资源总量、环境承载能力有限,劳动力和各种要素价格不断提高,缺乏必要的经济资源支撑,产业结构优化升级受到制约,产业合作空间更大。特别是北京的城市功能定位已经明确为全国政治中心、文化中心、国际交流中心和科技创新中心,而不是经济中心,非首都功能和产业都需要转移到周边省市。山东省地理位置靠近京津,具备承接产业转移的基础条件。通过有选择地承接京津产业转移,能够提高转移产业接续的生产能力,可以不断增加产出量和市场份额。伴随着产业转移中技术和管理水平的提高,能够推动全省劳动生产率和创新能力进一步提升,提升经济发展质量,推动产业结构优化升级。未来,山东将强化与各城市之间的经济联系,构建有效率的区域合作体系。知识型总部经济区域以制造业发展为支撑,以知识经济和服务经济为龙头,其中,京津两市大力发展研发等生产服务业,带动京津冀鲁辽等地先进制造业的发展。山东将在环渤海区域发展进程中,吸引更多的人才、资本、信息等要素,尽快完成由单一的加工中心向集加工、采购、物流、科技、信息为一体的制造业基地的转型,增强产业集聚水平和配套能力,成为集制造业的加工中心、物流中心、采购中心、商务中心、科技中心、信息中心于一身的先进制造业基地。

(四) 威胁分析

科技人才作为一种科技人才资源,是可以进行流动的。京津冀地区的一体化发展已久,又有国家各项优惠政策的长期扶持,京津冀地区已经形成一个有梯度的人才格局,三地的科技人才协同发展对山东地区人才流动造成了虹吸效应。伴随京津冀一体化的不断推进和深入,山东地区与京津冀地区的时间和空间距离大为缩减,区域间资本、技术、人才的流动速度和流动质量都更加高效。北京、天津、河北能够为人才提供国际化的发展平台和更广阔的发展空间,这一优势对全国人才都形成了较强的吸引,对山东地区的人才虹吸效应也将在一定时期内长期存在,从而对山东的发展带来不利影响。具体表现为科技人才流失,高端产业跨越式发展受限;人才结构失衡，制约中小企业的长远发展；弱化山东地区的人才集聚能力，难以发挥人才的集群效应。在这种情况下，山东省要想融入京津冀地区的科技人才协同发展，还要防止山东省的人才流向京津冀地区，因为这必然会导致山东省的人才资源空虚情况的出现。

另外，相对于环渤海地区的发展而言，我国的长江三角洲和珠江三角洲等地区在科技人才培养方面也是异军突起，发展速度十分迅猛，这必将吸引很大一部分的战略性科技人才向长江三角洲和珠江三角洲地区聚集。长江三角洲和珠江三角洲地区的科技人才发展本身对于京津冀地区就是在科技人才发展上的一个很大的威胁与挑战，此时，山东省作为环渤海经济圈的一员，要想进一步融入京津冀地区的一体化进行科技人才方面的协同发展，就面临着长江三角洲和珠江三角洲地区在科技人才吸引力方面更加严峻的竞争和挑战。

第二节 京津冀鲁科技人才协同发展对比分析

一 京津冀鲁科技人才协同发展情况对比分析

（一）京津冀鲁高层次科技人才数量对比

从表 6-1 可以看出，截至 2017 年，京津冀地区尤其是北京、天津地区高层次科技人才比例非常高，远远高于山东省和河北省，而高层次科技人才又是人才中的人才，其所占的比例会比普通人才还要低。因此，山东省虽然在人才总量上数量可观，较河北省有着较大的优势，但是在高层次人才方面仍然和京津地区有着较大的差距。

表 6-1　　　　　　京津冀鲁科技人才数量对比表

指标	北京	天津	河北	山东
2013—2017 年院士入选人数	116	0	1	6
科技人力资源指数/排名	100/1	100/1	68.59/17	88.83/8
2017 年新增院士地区分布（人）	59	2	2	2
2017 年新增国家百千万人才数（人）	13	6	3	11

续表

指标	北京	天津	河北	山东
2013—2017年长江特聘人才入选数量	222	25	2	11
2013—2017年杰青入选数	355	28	1	24
2013—2017年优青入选数量	619	61	5	46

（数据截至2017年。资料来源：《近五年国家高层次人才数据统计，看看各省市都有多少人》《2017年天津市国民经济和社会发展统计公报》《中国区域科技创新评价报告2016—2017》）

从科技人力资源指数看，河北因为万人研究与发展人员数和万人大专以上学历人数大幅提升，所以位次上升的最快，由2015年的26位上升到17位。

（二）京津冀鲁高校数量对比

从表6-2可以看出，目前京津冀鲁四地在高校方面还是存在一定的数量上的差距，京津冀鲁四地的科技创新成果也以北京、天津地区较多，山东省和河北省相对处于弱势地位。

表6-2　　　　　　　京津冀鲁四地高校情况对比表

	北京	天津	河北	山东
普通高校数量（所）	92	58	120	144
科研机构（所）	80	13	8	35
985高校（所）	8	2	0	2
211高校（所）	26	3	1	3
平均多少人拥有一所高校（万人）	23.3	28.8	71.1	73.7

（数据截至2016年。资料来源：作者根据网络公开资料整理）

表6-3　　　　　　　　京津冀鲁四地科技创新成果对比表

项目	北京	天津	河北	山东
科技创新成果	全年研究与试验发展（R&D）经费支出1286.6亿元，比上年增长8.6%，相当于地区生产总值的6.03%。全市研究与试验发展（R&D）活动人员35.3万人，比上年增长5.7%。专利申请量与授权量分别为138111件和74661件，分别增长12.0%和19.1%，其中发明专利申请量与授权量分别为78129件和23237件，增长15.7%和12.3%。全年共签订各类技术合同67278项，增长7.2%；技术合同成交总额3136亿元，增长10.0%。	全市17项科技成果获得国家科学技术奖，其中，自然科学奖1项，技术发明奖3项，科技进步奖13项，涉及新材料、生物医药、化学工程等多个领域。全年完成市级科技成果2588项，其中，基础理论成果186项，应用技术成果2371项，软科学成果31项；属于国际领先水平71项，达到国际先进水平367项。全年签订技术合同15087项，合同成交额418.11亿元，增长39.1%。	用于研究与发展（R&D）经费支出320亿元，比上年增长13%，占全省生产总值的1.1%，提高0.1个百分点。建设省级以上企业技术中心436家、工程技术研究中心197家、重点实验室92家。组织实施的国家和省高新技术产业化项目262项，在建国家重大专项和示范工程项目61项，新增国家重大专项和示范工程项目25项。专利申请量30000件，授权量20132件，分别比上年增长8.6%和10.7%。截至2016年底，有效发明专利9066件，增长22.4%。	科技创新成效突出。登记科技成果2955项。获得国家自然科学奖3项，国家技术发明奖5项，国家科学技术进步奖20项。各项专利申请量15.9万件。其中，发明专利申请量7.7万件，比上年增长14.3%。各项专利授权量7.3万件。其中，发明专利授权量1.1万件，比上年增长18.2%。每万人有效发明专利拥有量3.59件。获得第16届中国专利奖金奖1项，专利优秀奖42项。实施自主创新及成果转化专项154项，获得发明专利415个。登记技术合同17474项，成交金额269亿元，增长42.6%。获得第七届中国技术市场协会金桥奖31项，实现"四连冠"。

续表

项目	北京	天津	河北	山东
自主创新能力	2016年中关村国家自主创新示范区投产开业企业16001个,比上年末增加546个。全年实现总收入35735.6亿元,比上年增长17.2%。其中,实现技术收入4775.2亿元,增长18.4%;实现新产品销售收入4188.4亿元,增长2.9%。全年出口总额357.3亿美元,增长6.3%。实现利润总额2832.3亿元,增长25.1%。	全市17项科技成果获得国家科学技术奖,其中,自然科学奖1项,技术发明奖3项,科技进步奖13项,涉及新材料、生物医药、化学工程等多个领域。全年完成市级科技成果2588项,其中,基础理论成果186项,应用技术成果2371项,软科学成果31项;属于国际领先水平71项,达到国际先进水平367项。全年签订技术合同15087项,合同成交额418.11亿元,增长39.1%。	用于研究与发展(R&D)经费支出320亿元,比上年增长13%,占全省生产总值的1.1%,提高0.1个百分点。建设省级以上企业技术中心436家、工程技术研究中心197家、重点实验室92家。组织实施的国家和省高新技术产业化项目262项,在建国家重大专项和示范工程项目61项,新增国家重大专项和示范工程项目25项。专利申请量30000件,授权量20132件,分别比上年增长8.6%和10.7%。截至2016年底,有效发明专利9066件,增长22.4%。	人才队伍建设有序推进。组织实施引进外国专家项目926项。新增省有突出贡献中青年专家99人、"泰山学者海外特聘专家(创业人才)"38人、省首席技师100人。新设立国家博士后科研流动站16个,省博士后创新实践基地38个,新招收博士后科研人员860人。新增高技能人才31.1万人,其中技师、高级技师5.6万人。

续表

项目	北京	天津	河北	山东
		天津国家自主创新示范区获国务院批准，全社会研发经费支出占生产总值比重提高到3%。培育科技小巨人企业和"杀手锏"产品，全年新增科技型中小企业1.48万家，累计达到6.10万家，新增小巨人企业630家，累计达到3003家，实施智能机器人、新能源汽车等一批重大科技专项，开发出真空分子泵、纳米手机芯片等一批国际领先的技术和产品。年末全市专利拥有量达到8.36万件，每万人口发明专利拥有量达到10件。截至2016年年末，全市国家级实验室、工程技术中心、企业技术中心分别增加到57个、36个和41个。	共有国家工程技术研究中心36个，新增2个。国家火炬计划特色产业基地53个，新增6个。国家级科技企业孵化器55个，新增9个。国家级科技合作基地34个，新增2个。院士工作站306个，新增50个。新增国家知识产权试点城市2个，国家知识产权强县工程示范县2个、试点县4个。新增省级示范工程技术研究中心130家。围绕创新型特色产业集群创建13个省级公共创新服务平台。	

（数据截至2016年。资料来源：国家统计局网站，国家人才网）

（三）京津冀鲁科技人才引进落户政策不足

从表6-4我们可以看到，在科技人才引进落户的政策方面四个地区还是有着不小的差别。北京市对于科技人才引进落户的要求相比较之下更为严格，更期待于高层次高端战略性的人才引进；天津市对于人才引进分为了两大部分，分别为高端技术的战略型人才和优秀青年潜力型人才，分别给予这两类人才不同的便利；河北省对于人才引进落户方面要求相较而言比较低，并且更加重视高校毕业生能够留在省内落户的问题，以期为河北省未来发展留下新生力量；山东省在科技人才引进方面更加注重人才待遇的提升，对于引进的科技人才在奖励、住房、表彰等物质和生活方面给予实际的好处。

表6-4　　　　　　京津冀鲁科技人才引进政策对比表

地区	科技人才引进政策
北京市	科技人才引进公开招聘重点围绕高新技术、现代制造、金融、文化创意、现代服务、现代农业等本市重点发展产业及研发机构、科教文卫等事业单位、区域重点企业进行，上述单位申报的高端岗位均可通过公开招聘形式引进高层次战略型人才。中央在京落地重大项目按照本市服务中央相关政策规定办理。 引进科技人才专项计划原则上每年开展一次，按照岗位需求申报、汇总发布职位、报名审核筛选、笔试面试确定人选、办理引进手续等流程进行，具体时间进度安排由年度引进科技人才专项计划工作方案确定。 对于确定招聘人选为非本市户籍的，用人单位可为其申请办理人才引进，配偶及子女可随调随迁。用人单位可设定期限不超过一年的试用考察期（在聘用或劳动合同期限内），为招聘人选在京期间工作生活提供便利，试用期间可直接办理《北京市工作居住证》等。
天津市	"A卡"面向六大领域、12类高层次战略型人才持卡可办15项服务事项[调入关系接转、留学回国人员来津工作派遣、本人及家属落户、居住登记（居住证）、办理社保卡、人才公寓、子女入学、办理医疗保健证、出入境证件申请、小客车增量指标配置摇号或竞价、留学人员国（境）外学习及工作年限认定、高层次人才科研及教学用品进境免税核准证明、天津市引才专项资金申请、进境携运物品（高层次人才以携运方式进境科研及教学用品的验放、回国定居或者来华工作连续1年以上的高层次人才进境自用物品审批）]。 "B卡"面向两类青年优秀人才，持卡可办7项服务事项（关系接转、本人及家属落户、留学回国人员来津工作派遣、大学生创业培训、创业小额担保贷款、创业房租补贴和社会保险补贴）。

续表

地区	科技人才引进政策
河北省	三放宽：放宽城镇基本落户条件，放宽设区城市市区落户条件，放宽县城、小城镇落户条件。 一引进：引进省外战略型人才到河北省城镇落户。 两实行：实行高校毕业生先落户后就业政策，实行人才居住证制度。
山东省	引进的国家级有突出贡献的专家、全国性学科带头人、获得国家科技进步奖、发明奖一等奖的首位人员及其他急缺的人才，根据贡献大小，给予1万至3万元的安家补助费。 引进科技人才的住房可优先安排解决，做出贡献的由用人单位提供二居室至三居室住房一套。 引进人才创造出经济效益的，可按一定比例提取个人收入。其项目、成果投产3年内的最高年新增税后利润达300万元以上的，还可按《山东省重奖有突出贡献科技人员的政策规定》给予奖励表彰，授予山东省科教兴鲁先进工作者称号等。

（数据截至2016年。资料来源：《2015—2016北京市人才引进落户新政策条件途径材料以及办理流程》《2015—2016天津市人才引进落户新政策条件途径材料以及办理流程》《2015—2016河北省人才引进落户新政策条件途径材料以及办理流程》《2015—2016山东省人才引进落户新政策条件途径材料以及办理流程》）

（四）科技人才待遇制度

从表6-5中我们可以看出，京津冀鲁四地在对于科技人才的待遇制度方面存在着较大的差异，北京主要是专项支持，天津注重物质激励，河北省和山东省主要是给予科技人才在制度上的便利。

表6-5　　　　　　　京津冀鲁四地科技人才待遇制度对比表

地区	待遇制度
北京市	设立"北京市科技人才奖励专项资金"，该项资金由市财政专项拨付，用于北京市科技人才奖励项目奖励经费支出。
天津市	为引进的科技人才提供一次性300万元经费资助；给予非华裔外国专家一次性100万元生活补助、300万至500万元科研经费等。

续表

地区	待遇制度
河北省	引进到管理岗位的科技人才，参编事业人员，硕士生享受副科级待遇，博士生享受正科级待遇。"985""211"大学毕业的硕士、博士在享受相应工资待遇的同时，任命（聘任）相应的科级职务。
山东省	对科技人才提供一系列绿色通道，科技人才和其团队成员及其随行家属给予居留等便利。对经认定的外籍科技人才，取消来鲁工作许可的年龄上限，可根据情况签发2至5年有效的外国专家证，2日内一次办结。

（数据截至2016年。数据来源：国家统计局网站）

从（表6-6）中我们可以看到，北京和天津地区的就业人员平均工资远高于山东省和河北省的平均工资，这可能会使各类人才尤其是科技人才选择薪资待遇更好更高的地区进行发展。

表6-6　　　　　　京津冀鲁四地职工平均工资

地区	职工平均工资（元）	月平均工资（元）
北京市	92477	7706
天津市	80722	6371
河北省	55334	4611.17
山东省	63562	5297

（截至2016年。数据来源：京津冀鲁四地统计局网站）

（五）京津冀鲁科技人才发展机会

表6-7　　　　京津冀鲁四地科技人才发展机会分析表

地区	交通情况	各类发展资源情况
北京市	北京作为我国的首都，交通发达便利，公路、铁路、航空等交通方式多样发达，对于科技人才的流动和引进有着很大的便利。	北京市会聚了我国的大批行业精英，作为国际性的大都市，各类发展资源丰富便利，高新技术区发展态势迅猛，有着丰富的高校科技人才资源，很多企业将总部和研发部门设立在北京，这对于科技人才来说吸引力十分大，对于科技人才的未来发展和价值实现有很大优势。

续表

地区	交通情况	各类发展资源情况
天津市	天津作为临海城市，不仅有着发达的陆路交通，还有着发达的水运系统，同样便利于科技人才的流动和引进。	天津作为我国的直辖市，各类发展资源同样十分丰富，天津港作为我国华北、西北和京津地区的重要水路交通枢纽，在海外资源的引进方面有着很大的优势，对于各类科技人才吸引力较大。
河北省	河北省地域广博，地区之间交通情况差异大，各个城市距离较远，不利于科技人才的流动。	河北省相较于京津地区而言，各类发展资源不够丰富，发展机遇也不及京津地区，对于科技人才的吸引力方面不够大，很多时候反而会出现河北省的科技人才向京津地区流入的情况。
山东省	山东省和河北省类似，地域广博，地区之间交通情况差异大，各个城市之间距离较远，不利于科技人才的流动。但是山东省除了陆路交通外，海陆交通同样发达，有着吸引海外科技人才的便利。	山东省在各类资源方面不及京津地区，但是有很多大型企业，是我国大型企业最多的省份，发展前景良好，可能会吸引相关科技人才。在其他社会资源方面相较于京津地区山东省还是有很大差距，高端技术战略型人才可能更愿意选择京津地区作为未来发展方向。

（数据截至2016年。资料来源：中国交通全图）

二　山东省融入京津冀区域科技人才协同发展现状

近年来，山东省在贯彻中央《关于进一步加强人才工作的决定》，在促进人才合理流动、吸引科技人才工作方面有所突破和创新。

（一）山东省融入京津冀科技人才协同发展的工作进展

1. 山东省德州市融入京津冀一体化科技人才协同发展分析

2015年7月17日，德州市融入京津冀协同发展合作恳谈会在京举行，这也是德州正式纳入京津冀一体化协同发展城市后首次到北京开展对接活动。

德州市为更快更好地融入京津冀一体化提出了科技人才是第一资源的概念，加强科技人才引进和对科技人才的培养，开办科技人才对接会和"创梦空间"等活动，以丰富科技人才资源。目前，德州市在融入京津冀科技人才协同发展中取得了一定的工作成效。

（1）以产业集群促进科技人才集聚。德州市在目前的优势产业如农产品加工业的基础上，开始重视生物制药等高新技术产业的聚集，并以期通过这种产业聚集来促进德州市科技人才的聚集。德州现在全力建设国家现代农业示范区、乐陵，正在建设区域性农业大数据中心、农业技术交易中心、生态循环农业、国家农业科技园。重点承接汽车、新能源、航空航天、电子信息、生物医药、教育医疗等高端产业专业，正在成为疏解北京非首都功能的"微中心"选址地，打造成为京津冀产业协同发展示范区。一旦产业聚集，对于跟产业相关的特定科技人才需求量必然会增加，而与此同时，产业聚集能够对相关产业方面的资源起到集中发展的作用，产业资源丰富，发展前景广阔，也会对相关专业的科技人才形成一定的吸引力，促进科技人才的聚集。

（2）以平台搭建引入京津冀人才。德州市为京津冀科技人才的引进，搭建了一系列的平台，如技术研究院交流平台、科技创新科技人才交流平台、省级创业型城市平台、京津冀开发区创新发展联盟平台等，以促进和京津冀地区的科技人才交流，加强交流过程中对于科技人才的引进，德州也在努力成为区域性引智协作联盟，加快建设中国新能源和生物产业引智试验区。

（3）以交通便利柔性使用京津冀科技人才。德州市在地缘上和京津冀地区非常接近，和京津冀地区之间的交通便利，适合使用柔性政策，在需要京津冀科技人才的时候能够及时有效地引进科技人才。为此德州市正在大力争取京津冀城际铁路延伸至德州、积极申报第三批国家公交都市，优化通用航空站网布局，推动德州交通网络提档升级，积极争取与京津冀地区实现交通"一卡通"互联互通，这些政策都有利于京津冀科技人才的流动，实现柔性使用科技人才的目的。

（4）以宜居城市转移京津冀科技人才。德州市努力优化城市环境，建设城市氛围，以期以好的城市环境吸引京津冀地区科技人才至德州市定居。德州正在与京津冀及周边地区开展环境污染联防联治，强化污染治理与生态建设，推进环保重点工程建设，与京津冀地区区域旅游联盟对接合作，大力建设黄河国际生态城创建国家级旅游度假区，成为京津冀科技人才宜居宜业的新型城市。

（5）以联合办学共同培养科技人才。德州正在大力争取知名高等院校落户德州、在德州设立分校或双方开展联合办学，支持德州学院申报创建德州大学，在德州创建鲁北人才改革试验区，成为泰山产业领军人才等省级重点科技人才工程、省服务业高端人才、西部经济隆起带和省扶贫开发重点区域引进急需紧缺人才项目等人才引进培训基地，山东省也大力支持德州选派干部赴京津挂职交流。

2. 山东省聊城市融入京津冀一体化科技人才协同发展分析

2015年，山东省聊城市成功列入京津冀一体化协同发展城市，2016年4月17日，在北京职工之家报告厅举行了山东省聊城市融入京津冀一体化协同发展座谈会。

山东省聊城市融入京津冀一体化协同发展，同样十分重视和京津冀地区在科技人才方面的协同发展，并为聊城市更好地融入京津冀一体化科技人才协同发展做出了一系列的努力，以项目式合作共享京津冀科技人才。2015年，聊城市和京津冀地区开展了一系列的项目合作，这些合作项目无疑能够使聊城市有效地利用到京津冀地区的科技人才，在这些科技人才的帮助下，聊城市能够更好更快地完成项目工作；以产业对接优化科技人才配置，聊城市积极对接京津冀地区的产业工作，积极承接京津冀地区的产业转移，在京津冀地区的产业转移到聊城市的过程中，势必也会带来很多优秀的科技人才，这对于聊城市本身的人才配置起到了优化的作用；以精准定位错位使用科技人才，对引进的科技人才和聊城市本身所拥有的科技人才，聊城市分别进行了精准定位，弄清楚每个科技人才的专业技能和特长，以使其能够更好地发挥作用；以环境污染共治消除科技人才生活疑虑，聊城市努力治理环境污染，打造宜居城市，就是希望生活居住环境的优化能够使科技人才过得舒心，留得下来，以更好地为聊城市的发展做出贡献。

因此，山东省聊城市在山东省融入京津冀一体化科技人才协同发展方面有着重要的推动作用，为京津冀地区的科技人才引进山东省做出了贡献。

3. 山东省滨州市融入京津冀一体化科技人才协同发展分析

2015年，山东省滨州市正式写入京津冀地区协同发展的"十三五"规划，在此之前，山东省滨州市进行了多方面的努力，并主动放弃了一批高投入、高消耗、高污染和低收益的"三高一低"项目，同时做好了承接京津冀地区产业转移的准备。一旦滨州市承接了京津冀地区的产业转移，滨州市必将迎来更好更快的发展，而滨州市对于融入京津冀地区一体化进行科技人才方面的发展就有了更大的需求。

目前来看，滨州市在承接京津冀地区产业转移方面进度良好，滨州港多年以来一直建设滞缓，然而现在，滨州港却正以平均每天1000万左右的投资强度加快推进，照这个速度，滨州市有望能够在2020年将其滨州港建设成为一个亿吨级的大型港口。在这种迅猛的经济发展态势下，滨州市对于科技人才方面的需求同样越来越大，该市出台了一系列政策以加强科技人才的引进，尤其是对于京津冀地区的科技人才，更是加大了引进力度。滨州市成立了科技人才工作小组，以专门工作组专门负责科技人才引进工作；以兼职、柔性的制度促进京津冀地区人才来滨州发展，采取技术入股，合作项目等方式，在滨州市有所需求的时候能够把这些科技人才更充分的利用起来。滨州市的以上一系列举措，有利于京津冀地区的科技人才能够为滨州市的发展做出更好的贡献。

另外，山东省在融入京津冀一体化协同发展的规划上，已经初步确定了四大城市的先头地位。山东省的"十三五"规划纲要明确提出，支持聊城、德州、滨州、东营四个城市承接北京地区非首都功能疏解和京津地区的产业转移，以更好地打造京津冀协同发展示范区。如果这四个城市能够很好地融入京津冀一体化科技人才协同发展，有序地推进和京津冀地区的科技人才方面及科学技术方面的交流与合作，就必将能使山东省融入京津冀一体化的科技人才发展走上新的台阶。

（二）山东省融入京津冀区域科技人才协同发展工作的成效

1. 区域科技人才协同发展机制初步建立

经过德州市、聊城市、滨州市、东营市四地的陆续融入京津冀地区科技人才协同发展，山东省在融入京津冀一体化科技人才协同发展方面总体上也取得了一定的成效。山东省多次和京津冀地区召开科技人才联盟会议，在会议上达成了科技人才合作的共识，促进了京津冀鲁在科技人才方面的交流工作；京津冀鲁建立了一些科技人才教育联盟，如京津冀鲁汽职教育联盟等，促进京津冀鲁地区的科技人才教育合作，以期山东省能够在科技人才教育方面和京津冀地区协同发展。但是我们应该认识到，山东省和京津冀地区并没有建立起统一的科技人才评价体系，在科技人才相关政策方面也难以达成共识，四地更多的是看到自身的眼前利益，难以也不愿做出人才共享，所以，山东省在融入京津冀一体化科技人才协同发展中，还有许多工作要做。

2. 科技人才协同发展意识取得了认同

在山东省谋求融入京津冀科技人才一体化协同发展的过程中，多次和京津冀地区进行了交流合作，这使得京津冀鲁四地对于科技人才协同发展这一观点取得了初步的共识，这一共同意识的形成势必会对京津冀鲁地区科技人才协同发展的未来起到良好的推动作用，如果没有共同意识的形成，京津冀鲁四地是很难在科技人才协同合作上做出进一步发展的。

3. 科技人才协同发展方式日趋多样化

山东省在融入京津冀一体化科技人才协同发展的方式上进行了多样化的创新，以项目合作式方法使得京津冀地区的科技人才为山东省的项目完成做出贡献；以人才共享的方式促进京津冀鲁地区的科技人才交流合作；以柔性政策促进京津冀地区的科技人才来到山东省工作，更好地发挥科技人才的价值；以共建培训基地、共建实践基地、共建创新中心、共建科技人才市场等形式促进和京津冀地区的科技人才协同发展。

三 京津冀鲁科技人才协同发展的困境及成因分析

（一）京津冀鲁科技人才协同发展困境

1. 科技人才协同发展政策不足

京津冀地区科技人才资源丰富，但是其人才聚集的优势却并未得到体现，京津冀一体化发展需要将北京、天津、河北三地作为一个整体进行发展，山东省要想融入京津冀一体化人才的协同发展，也需要融入京津冀地区，这样四个地区作为整体来规划发展其所拥有的全部人才资源。但是就目前而言，京津冀鲁地区本身在科技人才资源协同发展方面各自为政，缺乏有力的政策方面的支撑，使得京津冀鲁地区的很多科技人才方面的工作和协调难以实现，山东省要想融入京津冀一体化科技人才协同发展，在科技人才协同发展的政策方面更是有所欠缺。目前京津冀鲁地区的科技人才交流大多由省级政府的人力资源管理部门来进行制定并主导其发展，由各地的具体业务部门如人才交流服务中心来进行执行工作，这就导致宏观上难以协调发展，考虑不周全。因此，如果没有相关的四个地区能够协调发展的共同政策作为指路灯和保障，京津冀鲁四地的科技人才协同发展计划就难以得到实施。

2. 科技人才引进方面竞争压力大

北京地区作为我国的首都，是全国的政治文化中心，汇聚了许多资源，这些资源不仅总量大，而且种类丰富多样，可以满足科技人才的多方面需求。北京的教育科研等资源在全国来说也占据着非常重要的地位，众多高校和科研院所云集，为科技人才的进一步发展和科学研究提供了更多的机会，因此，在对于科技人才的吸引力方面，北京地区占据着很大的优势。天津地区虽然不及北京，但天津地域范围比较小，地区间在经济、文化等各个方面发展差距小，发展比较均衡，总体上资源丰富，经济发展势头强劲。而山东省的各类资源情况及省内各大中型企业的质量和数目，和北京、天津还是有着一定的差距，因此，各类科技人才出于自身发展的考虑会更多地选择北京、天津地区。这样，在科技人才的吸引力方面山东省就有着很大的劣势，在吸引科技人才方面和北京、天津地区进行竞争的话，压力就会非常大。

从表6-8和表6-9中我们可以看出，山东省在科技投入、科技产出、教育、医疗卫生、森林覆盖率和污染物排放量等方面和京津冀地区还是存在着一定的差距，因此山东省政府应该努力缩小在这些方面和京津冀地区的差距，加强在科学技术方面的投入，促进科学技术工作的发展；在教育、医疗卫生、生活环境等方面加大财政支出，打造宜居城市，增强对科技人才的吸引力。

表6-8 京津冀鲁科技活动情况对比表

一级指标	二级指标	北京	天津	河北	山东
企业科技活动情况对比	大中型工业企业活动项目（项）	6780	4756	3477	5324
	大中型工业企业人员全时当量（人年）	26892.17	21799.23	25364.96	29376.33

续表

一级指标	二级指标	北京	天津	河北	山东
科技资本投入对比	支出（万元）	6705624	1362167	109111.3	289922.3
	占GDP比例（%）	5.91	1.81	0.67	4.60
	科技财政支出总额（万元）	2827117	286530	216700	633420
	科技财政支出占总财政支出比例（%）	5.95	2.69	1.15	0.88
专利情况	专利申请数（件）	4622	3615	1458	2677
	拥有发明专利数（件）	3848	2489	823	1297
	技术市场交易额（万元）	10272173	866122	165906	188640

（数据截至2016年初。资料来源：国家统计局网站）

表6-9　　　　　　京津冀鲁资源环境对比表

一级指标	二级指标	北京	天津	河北	山东
经济环境	人均GDP（元/人）	99995.0	105231	39984	60879.1
	城乡居民人均可支配收入（元）	43910	31000	24141	29222
	利用外资（亿美元）	90.4	188.67	70	152
医卫	医疗卫生事业财政支出（万元）	3222919	1832223.7	936265	2380305.55
教育环境	教育事业财政支出（万元）	7420541	1630389	1086170	1733202
	普通高等学校在校人数（万人）	59.5	50.58	116.9	179.7
	研究生在学人数（万人）	27.4	5.14	4.8	7.4
生活环境	城市人均水资源量（立方米/人）	95.1	76.1	144.3	152.1
	森林覆盖率（%）	35.84	9.87	23.41	16.73
	污染物排放量（吨）	211597	568885	（石家庄）448704	（济南）269512

（数据截至2016年初。资料来源：国家统计局网站）

3. 没有建立统一的科技人才协同发展数据库

目前来看，北京、天津、河北、山东四个省市都建立了本地区的科技人才数据库，但是就各地的科技人才数据库本身来看，都需进一步发展，四地的科技人才数据库本身发展不够完善，信息录入不够及时，信息更新换代速度不够快，很多信息是"死信息"，并且数据库本身还有很多信息未能录入，不够完善。

而要促成京津冀地区的科技人才一体化发展，要使山东省能够融入京津冀一体化科技人才协同发展，各地仅建成属于本地区的科技人才数据库是不够的，要促进区域科技人才协同发展就需要北京、天津、河北和山东共同建立起一个统一的科技人才数据库。北京、天津、河北和山东四地本身地域上相邻，科技人才很容易在四地之间流动，目前四地并没有一个完备的统一的科技人才数据库，这就导致了四地之间难以及时掌握科技人才流动情况，四地之间在不同行业和不同时间所需要的科技人才是不同的，没有完备的统一的科技人才数据库，就很难根据四地不同的需要来合理地分配人才，导致科技人才信息滞后甚至缺失。

4. 科技人才资源配置不合理

科技人才的教育和培养是促进京津冀鲁地区科技人才协同发展的前提，目前来看，京津冀鲁地区在科技人才教育资源上存在着很大的不均衡，导致在科技人才培养的质量和数量上不够优秀和丰富。与京津地区相比，河北省和山东省在高端层次的战略型人才培养方面有着很大的劣势，例如，北京拥有的全国"985"高校有9所，全国"211"工程院校有22所，天津地区拥有全国"985"高校2所，全国"211"工程院校4所，河北地区拥有全国"985"高校0所，全国"211"工程院校1所，山东省拥有全国"985"高校2所，全国"211"工程院校3所，在100多所国家重点实验室中，北京和天津地区所拥有的数量远远大于山东省和河北省。[①]

因此，我们可以明显地看到，在科技人才资源的配置方面，河北省和山东省明显和北京、天津两地存在较大的差距，尤其是在高层次科技人才

---

① 张宏：《京津冀协同发展背景下的河北引用北京人才策略》，《产业与科技论坛》2014年第2期，第93—101页。

培养方面，远低于北京、天津两地。这种科技人才资源分布配置明显不合理的状况，导致了京津冀三地之间在科技人才交流和科技人才一体化发展上具有很大的不平衡，在京津冀三地科技人才分布配置不合理的情况下，山东省要想加入京津冀地区的科技人才一体化发展更是面临着很大的困难。

5. 科技人才培养孤立进行

目前北京、天津、河北和山东地区的各个高校在科技人才培养方面缺乏统一的合作，各高校各自为政，地区内高校之间和地区间高校之间缺乏科技人才互评流动机制，各地之间在科技人才培养方面各自孤立进行，没有形成统一的科技人才交流评价体系，孤立的科技人才培养导致四个地区之间在培养的科技人才的类型和科技人才培养的方向上缺乏互相协调，有时候导致某一类科技人才培养过多，而某些科技人才培养极度缺乏的局面。孤立的科技人才培养也会造成四地的科技人才缺乏交流合作，科技人才在地区间的发展受到限制。

6. 产业趋同造成科技人才资源的浪费

目前北京、天津、河北和山东这四个地区在产业布局方面有着显著的趋同性，都是在传统产业，比如钢铁、煤炭化工以及汽车等产业的基础上，聚焦于高新技术产业，例如电子信息行业和新材料产业，生物制药等领域。目前四个地区都是从自身的当前利益出发来确定主导产业，对于区域内经济的整体发展情况考虑较少，尤其是京津冀三地本身在产业统筹兼顾方面就有所欠缺，此时山东省要想融入京津冀一体化进行科技人才协同发展将面临更大的挑战。

因为在京津冀鲁区域内并没有制定一个统一的经济发展规划，导致了产业趋同性很大，产业所需要的科技人才也是趋同的，这就导致了在科技人才方面造成了一种激烈的竞争，形成了在主导产业领域科技人才不够用，其他产业科技人才被闲置的无序局面，使得京津冀鲁地区的相关科技人才资源和技术资金方面恶性竞争，区域优势弱化，进而造成科技人才资源的严重浪费。

(二) 京津冀鲁区域科技人才协同发展问题的成因分析

1. 政府方面的原因

(1) 地方保护主义盛行，行政壁垒阻碍科技人才合作

目前，京津冀鲁四地仍然存在地方保护主义，这些行政壁垒不仅使科

技人才市场自身的运行规范不得不屈从于京津冀鲁四地各自的行政规则,同时也阻碍了京津冀鲁地区建立和发展统一的区域科技人才市场,导致京津冀鲁地区的科技人才资源被人为地强行分割开来,科技人才交流合作存在很多的行政壁垒,难以实现科技人才共同发展。

(2) 府际协同难以实现,政策难以协同

我们知道,由于每个地区的利益诉求不同,京津冀鲁地区的各自发展政策也是不同的,因此,在科技人才发展政策方面京津冀鲁四地很难达成一个统一的科技人才政策,相关政策在京津冀鲁四地之间难以协同,就造成了科技人才资源在京津冀鲁四地的不同地区有不同的发展政策,发展政策难以统一的情况下,科技人才就很难在京津冀鲁四地间更好地协同发展。又因为科技人才政策在府际间难以协同,在没有协同政策的情况下京津冀鲁四地要想达成府际间的科技人才协同发展更是难上加难。

2. 用人单位方面的原因

(1) 一味追逐经济利益,拒绝科技人才共享

科技人才是人才中的人才,科技人才对一个单位和企业来说都是至关重要的,具有战略性的意义,科技人才能够极大地促进这个单位和企业的发展,因此,在看到科技人才在发展中的重要性的情况下,京津冀鲁地区的很多单位都看到了科技人才将带给他们的巨大经济利益,在经济利益的驱使下,京津冀鲁地区的单位之间为了保持竞争优势,大多数情况下都会拒绝与其他单位进行科技人才资源的合作共享。

(2) 单位各自为政,没有建立起产学研联盟

由于京津冀鲁地区的各个单位之间在经济利益的驱使下拒绝和其他单位进行科技人才的交流和共享,因此,在各个单位之间就形成了在科技人才发展方面各自为政的局面,在这种局面下京津冀鲁地区的科技人才很难进行跨单位之间的交流合作,也就阻碍了科技人才资源发挥出其应有的巨大价值。京津冀鲁四地的各个单位之间更是没有建立起产学研联盟,没有产学研联盟,京津冀鲁地区各个单位之间的科技人才发展就会处于互相孤立的状态之下,导致缺乏统一的规划和调整布局,行业发展受到很大限制。

3. 科技人才市场的原因

(1) 产业定位不清晰，难以实现错位发展

目前京津冀鲁四地的市场对自身地区的产业发展定位不够清晰，这就造成了京津冀鲁四地市场中的部分产业在发展过程中雷同类似，四地之间因为产业交叉而产生了对于交叉部分的产业所需要的科技人才需求量增加，造成了京津冀鲁四地在科技人才市场上对于这部分科技人才的激烈竞争，导致科技人才在京津冀鲁四地之间难以实现科技人才市场上的错位发展，容易出现在科技人才市场上，某一类科技人才急需却没有相应的科技人才资源，而某一类科技人才却富余闲置，难以实现其应有价值的尴尬局面。

(2) 要素协同不力，资源难以共享

人、财、物、信息和流程是市场进行运作和发展的资本要素，目前京津冀鲁地区在建立统一的区域间市场上仍然不够到位，在统一市场的建立过程中，各个资源要素的协同上做得也不够好，在这种情况下京津冀鲁四地之间的科技人才市场更是难以更好地发展起来，四地之间的科技人才资源也就难以进行共享。

第三节 国内外区域人才协同发展经验借鉴

一 国内经验借鉴

(一) 长江三角洲地区科技人才发展启示

长三角地区作为我国经济能级最高的区域之一，经济发展水平很高，各大经济产业的聚集程度也在我国各大经济区中名列前茅，具有很强的综合竞争力和发展潜能。长三角地区现在已经基本形成了一个有着多个核心的圈层结构，该结构即以上海这一国际城市为经济区域内的核心，苏州、杭州、宁波、无锡、南京等地为其发展的次核心。同时可以预见到，在长三角地区未来的发展中，这种多中心的圈层结构将会成为其发展的一个必然的趋势。[1] 这种"多中心"城市空间结构是未来长三角城市群发展的必

---

[1] 王凯、周密:《日本首都圈协同发展及对京津冀都市圈发展的启示》,《现代日本经济》2005年第15期，第67—73页。

然趋势。

虽然长江三角洲地区的内部各个城市之间有着较为明显的差异,但是长三角地区的地区总体发展水平依然是很高的。近年来,在国家各项政策的扶持下,长三角地区的区域一体化进程得到了极大的加速,与此同时,长江三角洲地区的区域内互动明显增加,共赢发展格局渐趋成熟。在这种经济情况的影响下,长江三角洲地区的科技人才一体化发展也迎来了越来越好的局面。

随着长江三角洲地区的经济发展得越来越好,其制造业逐渐在全国乃至全世界都开始占据中心地位,长江三角洲地区对于各类科技人才的吸引力也越来越大,渐渐会聚了一大批的科技人才前来发展。因此,长江三角洲地区也成为我国区域性的科技人才中心。从1996—2005年十年间,长三角都市圈16个城市的人才总量从281.18万人上升到531.13万人,增长了将近一倍。

面对如此多的优秀人才,长三角地区的各大城市为了避免产生科技人才引进方面的恶性竞争,各个城市皆根据自身发展需要和自身优势制定了产业发展的不同重点,在科技人才引进方面,也根据自身产业结构的不断调整而选择性地引进不同类型的科技人才。这使长江三角洲地区各个城市的科技人才分布更加均衡,区域内的科技人才差距得到进一步缩小。另外,长三角地区各个城市在科技人才引进方面有很多优惠政策,对于重点高端的战略型人才能够给予很高的资金支持,这无疑对留住科技人才能够起到很大的作用。

长江三角洲地区还在各地区之间推行科技人才共享的方案,其主要模式是"科技人才虚拟制"和"科技人才租赁"。科技人才租赁也叫"科技人才派遣",是指用人单位通过科技人才中介机构选聘急需的科技人才,并通过该机构为所聘科技人才发放薪酬以及代办养老保险、档案托管等人事代理业务的一种"科技人才共享"的新型用人模式,科技人才租赁是近年来在长三角都市圈普遍使用的模式;虚拟科技人才制是一种主要以"虚拟科研所"为载体的科技人才共享模式,合作双方通过参与项目、技术开发、课题咨询等形式从中受益。长江三角洲地区通过这种方式使得区域内的科技人才能够物尽其用,得到更好的发展,使其价值能够发挥得更大。

(二) 珠江三角洲地区科技人才发展启示

珠江三角洲地区包括广州、深圳、佛山、东莞、中山、珠海、江门、肇庆和惠州共 9 个城市。"大珠三角"地区指除了原珠三角的 9 个城市外，还要加上深汕特别合作区、香港特别行政区和澳门特别行政区。2015 年世界银行报告显示珠江三角洲已经成为全世界最大的都市圈。

随着经济的发展，珠江三角洲地区也具备了越来越大的人才吸引力，并且随着产业结构的调整，珠江三角洲地区对于各类科技人才的需求量也在不断增加。同时，如何更好地吸引科技人才，留住科技人才，发挥科技人才的价值也成为珠三角地区需要考虑的大事。

2015 年 3 月 28 日，珠三角地区召开了人才工作联盟第三次会议，在此次会议上珠三角 9 个城市达成了共同决定，签署了人才合作备忘录，以期建立一个联系更加密切、创新能力更高、沟通更顺畅、科研合力更强的人才生态圈，以更好地实现珠三角地区的科技人才发展，促进区域的整体经济进行转型和发展。该人才合作备忘录的签署对珠三角地区的人才发展而言是一个很大的跨越式发展，人才生态圈的形成将使得科技人才在珠三角地区得到顺畅的流通，这从政府的政策方面给予了科技人才发展极大地支持，也同时体现出了珠三角地区各级政府部门对于科技人才发展的重视程度。

二 国外经验借鉴

(一) 日本首都经济圈的科技人才发展启示

狭义的日本东京都市圈包括东京都、埼玉县、千叶县、神奈川县等 1 都 3 县，总面积约 13400 平方公里，占日本国土面积的 3.5%，人口约 3400 万人，占日本总人口的 27%。

从重视程度来看，日本政府从很早就十分重视对都市圈的规划和建设。从 20 世纪 50 年代后期，日本政府就相继制定了《首都圈整备规划》《京畿圈整备规划》和《中部圈开发整备规划》等一系列促进都市圈区域发展的政策。另外，日本每年都会从国家层面来编制出首都圈新一年的规划，以此来引导日本首都圈的区域发展，其中包括对首都圈人才情况的规划，这样集中引导，整体规划，对于更好地发挥区域内科技人才有很大帮助。

随着东京都市圈由一极集中的结构向多级核心的结构转变，都市圈内的科技人才分布和发展情况也进行了改变。由主要集中在东京地区开始向周围城市扩散。另外，东京都市圈地区发达便利的交通网络也为科技人才跨区域发展提供了可能。① 详见图6-2。

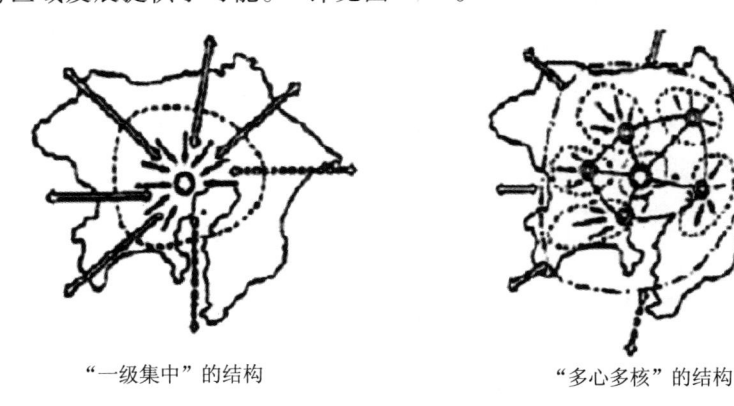

"一级集中"的结构　　　　　　　　　"多心多核"的结构

图6-2　东京都市圈空间结构演变图

和长江三角洲一样，为了缓解科技人才竞争的压力，东京地区也采用各个地区发展不同特色的方针，东京都市圈里的其他城市致力于建设各具特色的副核心，以促进东京这一核心地区的功能疏解，这样，各类科技人才的发展就可以聚集在不同的城市，为不同类型科技人才的分类发展提供了可能。

（二）法国巴黎都市圈的科技人才发展启示

法国的巴黎都市圈由巴黎市和埃松、上塞纳、塞纳—马恩、塞纳—圣德尼、瓦尔德马恩、瓦尔德兹、伊夫林7个地区组成，是世界五大经济圈之一。从1956年开始，就利用企业扩张或产业转移的机会促进城市向郊区扩展，并改造和建立新的城市，重新构建城市的空间布局，其空间布局原则坚持多中心和卫星新城。

为了促进巴黎都市圈的创新和发展，法国政府在科技人才方面的国家政策上做出了很大调整。

---

① 董微微、李贺南、宋微：《中日韩首都圈发展模式比较与启示》，《经济论坛》2015年第3期，第7—15页。

法国十分重视科研机构、高等教育机构和企业之间的合作，制定了一系列科技人才协同发展方面的政策。比如说"竞争力集群""研究与高等教育集群""科研退税制度"等。另外，在吸引科技人才来巴黎都市圈发展方面，法国政府大力提高博士生的地位，并为这些高端技术的科技人才提供研究津贴，代其缴纳社会保险。并在巴黎都市圈的区域内给予科技人才流动方面的便利，使许多科研机构和大学的科技人才，包括研究人员、工程师、大学教授、管理人员和专业技术人员等，能够同时以经理和合作者的身份参与都市圈企业的管理，如果他们愿意在就任的企业继续任职或者返回到原来的单位，都可以在六个月之内保留有公职。

第四节 京津冀鲁科技人才协同发展的路径选择

一 京津冀鲁科技人才协同发展的顶层设计

一是在组织体系上：积极对接顶层设计，成立京津冀鲁科技人才协同发展协调小组。为贯彻落实重大国家战略、加强对京津冀协同发展工作的领导，应当成立山东省京津冀鲁科技人才协同发展协调小组，着力制定《京津冀鲁科技人才协同发展规划》。山东省要在京津冀鲁区域科技人才发展顶层设计上主动作为。推动京津冀鲁科技人才一体化发展，是一项庞大的系统工程，涉及面广、利益关系复杂，必须进行顶层设计。为了更主动有效地参与地区经济事务，在这些事务中争得更多的发言权，提升山东省融入京津冀一体化区域经济和人才合作的地位，必须从科技人才协同开发的体系、措施、保障等多个角度出发制定出一整套的战略规划。在协同开发措施上，统筹提出科技人才引进、培养、配置、流动、评价等政策措施，必要时多管齐下。在保障机制上，应考虑京津冀鲁四个地区政策体系互通互认、高端人才信息共享共建、区域创新联盟互联互动、公共服务体系互接互通、人文环境共创共建、产业结构互补互接、城市交通互畅互通等进行综合统筹。并且为了协调发展，必须成立科技人才协同发展府际协调小组工作，小组的工作机制和职责见附件。

二是在理念认识上：首先，要明确山东省在京津功能疏解和产业转移中承接的功能和产业定位。京津冀鲁科技人才协同发展的一个重要前提是四地经济结构"错位",而不是通常所说的经济结构"均衡";一个重要的出发点是四地人才结构的"错位"配置以实现"互补",而不是四地各自所期望的人才结构"完整"以支撑地方经济社会全面发展;一个重要的行动方案是各地要根据自己的人才发展实际和科技人才结构特点"有所为,有所不为,扬长避短,各安其位",而不是开展科技人才大比拼,只有这样,京津冀鲁科技人才协同发展才有可能扎实推进。其次要坚持京津冀鲁科技人才协同发展体制机制创新的务实性。科技人才协同发展体制机制创新是充分释放人才红利、实现京津冀鲁科技人才协同发展的内在要求。一方面,在创新方向上,京津冀鲁要从协同发展的战略高度,以构建长效体制机制为抓手,破除各自限制区域内人才顺畅流动和优化配置各种体制机制障碍,打破地域、身份、人事关系等制约,推动人才按照市场规律在区域内顺畅流动和优化配置。另一方面,在创新路径上,要充分认识到京津冀鲁科技人才协同发展体系创新的复杂性,科学评估科技人才协同发展体制机制创新对京津冀各自的影响,探索建立京津冀鲁四地"共赢"的人才开发新模式,突破因各自行政区划影响人才协同发展的利益固化的藩篱。最后,要加强有关部门对科技人才协同发展的重视程度。科技人才是关系到一个地区未来发展情况的重要人才资源,科技人才是能够驾驭全局、灵活应变和洞悉时代脉搏的人才,他们能够在其专业领域上起到带头作用,使得整个行业和领域的层次水平更上一个台阶,对于地区发展有着莫大的贡献。这类人才首先在其培养方面就极其不易,十个普通科技人才里才有可能出现一个顶尖科技人才。其次,在其发展方面,科技人才对未来发展环境要求比较高,需要一个能够实现其未来发展需要的良好环境,才能充分发挥其能动性和价值。因此,科技人才的发展对于山东省来说是非常重要的。山东省目前所拥有的科技人才不管是在数量还是在质量上都与北京、天津地区有着较大的差距,如果山东省的政府部门能够把和京津冀地区的科技人才协同发展重视起来,将京津地区的优秀科技人才引进山东,或者在山东省需要的时候能够及时、有效地利用京津冀地区的科技人才资源,这对于山东省未来的发展来说,会有极其重大的帮助,势必将会使山东省未来的发展迈上一个更高的台阶。因此,山东省各大企业,尤其是政府部门,更应该重视科技人才协同发展在山东省融入京津冀一体化协同发展中的重大作用。

二 京津冀鲁科技人才协同发展的措施

（一）提高合作意识，夯实科技人才协同发展理念

首先，把合作意识的培养纳入学校素质教育的内容。京津冀鲁内部各组织、各企业之间要通力合作，学校内部之间也要合作，培养科技人才的合作创新意识。克服那种"鸡犬之声，老死不相往来"的自我封闭观念，突破盲目追求自我设计、自我奋斗、自我实现的片面狭隘意识，使合作交往成为个人的一种习惯和教养。同时，注重培养科技人才的集体意识和团队精神培养。学校和企事业单位要重视青年科技人才集体主义精神的培育，并创造条件和环境氛围，使之成为青年科技人才成长的熔炉。再次，以积极的心态处理好京津冀鲁合作与竞争的关系。京津冀鲁在科技人才的协同开发中存在竞争关系，同时，作为区域一体化的经济发展成员，也存在着合作和共享的关系。应主动打破地域界限，突破行业和地区分隔，加快形成统一开放、竞争有序的一体化人才市场体系。建立完善一体化的人才培训、人才派遣工作机制。疏通渠道促进人才资源优势互补。山东、河北以完善的配套服务为手段，利用北京、天津人才"溢出"效应，积极引导高层次科技人才向两地合理流动，在人才发展理念上实行对接，谋划人才协同发展规划。

（二）完善京津冀鲁科技人才协同发展的运作体系，构建区域一体化协作机制

在京津冀鲁科技人才协同发展工作中，要建立政府引导、市场运作、用人单位主体、社会参与的基本运作机制，正确处理各地政府、市场、企业及社会各界的关系，充分调动各方的积极性。政府通过职能转变，在合作中要起到宏观引导和调控监督作用；政府要充分发挥市场在人才配置中的基础性作用，通过市场运作的模式，逐步推动京津冀鲁科技人才协同发展，引导科技人才向特色产业和优势产业集聚；企业是京津冀鲁科技人才协同发展的主体，是具体的执行者，京津冀鲁各地政府要积极鼓励和引导合作区域内企业之间加强协作，依据各自人才需求情况，设立相关联络机构；此外，京津冀鲁政府还要充分调动各类社会组织及劳动者个人参与合作的积极性，将合作变成全社会的主动行为与自觉意愿。政府积极推动人才市场和劳动力市场的整合，逐步形成机制健全、运行规范、服务周到的

人力资源市场体系。在山东半岛蓝色经济区建立人力资源开发一体化和协作机制，加强人才培训、评价、诚信认定等方面的合作，相互承认所出具的各类诚信调查和证书认证。经京津冀鲁人力资源和社会保障部门核准的专业技术职务资格、职业资格予以互认。推行京津冀鲁科技人才"柔性"流动和无障碍流动。积极探索建立科技人才服务标准化和信息共享新机制。为充分发挥科技人才协同发展和协作机制的作用，京津冀鲁各地可建立"轮值"制度，定期召开联席会议，分析研究和探讨京津冀鲁建设中涉及科技人才智力服务方面的问题，组织有关专家开展科技咨询服务等活动。人才体制上实现对接，改善人才发展环境。加强城市之间的联系和对接。①

（三）加强系统配套政策衔接，统一政策标准

科技人才协同发展是一项系统工程，需要建立一套系统的完整的配套体系，这套体系应该包括相互接轨的四大子体系，即人才政策体系、人才市场体系、人才开发体系和人才服务体系。② 为保证合作中各区域、各部门之间的协调配合，建议建立京津冀鲁一体化人才合作开发协调机构，此处所提的协调机构有两种，一种是参加合作各区域之间的联络协调机构，可以通过联席会议及会议轮值制度等方式，逐渐发展到常设的实体；另一种是单个区域内部各职能部门之间的协调机构，由人力资源部门牵头设立工作协调领导小组，加强各部之间的协调沟通，以确保各部门在制定政策措施及实际工作中的衔接协调。

（四）以京津冀鲁产业定位为依据，合理配置科技人才

山东省要想融入京津冀一体化科技人才协同发展，就必须合理的配置山东省的人才资源，以期和京津冀地区的人才资源达到优势互补，共同发展的局面。目前，北京、天津地区因为拥有丰富的各类资源，在吸引科技人才流入方面有着非常大的优势，而山东省在对于科技人才的吸引力方面明显逊色于北京、天津地区，这种情况甚至导致了山东省本身的科技人才流入北京、天津地区。要改变这种局面，就需要山东省结合自己在四地的

---

① 温金海：《珠三角人才开发一体化如何突破难点》，《中国人才》2011年第1期，第32页。

② 肖鸣政：《当前区域人才开发合作的成果、问题与对策》，《中国人才》2009年第8期，第12—15页。

战略定位，发挥自己的优势产业，对接京津冀产业转移，优化人才资源配置机制，并转变政府观念，加强人才管理部门对于各类科技人才的调配功能，使得科技人才能够得到有效分配。同时，山东省需要和京津冀地区合作，制定一系列政策和措施，让区域内的科技人才能够得到合理调配，使区域内的科技人才调配能够形成一种制度，以逐步实现区域内的科技人才资源有效共享。其次，对于区域内岗位不合适，不能够充分发挥科技人才作用的情况，应该积极进行科技人才调整，使科技人才能够实现对口使用，更大地发挥科技人才的价值。我们要充分发挥北京和天津的引领支撑和辐射带动作用，将可复制、可推广的政策措施向山东省高新技术产业园区及重点承接平台推广，在科技成果转化落地、创新资源共建共享、新兴产业协同发展等方面共享相关政策、共享经验做法，实现四地园区要素和资源的高效配置。要按照确定的经济结构和空间结构定位，调整优化区域人才结构布局，实现四地人才、技术、资本等创新要素的高效流动，形成功能完善、环境相融、协同并进的协同创新共同体。

（五）以开放的京津冀鲁科技人才市场为纽带，促进科技人才流动

在京津冀鲁协同发展版图上，还要发挥市场在人力资源配置中的决定作用，打破四地科技人才流动的藩篱，引导人力资源顺畅流动，以高素质人力资源流动带动项目、资金、技术流动，实现四地科技人才与项目、资金与技术的融合互动，成为棋局的重中之重。根据区域经济发展、科技人才分布等情况，着手建立京津冀人才指数体系，定期发布科技人才聚集度、科技人才活跃度等指数，引导科技人才自由流动、深度融合。建立开放的京津冀鲁科技人才市场。四省市可互设科技人才工作站，在公共就业和人才市场开设服务窗口、开辟绿色通道，共同举办招聘会，建立科技人才流动开发机制和职业技能竞赛交流机制，联合开展人才培训。建立京津冀鲁区域联席会议制度，推动人才政策对接，形成四省市互连共享的人才市场，建设集科技孵化、成果转化于一体的创新创业实践发展平台，促进区域公共服务平台一体化。另外，山东省可以通过举办人才峰会、行业交流会、研讨会、高层论坛以及网络平台等方式来促进和京津冀地区的科技人才交流，积极地开展各项有利于战略交流的合作项目，加强山东省和京津冀地区的学术交流，并且鼓励山东省的科技人才能够和京津冀地区的科技人才开展跨地区的合作项目，加强山东省和京津冀地区的人才互动，构

建起山东省和京津冀之间的人才合作机制。

（六）以人才资质评价互认互准为助力，推动科技人才协同发展

要实现京津冀鲁人才流动，更应破除"一亩三分地"的思维定式，开放包容各类人才共享共用。要想统一市场，必先统一"度量衡"，科技人才的评价也是如此。要推进科技人才资质评价互认互准，着力实现"一证通行""一章通关"。特别是职称、技能评价资格体系，在四地实现协同。比如现在在北京市、河北省参加的全国29个职称序列评审，取得证书的，到天津、山东无须再进行复评、复核，直接认定，享受对应待遇。京津冀鲁四省市要进一步推进科技人才评价资质互认互准，建立四省市专业技术人才职称、资格互认、统一职称评价标准机制，实行专业技术职务任职资格互认。聘任后符合高一级职称申报条件的，可持原专业技术职务任职资格证书申报。凡在四省市入选各类人才引进、培养工程的科技人才，只需凭所在省市人力社保部门出具的相关证明，到其他省市即可认定为同等人才。

三 完善科技人才协同发展的保障体系

山东省要很好地融入京津冀一体化，科技人才的协同发展是与京津冀鲁地区的协同发展分不开的。科技人才的协同发展不是孤立的，必须依赖于社会大系统各个配套体系的支撑，实现配套政策保障制度。京津冀鲁科技人才协同发展，应做到京津冀鲁政策体系互通互认、信息库共享共建、公共服务互接互通、产业发展互补互促、人文法制环境共创共推等要求，对各类科技人才供求趋势进行科学预测，消除人才开发和地区协同发展"脱节"现象，推动京津冀鲁人才开发和地区协同发展的良性互动。

（一）政策体系互通互认

我们知道，一个地区的政府部门是这个地区发展的"领头羊"，政府所出台的各项政策就是该地区未来的发展方向。因此，山东省要想实现融入京津冀一体化进行科技人才协同发展，需要政府部门建立健全相关的科技人才政策，使得科技人才协同发展有法可依，有政策可循。并且，这个政策仅仅是山东省本地所出台的是不够的，要想使山东省融入京津冀地区一体化科技人才协同发展，就需要山东省政府和京津冀地区的政府部门协同合作，共同出台四个地区都认可并共同遵循的科技人才发展政策，只有这

样，山东省融入京津冀一体化科技人才协同发展才算是真正拥有了政策上的保障，四地才能够依据政策上的明文规定对地区间科技人才的发展和交流情况做出反应和调整。因此，在出台相关科技人才协同发展的政策上，山东省应该和京津冀地区谋求共同利益，联合出台适合四地发展的科技人才协同发展政策。目前山东省的很多政策和京津冀的政策不对接，社会保障、养老保险、关系转移接续、异地就医即时结算、买房公积金贷款、子女教育等方面还存在很多问题，让很多京津科技人才失去了进入山东的动力。为此，山东要定期开展政策预研活动，定期学习京津冀协同发展新出台的政策情况，加强政策学习和借鉴，把招商、产业、科技政策与人才政策进行整合，形成明晰、高效、配套的人才政策体系。并针对不同类型的人才出台精确制导的优惠政策。加快户籍制度、收入分配等相关人才发展的综合配套改革步伐。完善科技人才激励资助、居留与出入境、落户、兼职、知识产品、风险投资政策。着力打破政策条块分割，建立衔接贯通的政策体系，集成政策优势，放大政策措施的整体效能，在一定程度上解决科技人才支持政策碎片化的问题；四地共同协商，联合出台的相关科技人才政策应当遵循科技人才的成长规律，认真研究出台一系列真正能够落到实处，真正为地区发展目前所需要的，接地气的科技人才协同发展政策。比如科技人才在京津冀鲁地区建立统一的考核标准，科技人才在京津冀鲁四地能够自由流通而不受地区间行政壁垒的限制，为科技人才的发展搭建起地区间的政策平台，制定京津冀鲁四地间比较统一的科技人才发展待遇制度等。

（二）科技人才信息库共享共建

1. 建立起互联互通的区域科技人才门户网站

山东省要想融入京津冀一体化科技人才协同发展，需要建立起一个能够和京津冀地域互联互通的科技人才网站，实现和京津冀地区在科技人才资源上的有效联通对接，使山东省和京津冀地区在区域内对科技人才方面的相关政策变动能够得到及时反应，四地之间对于科技人才的需求情况能够得到及时发布。这样，山东省内的科技人才资源才能够和京津冀地区进行协调发展，区域间的科技人才相关信息才能够及时有效的沟通，对于科技人才的需求情况也能够得到及时的更新，以方便山东省和京津冀地区能够更好地开展科技人才协调和配置工作。

2. 建立灵敏的科技人才指数体系

在区域科技人才数据库中，应该建立起一套能够根据山东省和京津冀地域的区域内具体发展情况进行及时更新的人才指数体系。这些具体情况应当包括区域内的科技人才分布情况，区域经济发展情况，区域科技人才和企业之间的融合情况以及科技人才对地区发展的贡献情况等，并且派专人管理。对于这些具体情况所反映出来的科技人才活跃度，科技人才融合度，科技人才聚集度，科技人才开放度和利用度等指数进行及时更新发布，综合反映山东省和京津冀地区的科技人才状况，为区域内的科技人才流动提供依据和指导。

3. 科技人才公共服务体系互接互通

建立山东省战略科技人才"保姆式"服务模式。针对个性化需求，实施科技人才"保姆式"服务模式，实现科技人才创新创业的"零干扰"。开展重点企业"科技人才服务专员"直通服务。及时跟进配套人才服务，主动定期进行走访和调研，有针对性地解决问题。促进京津冀鲁政府行政服务提速增效。设立"一门式"创业服务窗口，提供"一揽子"创业公共服务，变体制外协调为体制内沟通。加强山东省人才安居服务保障，搞好配套建设和服务保障。提高科技人才待遇，让他们解决后顾之忧。提升社会生活服务品质。加快具有国际水平的图书馆、演艺中心等文化体育场馆建设，加强国际文化交流与合作；引进和推动国际学校建设，便利科技人才子女就近入学；引进高水平医疗服务机构，开辟高端人才就诊"绿色通道"。支持四地人力资源服务产业发展。发挥人力资源服务行业协会作用，建立京津冀鲁四地统一规范、灵活开放的人力资源市场，积极发展专业性、行业性人才市场。健全人事代理、社会保险代理、企业用工登记、劳动人事争议调解仲裁、人事档案管理、就业服务等公共服务政策，完善社会化的人才档案公共管理服务系统，满足人才多样化需求。支持人力资源服务机构，开展猎头、人才租赁、人才测评等专业化服务，帮助特区引进高端急需紧缺人才的，根据人才的层次和类别，分别给予2万—20万元资金支持。统筹规划人力资源公共服务机构建设，推进政府所属人才服务机构管理体制改革，建立四地统一开放、高效便捷的人才公共服务网络。建立健全人才市场供求、价格、竞争政策。建立政府购买公共服务的制度，创新政府人才公共服务方式。健全完善人才公共服务标准,大力开发公共服务产品。研究建立人才住房补贴制度,解决引进人才的住房困难。建立健全高级人才快速反应制度,构建服务能力强、监督机制全、体现公平正义的人力资源管理服务体系。不断推进京津冀鲁、环渤海地区人才开发的资源共享、制度衔接、政策协调和服务贯通,建立区域人才开发新体制,逐步形成统一的人才法规框架、人才市场体系和人才服务环境,最终实现本区域内人才流动自由的格局。

4. 人文法制环境共创共推

必须坚持以优化人才发展环境为基本要求,环境是凝聚力,环境是吸引力,环境是竞争力,环境是生产力。山东正在迅速崛起,山东还将持续快速发展,山东的创业平台宽广创业机会多多,当前最紧缺的是良好的人才发展环境。现阶段中国人才环境建设要突出几个重点:一是人文环境;二是法治环境;三是经济环境;四是生活环境;五是科技环境。人文环境要宽松,尊重知识、尊重人才、尊重劳动、尊重创造,鼓励尝试,褒奖成功,包容失败;法治环境要规范,尤其是要保护好知识产权,严厉打击各种侵权"欺诈"剽窃等不端行为。大力加强法制环境建设,加快构建诚信体系,提高政府办事效率,努力降低人才创业成本;建设适合四地共同发展的统一经济环境,使得科技人才流动没有阻碍,科技人才的发展不会受到经济环境的制约;生活环境包括医疗卫生环境、教育环境、生活环境等,使得科技人才在生活、居住条件、子女教育等方面没有后顾之忧,能够全身心地投入地区发展的建设工作中,更好地发挥出科技人才的力量;科技环境,为科技人才提供良好的科技环境可以促进科技人才的进步和发展,为科技人才进行科技研究等工作提供便利条件等。

5. 产业结构互补互接

随着地区间的一体化进一步提高,地区的产业集聚状况将发生显著变化,在产业集聚到一定程度的情况下,会产生非贸易品价格居高不下、环境污染等拥挤成本,这就是产业集聚的离心力。当离心力超过向心力时,部分技术含量低、劳动密集型产业将不得不率先从原制造业中心向周边地区转移,而原制造业中心可能会衰落,或者发展成为技术或资本密集型产业中心,或者纯粹成为技术创新或者贸易、金融服务等中心,地区间形成产业梯度转移。如果将地区间市场一体化水平推进到完全一体化的理想状况,那么地区间的分工将根据各自的要素禀赋差异来选择生产,实现完全的专业化分工格局。

表 6-10　　京津冀鲁主要优劣势产业

地区	优势	劣势
北京	交通运输业、高新技术产业、第三产业	现代制造业
天津	交通运输业、制造加工业	电子信息业、化学工业、冶金工业
河北	交通运输业、农业	工业
山东	海洋渔业、海水养殖业、机械制造与加工业、农业、医药业、矿业、石油与化工业、纺织业、旅游业、建筑业	劳动密集型产业为主，中高端产业比重低，科研转化率低，缺乏高深技术型

（数据截至 2016 年初。资料来源：国家统计局网站）

表 6-11　　山东六大产业基地

地区	根据产业发展思路优化发展科技人才
东营—淄博石化和医药产业集聚区	围绕胜利油田、齐鲁石化等大型石油、化工企业，积极采用新技术和新设备，集中布局和发展有机石化、精细化工、通用合成树脂的深度加工和医药器械等系列产品，完善产业配套，并进一步在区域范围内带动石化相关产业的发展。
济南电子信息产业集聚区	依托齐鲁软件园，发展以微电子、光电子和新型元器件为基础，计算机、通信产品和软件产品为主导，信息应用服务业协调发展的电子信息产业集群，同时充分发挥电子信息产业对于其他产业发展的带动和支持作用，增加其他产业的科技含量，为知识经济时代的产业发展奠定基础。
青岛—日照家电制造产业集聚区	继续发挥青岛家电产业在本行业的优势，通过打造品牌企业，提高本区域在山东半岛城市群的影响力，进一步吸引国内外相关产业在此集聚。
烟台—威海汽车制造产业集聚区	以专业配套园为重点，积极吸引韩日汽车企业的产业转移，并充分发挥汽车制造业对于其他产业的带动作用，发展以整车制造为核心、配套产业相对集聚、相关产业充分支持和基础设施高度完善的产业集聚区。
潍坊—青岛纺织服装产业集聚区	将培育和发展具有特色的纺织服装产业集群，改变区域产业的生产和组织方式，完善区域发展的外部创新环境，引导地方产业链与国际服装产业链的衔接，进一步提高本区域在全球服装产业的竞争优势。

续表

地区	根据产业发展思路优化发展科技人才
日照—青岛—威海—烟台海洋产业集聚区	发展海水养殖业和远洋捕捞业，搞好水产品精加工；强化青岛集装箱干线港口地位，提高烟台、日照等港口综合发展水平；以海洋综合科技为先导，大力发展海洋生物工程、海洋药物开发和海洋精细化工制品；积极发展青岛等缺水城市的海水利用技术。

（数据截至 2016 年初。资料来源：国家统计局网站）

（1）以山东省六大产业基地为依托，做好京津冀产业对接。我们知道，京津冀鲁地区在产业发展公开方面有很多相似性，四地的主导产业基本相同，都是以重工业为主导产业。在这种情况下，京津冀鲁四地所需要科技人才类型无疑是相似的。因此，在这种情况下就难免会产生京津冀鲁四地对科技人才的强大竞争压力。同时也会造成在京津冀鲁所共同需要的科技人才严重不足，竞争激烈；而其他类型的科技人才却受到闲置和冷遇，难以发挥其真正的价值。

因此，山东省要更好地融入京津冀一体化科技人才协同发展，应该进行一定程度的产业结构调整。

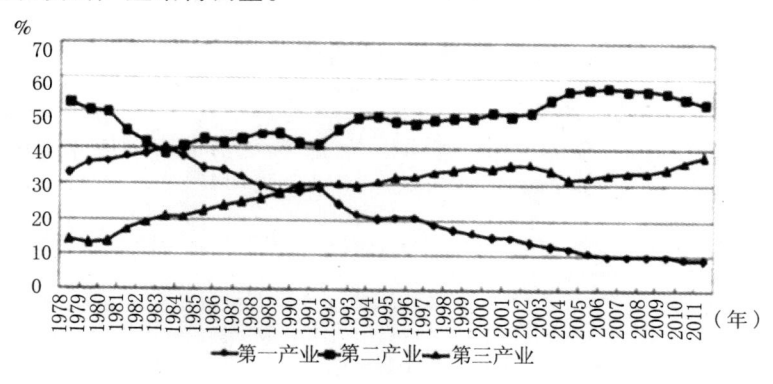

图 6-3 山东省三次产业产值结构图（1978—2011 年）

［资料来源：山东省统计年鉴（2012）］

由上图可以看到，在 1978—2011 年间，山东省在产业结构和就业结构方面有了很大变化，第二产业仍旧是山东省目前的主导产业。因此，山东省应该从自身产业的总体出发，制定出一个适合自身产业未来发展的规

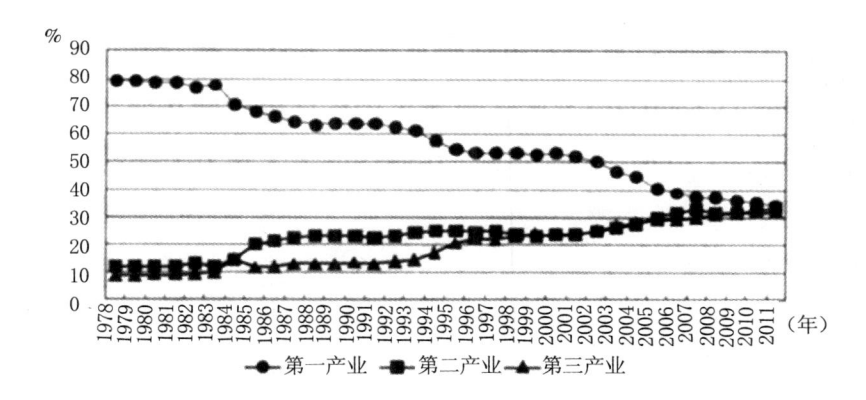

图 6-4　山东省三次产业就业结构图（1978—2011 年）

[资料来源：山东省统计年鉴（2012）]

划，在产业结构方面做到和京津冀地区进行产业协调互补，只有做到这样，山东省才能够在科技人才方面和京津冀地区互补发展，减少科技人才竞争压力。

京津冀鲁四地在产业结构方面的优劣势，产业内容，其中有不少重叠部分，京津冀鲁地区可以加强自身的劣势产业，和其他地区在产业结构的发展上区分开来，不同地区发展不同的产业，术业专攻，这样既能够避免产业趋同造成的科技人才激烈竞争，又能够在产业和相关科技人才方面做到优势互补，一箭双雕。

山东省在打造优势产业承接基地方面，以六大产业集群为基础，以先进制造和新兴产业为主攻方向，力争实现企业总部在京津、基地在山东，研发在京津、转化在山东。山东省要做到产业对接京津冀地区，首先，需要根据六大产业优势，合理的配置省内资源要素，资源要素包括山东省的自然资源，人口和各类资本要素。山东省应该从全局整体的角度出发将这些六大产业优势进行协调发展和规划。其次，山东省应该分析京津冀产业的市场需求，让京津地区市场需求引导产业发展，使产业的发展能够进行重新调整。最后，山东省应该和京津冀地区加强区域协调，促进京津冀鲁四地的协调机制建立，和京津冀地区协调分工，明确不同地区在产业发展上的不同定位。只有这样，京津冀鲁四地才能够在产业发展方面区分开来，在科技人才的类型方面有不同的需求，缓解竞争压力，使京津冀鲁四地间的科技人才能够优势互补，协调发展。

（2）加大技能人才的培养力度。对山东省需要的战略制造业经营管理人才、战略专业技术和技能人才，进一步完善从研发、转化、生产到管理的科技人才培养体系。以提高现代经营管理水平和企业竞争力为核心，实施企业战略经营管理人才素质提升工程，加快建立健全符合市场经济要求的企业家培养、选拔、激励、监督和服务机制，培养造就一批掌握现代经营理念、具有全球视野的现代企业家和高水平经营管理人才。以高层次、急需紧缺专业技术人才、高技能人才和创新型人才为重点，实施专业技术人才、高技能人才知识更新工程和先进制造卓越工程师、技师培养计划，在高等院校建设一批工程创新训练中心，打造高素质专业技术人才队伍。加强国家级技能大师工作室、省技师工作站建设，大力开展"技术比武、岗位练兵"活动，瞄准世界技能大赛，建立一批世赛、国赛训练基地。围绕战略任务和重点，在普通本科高等院校建设一批优势学科，提高研究能力，加强山东制造的技术支撑和智力支持。强化职业教育和技能培训，引导普通本科高等院校加强应用技术研究和应用型人才培养。建立一批实训基地，开展现代学徒制试点示范，形成一支门类齐全、技艺精湛的技术技能人才队伍。采取多种形式培养制造业人才。开展国外学习培训，探索建立国际培训基地。加大制造业引智力度，加强院士引进工作，依托"泰山产业领军人才工程"，发挥"企业博士后科研工作站"载体平台作用，吸引海内外高层次创业创新型人才和领军人才。完善制造业人才信息库，建立人才水平评价制度和信息发布平台。

（3）鼓励产学研技术衔接。围绕产业链部署创新链，鼓励构建产学研用有机结合的产业技术创新战略联盟，推动创新成果与产业需求有机衔接，争取国家重大科技项目和重大创新领域国家实验室落地山东，支持大型骨干企业建设省级以上技术研发中心、重点实验室，支持青岛海洋国家实验室建设，支持建设创新型城市和区域性创新中心。加快构建开放协同创新平台和网络，面向全球引进各种创新要素资源。加快发展创业孵化、成果转化、第三方检验检测认证等专业机构，积极支持科技型小微企业发展。促进市场、管理、企业技术、商业模式创新，以众创、众包、众筹、众扶等推动生产模式和组织方式变革，全面推进大众创业、万众创新。建立职业技能培训和产业发展的联系机制。重点围绕山东省的产业集群和产业结构情况，通过设置重点学科、确定重点稀缺工种、建设特色实训基地、在海洋性行业企业内建立技师工作站等方式，适时适度调整职业技能培训方向以满足涉海产业发展需要，以适应胶东半岛高端海洋产业聚集集聚区及黄河三角洲高效生态海洋产业聚集集聚区、鲁南临港产业聚集集聚区"一个核心区、两个增长极"的产业战略。

综上所述，山东省要实现和京津冀之间的区域科技人才协同发展，就需要注重科技人才的培养和科技人才的教育，并且能够在加强山东省本地科技人才教育的同时，建立健全符合我国科技人才发展的相应政策，为各类科技人才到山东省的发展提供良好的环境，才能够留住这些科技人才，并不断地吸引外地科技人才。

第七章　科技人才引进发展的城际比较
——以青沪深杭为例

本章的研究主要是通过国内四个具有代表性的一线与新一线城市——青岛、上海、杭州、深圳在科技人才引进发展及其影响因素各级指标方面进行对比分析，进而从城市发展的角度分析科技人才引进发展的总体情况和存在问题，为制定符合地方城市特色的科技人才发展战略提供必要的实证依据。

本章的研究对象是高层次科技人才，分析的指标是同第五章鲁浙苏沪粤科技人才引进发展的省市比较指标类似，分为 3 个一级指标（高层次科技人才概况、科技人才引进发展影响环境因素、科技人才发展效力）、9 个二级指标（科技人才概况包括人才数量、人才结构、人才质量、人才吸引力四个指标；科技人才引进发展影响环境因素包括职业发展环境、人才生活环境、人才政策环境三个指标；科技人才发展效力包括人才发展效应、产业集聚力两个指标）、28 个三级指标和 52 个四级指标，具体下文分析中呈现。其中，一二级指标体系设定，参考 2014 年中国与全球化智库建立的人才对比发展评估体系。数据主要来源于青岛市人保局 2016 年《青岛市人才发展报告》和青岛、上海、深圳、杭州政府统计年鉴，主要借助于网络、书籍、政府有关部门和工作访谈等可公开的信息。

第一节　青沪深杭科技人才引进发展总体概况

截至 2016 年，青岛人才总量约为 169 万人，而上海人才总量高达 476 万人，杭州人口规模与青岛相当，但人才资源总量已经达到 215 万人，深圳为 285 万。青岛每万人人才数量为 1836 人，而杭州为 2340 人，深圳为

2393 人，上海为 1967 人。从人才结构上看，青岛万人研究与研发人员数量为 50.4 人，深圳高达 169.39 人，上海与杭州的这一指标均在 100 人以上，从人才占社会从业人员的比例上看，青岛低于其他三个城市，这与青岛市第一产业占比较高的产业结构特点有关。从人才质量上看，青岛在院士数量、享有国务院特殊津贴人才数量和吸引国际人才等方面都不具有比较优势。

表 7-1　　　　　　　科技人才引进发展概况

二级指标	三级指标	青岛	上海	深圳	杭州
人才总量	人才资源总量（万人）	169	476	285	215
	每万人人才数量	1836	1967	2393	2340
人才结构	万人研究与研发人员数量（人）	50.4※	100.5	169.39※	108.3
	占社会从业人员的比例	28.38%	31.45%	34.96%	32.43%
科技人才质量	院士人数（全职）（人）	26	172	16	29
	享受国务院特殊津贴人员数量	636	10000	515	247
	引进国外专家总量（人次/年）	3000	10000	4000	1400
	累计留学归国人员数量（万）	3.0	13.0	7.0	2.5

（截至 2016 年底，带※注释的数据为 2015 年数据。数据来源：青岛市人保局《青岛市人才发展报告》，青岛、上海、杭州、深圳市政府统计年鉴）

第二节　青沪深杭科技人才引进发展影响因素评估

一　职业发展环境对比

具体来讲，科技人才职业发展环境评估分为经济环境、新兴产业环境、研发环境、创业环境和教育环境五个方面。

经济环境方面，青岛在经济总量上无法与一线城市上海和深圳相比。与经济总量相当的杭州相比，青岛大型领军企业的发展相对滞后，2016 年上市企业数量仅为 22 家，而杭州为 100 家。

新兴产业环境方面，青岛低于深圳、高于上海和杭州。作为改革开放试验田的深圳，集聚了华为、中兴、富士康、比亚迪、朗科、腾讯、大族激光、燕加隆等一批创新型企业，形成了较为成熟的新兴产业链条。根据媒体报道，深圳高新技术企业数量高达8027家，而青岛仅有1348家。但青岛新兴产业增加值增速为四个城市中最高。

研发环境方面，从研发环境各项指标看，深圳的科技研发环境明显优于青岛，其研发投入占GDP比重为全国最高，达4.1%。而青岛研发投入强度为2.84%，虽然略高于全国平均水平2.1%，但杭州这一指标已经达到3.1%，在企业研发投入占比和企业研发机构占比方面，青岛高于上海和杭州，但距离深圳还有一定差距。深圳企业研发机构占比90.0%，研发投入占比940%，青岛的这两个指标分别为70.0%和80.0%。

创业环境方面，上海是全国金融中心，是风险投资进入中国后最先布局的城市之一，据不完全统计，2016年，上海风险投资金额达到136亿元。上海也是众创空间主要集中地。2016年，蚂蚁众创空间、飞马旅众创空间等知名创业孵化机构从上海迈向全国。据不完全统计，2016年间，上海的众创空间数量已经从2015年的250余家翻了一番，突破500家。深圳也是全国著名的创业之城，创业融资便利度高，科技孵化行业起步早。2016年，深圳风投机构投资金额达到23.50亿元。与上海和深圳相比，青岛的风险投资行业还处于萌芽阶段。2016年青岛市政府工作报告提出的"打造100家众创空间，鼓励发展众创、众包、众扶、众筹等新模式"目标已超额实现。截至2016年底，青岛市经各级认定和备案的众创空间总数达到了143家，其中国家级众创空间总数跃升至66家，仅比深圳少一家，位居副省级城市第二位，但总体规模仍低于上海几百家的体量。青岛是全国首批知识产权质押融资试点城市，但鉴于优秀创新创业项目有限、社会创业投资集聚度不高，2016年知识产权质押融资金额仅约1.2亿元。同年，深圳和上海的知识产权质押融资分别达到16亿元和9.32亿元。杭州的知识产权质押融资金额也达到8.62亿元。近年，杭州积极推行跨境风险投资融资，取得积极效果。截至2016年11月15日，杭州硅谷孵化器直接天使投资孵化项目28家，总投资额360万美元，成功推动41个优秀海外高科技项目落户杭州或意向落户，并联动社会创投机构对孵化项目投资金额超过1亿美元。

教育环境方面，相对深圳，青岛在科技人才培养方面的比较优势主要源于逐渐加大的教育财政投入。2016年青岛教育投入达到247.1亿元，占财政投入比重的18.26%。但是在高水平教育机构数量上，上海在四个城市中占绝对优势。2016 年，上海公办本科高校数量和 211/985 高校数量分别为 31 所和 10/4 所，而青岛仅为 7 所和 3/2 所。

表 7-2　　　　　　　　科技人才职业发展指标对比

三级指标	四级指标	青岛	上海	深圳	杭州
经济环境	GDP（亿元）	10011.29	27166	19192.6	11050.49
	GDP 增速	7.90%	6.80%	9.00%	19.50%
	人均 GDP（万元/人）	10.94	11.36	15.8	12.13
	上市企业数量（家）	22	234	350	100
新兴产业环境	新兴产业增加值增速	16.9%	5.0%	10.6%	12.0%
	高新技术企业数量（家）	1348	6938	8027	1986
研发环境	研发投入强度	2.84%	3.60%※	4.10%※	3.10%
	企业研发机构所占比例	70.00%	73.26%	90.00%	81.03%
	企业研发投入占总研发投入比例	80.00%	58.15%	94.00%	65.55%
教育环境	教育资金投入（财政，亿）	247.1	840.97	224.0	223.44
	教育资金支出占财政支出比例	18.26%	12.20%	5.42%	18.50%
	公办普通本科高校数量（所）	7	31	10	18
	211/985 高校数量（所）	3/2	10/4	0/0	1/1
	大学毕业生数量（万人）	9.4	17.1	15.31	11.19
创业环境	风投机构投资金额（亿元）	7.0	136.0	123.5※	360※
	众创空间数量（家）	143	500	224	100
	知识产权质押融资金额（亿）	1.2	9.32	16	8.62※

（截至 2016 年底，带※注释的数据为 2015 年数据。数据来源：青岛市人保局《青岛市人才发展报告》，青岛、上海、杭州、深圳市政府统计年鉴）

二　科技人才生活环境对比

虽然上海、深圳和杭州在科技人才职业发展环境上高出一筹，而大城市的高昂生活成本和稀缺的医疗资源是制约科技人才发展的重要短板。青岛在科技人才生活环境上具有一定优势，与深圳和杭州持平，低于上海。

具体来看，科技人才生活发展环境评估分为收入状况、生活成本、住房保障、医疗保障和子女教育五个方面。

根据2016年市场调研数据，深圳科技人才收入月薪为青岛的2.5倍，但房价平均水平约为青岛的三倍，每万人拥有的医护人员和病床数量均明显低于青岛，上海科技人才收入平均月薪较高，抵消部分生活成本高的缺陷；上海政府财力雄厚，为医疗保障和住房保障提供了有力支撑。子女教育是海外科技人才落户最为关注的问题之一。根据不完全统计，在教育部批准设立的116所外籍人员子女学校中，上海有21所，为外籍科技人才子女提供了良好的教育保障，是全国各省市中拥有国际学校数量最多的地区。便利的国际交通是上海吸引国际科技人才的最大优势。青岛的国际学校数量已经达到8所，基本与深圳和杭州的外籍子女教学资源水平相当。

表7-3　　　　　　　　科技人才生活环境指标对比

三级指标	四级指标	青岛	上海	深圳	杭州
收入状况	人才平均月薪（元）①	4910	8962	8892	4793
	人均可支配收入/人均消费	1.26	1.45	1.33	1.64
居住环境	人均公园绿地面积（平方米）	14.6	7.6	12	14.5
	人均水资源量（立方米）	147	118	162.54※	2319.3
住房保障	每平方米年收入房价比②	4.39	2.81	1.94	3.01
	政府保障住房建设数量（万套）	5.80	5.00	6.12	4.74
医疗保障	政府医疗保障投入占GDP比重	0.89%	1.21%	0.77%	0.69%
	每万人拥有卫生技术人员量（人）	1.74※	70.47	76.19※	126.15※
	每万人拥有病床数量（张）	53.43※	89.0※	32.01※	70.56※
子女教育	国际学校数量（所）③	8	21	9	9
	每万人中拥有高中数量	0.05	0.12	0.078	0.035

（截至2016年底，带※注释的数据为2015年数据。①该数据为第三方机构针对人才就业市场的调研数据；②根据第三方机构调研数据估算；③此处国际学校指接受外籍人才子女的小学、高中教育机构。散为根据网培资料库集统计，为不完全统计。

资料来源：青岛市人保局《青岛市人才发展报告》，青岛、上海、杭州、深圳市政府统计年鉴

三 科技人才政策环境对比

具体来看，科技人才政策环境分为人才政策吸引力指数、人才奖励与补贴、创新平台建设和出入境/居留便利度三方面。杭州市对科技人才的吸引力指数处于第一的位置，青岛市的人才政策吸引力指数较低。在领英发布的《中国海归人才吸引力报告》中指出，在其调查的60万海归科技人才的回归偏好城市发现，上海在全国城市中排名第一，深圳排名第三，新一线城市杭州排名第五，发展势头良好，城市吸引力逐年提高。如图7-1所示。而根据互联网招聘平台猎聘和BOSS直聘的统计，中国科技人才吸引力第一城市居然是杭州，其超越了北京上海，科技人才净流入率高达12.6%[①]，如图7-2所示，杭州成为科技人才心目中的天堂，被誉为"中国创业之都"，在猎聘网的调查中，揭示杭州市吸引科技人才最突出的原因是第一有阿里巴巴这个企业，阿里巴巴被称为杭州创业"新四军"四大系之一（阿里系、浙大系、海归系、浙商系），阿里巴巴之所以对科技人才吸引力最高，是因为在阿里巴巴的技术人才话语权高，阿里巴巴36位合伙人中，1/3技术出身，阿里巴巴研发投入大，研发投入连续三年具BAT（百度、阿里巴巴、腾讯）之首，而且汇集天下高手，科技人才占阿里员工总数的51%以上，密度超过谷歌和苹果，达摩院一半以上拥有博士学历，阿里工程师一半以上拥有硕士学历，阿里的激励力度高，上市到现在，给员工的股票价值超过800亿元。第二是人杰地灵，杭州居于要塞，风景秀丽，自古以来，苏杭就被人誉为是人间天堂，"上有天堂下有苏杭"，杭州的西湖、西溪湿地享誉国内外，杭州的千岛湖被誉为世界三大千岛湖之一，杭州的历史悠久，出土了世界上最早的独木舟，证明了杭州文明史已存在八千年，杭州地灵人杰，英雄和文人辈出，越王勾践曾在这里屯兵抗吴，唐朝大诗人贺知章是从这里走出来的，于谦、孙权、褚遂良、钱镠、商辂、沈括、唐恪、孙策、赵昚、赵惇、赵扩、琴操、龚自珍、孙坚、许敬宗，都是出自这里。第三是民营经济活跃，机会多。杭州是全国实现"最多跑一次"简政放权改革的试点城市，2018年基本实现了100%全覆盖，企业投资项目审批效率在全国名列前茅，推行全程商事登记制度电子化登记，

---

① 猎聘网：《超越北京，杭州首次成为科技人才吸引力第一城！》（http://www.866ds.com/news/detail/11646）。

推动企业所有商事登记制度"一网通办",提出建设国际一流营商环境示范地区,以及在新旧动能转换、产业平台建设、开放合作发展、绿色循环生活、现代企业治理五个方面全国领先示范的目标。第四是为了家人。第五是周边区域优势明显。通过举办 G20 峰会等重大会议,杭州的国际化进程加快,随之城市的知名度、美誉度也不断提升,为民营企业在产业发展、科技创新、文化建设方面提供了更大的便利,创建了一系列大平台、大项目,所以说杭州的民营经济搞得很活。第六是房价相对低。第七是对外地人友好。第八是落户相对容易。杭州的创业创新生态好,科技创新氛围浓厚,坚持"人才引领、创新驱动"的未来科技城,汇聚了技术、项目、资金等创新的要素,具备较强国际及区域长期合作和竞争能力的高端的创新平台和载体如雨后春笋,遍地开花,节节攀高,中国(杭州)人工智能小镇、区块链产业园、鲲鹏企业园、淘宝小镇(中国杭州)电子商务产业园、阿里达摩院、菜鸟网络总部及智慧产业园、超重力实验室、阿里全球总部北院等重大平台项目也将陆续在未来科技城启动建设。平台聚集科技人才,科技人才兴旺产业,产业带动经济,经济吸引科技人才,形成了一个良性循环。

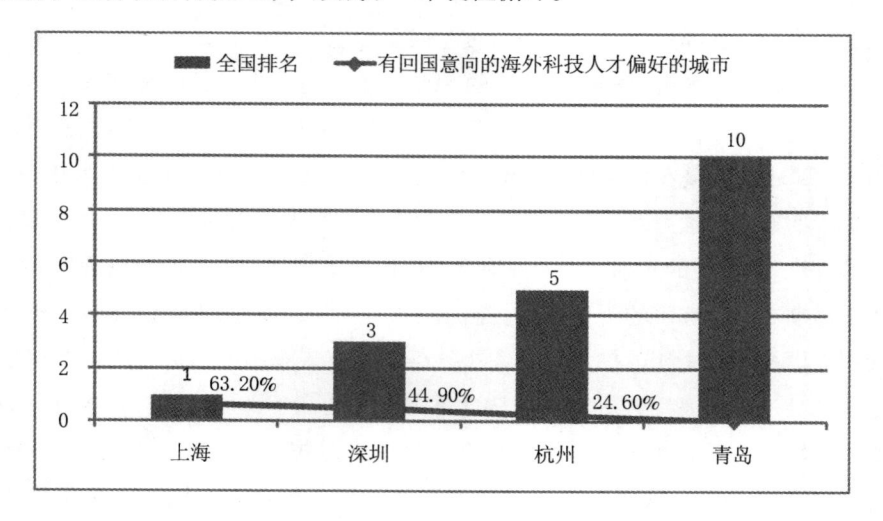

图 7-1 2018 年青岛、上海、深圳与杭州的海归科技人才城市吸引力对比

(资料来源:领英:2018《中国海归人才吸引力报告》,http://www.sohu.com/a/237446967_99901271)

青岛的科技人才补贴策略突出"拔尖效应",特别在科技人才补

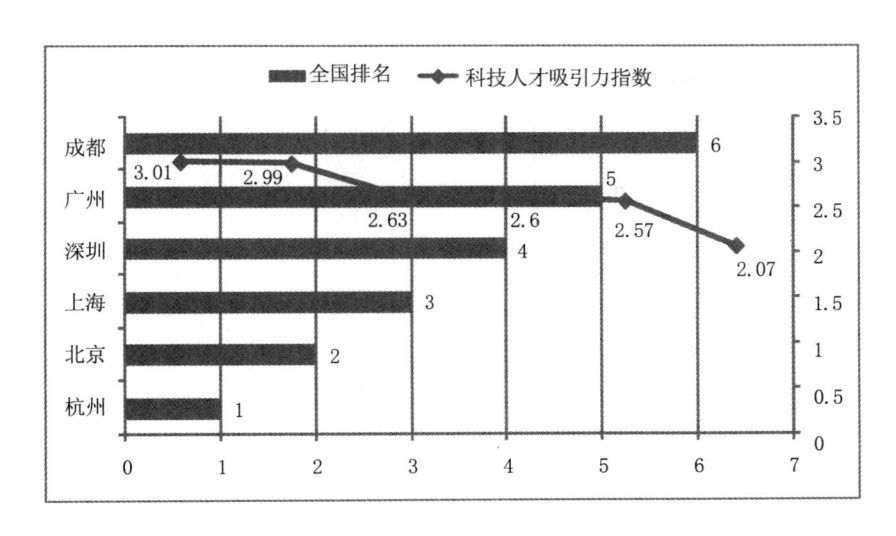

图7-2 2018中国科技人才城市吸引力前六名城市

（资料来源：领英：2018《中国海归人才吸引力报告》，http://www.sohu.com/a/237446967_99901271）

贴与服务上加大力度。在高端科技人才和团队的补贴水平上来看，几乎与深圳持平。特别是对高学历科技人才的住房补贴上，已经超过深圳——青岛给予博士科技人才每月1200元住房补贴，连续补贴3年，最高补贴共计4.32万元；深圳给予博士科技人才住房一次性补贴3万元。

表7-4 青岛、上海、深圳与杭州的科技人才奖励与补助最高额度的对比

城市 类别	青岛	上海	深圳	杭州
科技人才奖励与补助	500万元，《顶尖人才奖励资助暂行办法》	100万元，《关于海外高层次引进人才享受特定生活待遇若干规定的实施意见》	600万元，《关于促进人才优先发展的若干措施》	80万元，《新一轮杭州市全球引才"521"计划实施意见》

续表

城市类别	青岛	上海	深圳	杭州
团队奖励与补助	1亿元,《顶尖人才奖励资助暂行办法》	50万元,《上海市浦江人才计划管理办法》	1亿元,《深圳海外高层次/市高层次人才"孔雀计划"资金管理暂行办法》	1亿元,《杭州市高层次人才、创新创业人才及团队引进培养工作的若干意见》

（截至2016年底。数据来源：青岛市人保局《青岛市人才发展报告》，青岛、上海、杭州、深圳市政府统计年鉴）

值得注意的是，上海作为直辖市，国家的重要中心城市之一，对全国科技人才具有天然的吸引力，无须过多政策刺激。因此，上海的科技人才奖励与补贴程度相对并不高，此项的得分也较低。上海、深圳和杭州三个城市的奖励与补贴的灵活性措施值得一提，例如，深圳《深圳市科技计划项目管理办法》规定，具有成长潜力、但未入选"孔雀计划"的创新创业团队，给予最高500万元资助；在市场化引才激励方面，杭州每年安排500万元人力资源服务业发展资金，用于扶持中介组织、猎头机构等的发展。此种措施积极引进培育高端科技人才猎头、外国专家组织等专业人力资源服务机构，形成行业内竞争科技人才的良好机制。

在科技人才发展需要的创新平台建设方面，由于青岛近年来引进"大院大所"成果显著，在创新平台建设上几乎追平深圳和上海。青岛在国家实验室、省级重点实验室、工程技术中心数量上，与杭州状况相近，但与深圳和上海还有一定差距，截至2016年，深圳拥有国家重点实验室14个，省市级重点实验室、工程实验室、工程中心等1423个，上海则分别拥有32个国家重点实验室和323个省市级重点实验室、工程实验室、工程中心。青岛的国家重点实验室只有9家，省市级重点实验室、工程实验室、工程中心87家。

在外籍科技人才出入境居留便利方面，深圳与青岛同为口岸城市，是我国对外开放的前沿阵地。青岛致力于建设国际化都市，科技人才政策的国际化程度十分关键。提升外籍科技人才出入境和居留便利制度是近年来中央与国家科技人才工作的重点。2016年，上海依托自贸区的制度建设机遇，出台诸多开放创新型外籍科技人才出入境和居留政策，例如外国留学生毕业后就业创业政策，外国学校毕业生实习政策，只要工资性年收入和年缴纳个人所得税达到规定标准、连续工作满4年即可申请永久居留等。深圳已经开始施行外国高层次科技人才落地签，允许外国学生实习、人才居留"5+3"模式转换机制（获得5年居留许可，工作满3年就有资格申请永久居留权）等政策。就目前情况看，青岛在这一方面的政策还有待完善。青岛应积极向上级政府申请改革权限，推动外籍人才制度便利化。

其他指标评估详见下表。

表7-5　　　　　　　　科技人才政策环境指标对比

三级指标	四级指标	青岛	上海	深圳	杭州
科技人才奖励与补贴	高端科技人才生活补贴奖励最高水平（万元）	500	100	600	80
	高端科技人才项目团队补贴奖励最高水平（万元）	10000	50	10000	10000
	博士后人才最高生活补贴（万）	20	0	10	10
	博士人才最高租房补贴（万）	4.32	10	3	7.2
	是否具有高端人才免租房（是1，否/未规定0）	1	1	1	1
	引才中介奖励金额（万元）	30	0	200	0
	是否具有系统人才服务制度（是1，否/未规定0）	1	1	1	1
创新平台建设①	新建211/985高校分校/研究生院数量（所）	9	2	1	0
	国家级重点实验室数量（个）	9	32	14	10
	省市级重点实验室、工程实验室、工程中心数量（个）	87	323	1423	102

续表

三级指标	四级指标	青岛	上海	深圳	杭州
出入境/居留便利度	外国人过境免签最长时长（小时）	72	144	144	72
	是否具有外国人才落地签或相关规定（是1，否/未规定0）	0	1	1	1
	外籍人才居留可有效期	5	5	5	5
	是否具有外籍人才投资移民制度或相关规定（是1，否/未规0）	0	0	1	0
	是否允许外国学生实习或相关规定（是1，否/未规定0）	0	1	1	1
	是否取消申请永久居留工作单位担任职务限制（是1，否/未规定0）	1	1	1	1

（截至2016年底。①上海及杭州数据根据网络收集资料统计，为不完全统计数据。资料来源：青岛市人保局《青岛市人才发展报告》，青岛、上海、杭州、深圳市政府统计年鉴）

四 科技人才发展效能对比

在科技人才发展效能方面，青岛在创新产出和创业产出两个方面与其他三个城市有着较大的差距，主要与青岛以制造业和服务业为重心的经济发展定位相关，其创新创业起步相对较晚。而深圳在科技人才产出、经济产出、创新产出和创业产出三方面均明显高于其他三个城市。这得益于深圳自1979年以来，不断对市场经济进行探索，经过四十余年的发展，积累了市场力量促进科技人才创新的宝贵经验，形成了以企业为主导的创新机制，进而形成科技人才自主、自发创新的氛围。

从经济产出看，青岛相比较上海和深圳还有差距，从统计数字来看，深圳科技人才平均产出增加值最大，为68.37万元，上海为57.47万元，青岛为57.0万元。杭州科技人才平均经济产出值比青岛略低。由于存在统计口径的误差，此处不做详细分析。

从创新产出看，青岛相比上海、深圳的和杭州，都有不小差距，表现为发明专利总量相对较小，大企业科技人才创新能力不突出。

根据深圳知识产权局数据，2016年，深圳发明专利申请数5636件，青岛同期仅为3495件。截至2016年，深圳有效发明专利密度达到83.81件/万人，是全国平均水平的10倍，居全国各大中城市的第一名。[①] 深圳园内专利申请量最大的前三名，依次为华为技术有限公司、中兴通信股份有限公司、努比亚技术有限公司，其中华为技术有限公司的申请量超过5000件。

上海凭借雄厚的科研资源基础，创新成果发展保持前列。上海已经提出建设具有全球影响力的科技创新中心。据统计，近5年多来，上海发明专利申请总量年平均增速超过20%，每万人日发明专利拥有量已达到39.85件。

近年来，杭州创新成果增加明显。根据数据统计，杭州市发明专利授权量从2005年683件增长到2015年8647件，连续11年位居全国省会城市第一，副省级城市第二；截至2016年，杭州已有国家重点扶持高新技术企业1986家，市级高企4000多家，省科技型中小企业6000多家。这与杭州把推进智慧产业化、产业智慧化作为"一号工程"，大力发展信息经济，着力推动传统优势产业通过"互联网+"实现转型升级的发展战略密切相关。

从创业产出看，青岛低于深圳、上海和杭州，虽然青岛创业空间等硬件设施不断扩张，创业补助等政策红利不断推出，但其科技人才创业广度深度相比深圳和上海仍有不小的差距。以每万人创业企业数和新三版挂牌企业数来间接衡量，青岛的每万人小微企业数仅约为深圳的1/3，新三版挂牌企业数仅约为上海的1/5。

近年杭州的创业发展日益蓬勃。根据《财富》（中文版）曾评选出的"2015中国十大创业城市"，杭州位居第五（前四位是上海、深圳、广州、北京）。杭州国家高新区积极在跨境电子商务、科技金融结合、知识产权运用和保护、科技人才集聚、信息化与工业化融合、互联网创新创业等方面积极推进改革。做大做强电子信息制造业、软件服务业、大数据和云服务产业将成为杭州市未来创新创业发展的目标。大批创新活力旺盛的小微企业将成为服务的焦点，要推动小微企业向"专精特新"发展，提高小微企业在创新活动中的能量和作用。

---

① 《深圳专利密度居全国城市第一》，《南方日报》2016年5月21日。

表 7-6　　　　　　　　　科技人才发展效能指标对比

三级指标	四级指标	青岛	上海	深圳	杭州
科技人才经济产出	人才平均产出增加值（万元）	57.04	57.47	68.37	49.98
创新产出	年发明专利申请数量（件）	34953	46976※	56336	24951※
	年发明专利授权数量（件）	6561	17601※	17666	8647※
	有效发明专利密度（件/万人）	19.87	28.97※	83.81	39.85※
创业产出	每万人小微企业数量（家）	336	386	924	370
	新三板挂牌企业（家）	103	561	698	213

（截至 2016 年底。带※注释的数据为 2015 年数据。数据来源：青岛市人保局《青岛市人才发展报告》，青岛、上海、杭州、深圳市政府统计年鉴）

第三节　青岛市科技人才引进发展的现状

一　青岛市科技人才引进发展主要工作成效及其原因

（一）青岛市科技人才引进发展主要工作成效

1. 科技人才规模和质量不断提升，人才引进发展效应凸显

近年来，青岛市围绕实施科技人才优先发展和人才强市战略，深入实施"青岛英才 211"计划，加快推进百万人才集聚行动，加强科技人才引进培养政策建设，科技人才数量稳步增长，人才结构不断优化。截至 2017 年初，青岛市人才总量突破 169 万人，年均增长 5.96%。在青院士 106 人；全市受教育程度在大专及以上的人口为 143.93 万人。新世纪百万人才工程国家级入选 44 人；山东省突出贡献专家 184 人，山东省泰山学者、泰山学者海外特聘专家 152 人。

2. 科技人才发展平台与环境不断优化，人才发展拉力倍增

近年来，青岛市通过政策创新引导科技人才发展平台建设、平台载体搭建、坚持"走出去"引才和优化科技人才发展环境等措施，科技人才队伍的发展平台不断优化升级。搭建科技人才国际化的国内对接平台。始建于 2016 年 6 月 3 日的青岛国际院士港，作为国内首创的唯一的创造创新创业创投高地，已成为吸引院士顶级人才的最佳平台，截至 2019 年，已累计签 108 名院士，外籍院士达到了 85%。自 2001 年起，连续 16 年

举办蓝色经济国际人才暨产学研合作交流会（以下简称"蓝洽会"）。近五年来，"蓝洽会"累计发布海外人才岗位需求4000余个，直接吸引3500余名海外科技人才报名参会，共800多名科技人才"留下来"创新创业。先后建成79个博士后科研工作站和流动站、7个留学生创业园、3个科技人才创业中心和一大批科技创新孵化基地，中科院系统已有7家院所落户青岛，科技人才平台和发展环境不断优化。

3. 科技人才政策体系逐步建立，人才引进发展有章可依

青岛市先后实施了加快引进海外高层次创新创业人才专项计划、引进急需科技人才计划、《顶尖人才奖励资助暂行办法》"青岛英才211计划"等专项引才计划，颁布施行了"引进高层次优秀人才来青创新创业政策""'青岛英才'扶持政策""青岛事业单位引进特殊人才收入分配政策""青岛高层次人才创业中心优惠政策""引进博士、硕士优惠政策""高技能人才引进政策""高校毕业生创业政策"等，加快推进"百万人才集聚行动"。出台了"人才特区"建设实施意见，给予引进项目扶持资金等各种办法。系列科技人才政策给青岛市引进发展科技人才提供了制度依据。

4. 引才聚焦国际化，科技人才引进发展体现全球化视野

近年来，青岛的引智引才用才工作，坚持对标国际标准，在政策机制、平台模式、服务环境等方面开展了一系列创新和探索，在推动科技人才国际化建设方面取得了积极成效。青岛市陆续出台海外科技人才工作居住证的暂行规定、外籍海外科技人才一次性奖励的管理办法、引进海外人才中介机构的奖励办法，实现了海外科技人才引进的政策突破。据统计，近五年来，青岛累计引进外国专家1.5万人次，引进留学回国人员1.4万余人。青岛已连续六年入选"魅力中国——外籍人才眼中最具吸引力的十大城市"。

5. 科技人才发展与产业发展融合互动，人才引进发展精准对接产业

围绕"三中心一基地"建设对科技人才的需求，2016年青岛及时出台《青岛市"三中心一基地"建设人才支撑计划》，确定了科技创新人才、高水平服务业人才、高端海洋人才、先进制造业人才四个人才集聚行动，率先启动实施了海洋高端人才引进活动，面向全球发布首批海洋高端人才需求岗位370余个，进一步提高了引才精准度。

(二) 青岛市科技人才引进发展主要工作成效的原因

青岛市取得的成绩与其一直坚持的"引凤需栽梧桐林"的国际化思维的科技人力资本服务思想有很大的关系。

1. 梧桐林需得好"风水"——环境氛围吸引科技人才。环境是科技人才生存的沃土，是科技人才集聚并得以生根发芽的催化剂。齐鲁自古以来就是科技人才集聚之地，孔子的重才惜才思想深深滋养着齐鲁大地。青岛作为山东省的重要城市，也深深承继孔子的"人才是国之政事成败的关键"的惜才爱才思想，为科技人才的引进塑造了良好的环境氛围。第一，有着优美的自然景观：青岛有得天独厚的地理优势，环山抱海，温度适宜，风景优美；第二，地理位置非常重要：青岛拥有国际性海港和区域性枢纽航空港，是实施海上丝绸之路、履行国家"一带一路"倡议重要的枢纽型城市、新一线城市、国家历史文化名城、国家卫生城市、国家森林城市、滨海度假旅游城市；第三，宜居指数首屈一指：在中科院发布的《中国宜居城市研究报告》中，在被调查的40个城市中，青岛宜居指数最高，名列第一；第四，城市幸福指数高：青岛连续两年蝉联全国最幸福城市，连续六年被评为"魅力中国——外籍人才眼中最具吸引力的中国十大城市"；第五，引才氛围营造好：青岛市在人居自然环境、工作及创业环境、政务人员工作质量、创业扶持等方面做得非常好。其中，工作及创业环境、城市包容性及人居自然环境最为突出，成为青岛入围四强的关键因素。外籍人才对青岛的高度认可与良好口碑，为青岛未来吸引国际人才增加了重要"砝码"。

2. 梧桐林需得好"土壤"——创新创业载体平台培育科技人才。科技人才的发展需要肥沃的土壤和才华展示的舞台，创新创业载体就是必备要素。有了创新创业的平台，外来科技人才才有用武之地，才有施展抱负的舞台。青岛市在这方面做得较好。首先，大院大所的引进是近年来青岛的创新创业载体建设的亮点。引进"大院大所"既是招才引智的直接方式，也是集聚各类创新资源、提升自主创新能力的有效途径。青岛从经费、机构设置等方面为引进机构提供了政策保障。总体来看，青岛市大院大所的引进工作沿着中科系、高校系、企业系、国际系四条主线并行推进，实现了高端创新资源快速集聚。其次，大力建设国际化科技人才创业平台。青岛市大力建设国际院士港，重点引进各国世界级水平的院士和海内外博士团队。最后，还建设了中国青岛留学人员创业园，成为青岛市首家国家级留学人员创业园。截至2016年，青岛留学人员创业园已建设了4.6万平方米的主孵化园，挂牌设立了3个加速分园和4个产业分园，集聚国（境）外院士6名，泰山学者工程人才61名，留学人员企业达到300余家，集聚海外归国创新创业人才1000余人。

3. 梧桐林需得好"养料"——福利政策激励科技人才。好的福利政策是科技人才来青的直接动力和留在青岛发展的"金手铐"，相对于全国同级别的一二线城市，青岛市对于科技人才的激励力度和激励措施都是比较到位的。2015年以来，青岛密切跟踪科技前沿，瞄准锁定对促进全市产业发展具有战略引领作用的诺贝尔奖获得者、世界级水平科学家、两院院士等，面向全球引进顶尖人才及团队。青岛出台《顶尖人才奖励资助暂行办法》，对全职引进和新培养的顶尖科技人才最高给予500万元生活补贴。对新当选顶尖人才的培养单位一次性给予最高500万元奖励；对引进的顶尖人才团队，最高给予团队带头人500万元生活补贴；对新当选顶尖人才的培养单位，一次性给予300万奖励；对柔性引进的顶尖科技人才，每年按用人单位实际给付的劳动报酬，给予15%—30%的资助；为加大科技人才团队引进力度，出台《青岛市科技创新高层次人才团队引进办法（试行）》，对引进团队带头人按照顶尖、杰出、领军三个层次分别给予500万、200万、100万元的生活补贴；对团队项目给予1000万元到1亿元的综合资助。同时，为调动社会力量引才积极性，发挥市场机制引才作用，青岛将引才"红娘"奖金标准由原先的最高5万元提高至30万元，借助市场力量、撬动社会资本助力引才工作。在海外引才方面，通过在欧美等发达国家设立海外引才引智工作站的方式，延伸引才触角。投入是巨大的，收效是显著的，青岛市拥有山东省最多的院士，截至2016年全职在青院士26名，占到了山东省院士半数以上，国务院政府特殊津贴人数636名。

4. 梧桐林需得好"杂交"——科技人才交流与合作提升人才。杂交才有优势，特别是科技人才，需要加强交流和合作，引发鲇鱼效应，促进科技人才的创新热情和激情。青岛市为大力促进科技人才的"杂交优势"，着力加强国际化科技人才交流与合作，实行了"请进来"与"走出去"结合策略，多次举办蓝色经济国际人才暨产学研合作洽谈会、国际人才交流会、招聘会和联谊会,将科技人才"请进来";组团"走出去",赴海外高层次科技人才集中的重点城市高校举办海外人才招聘专场,招揽海外项目与人才。并且借助于"一带一路"倡议,请沿线国家官员、资深专家举办各种高端会议、学术交流与商业合作等方式,进行国际科技人才智力交流合作机制建设。开展创新型国际城市建设相关专项交流活动,引入国际城市管理协会在青岛设立分支机构,并组织邀请国际城市管理协会官员和资深专家来青召开2017国际城市管理青岛年会;邀请海外人才和专家来青举行2017全球智库创新(青岛)年会、电气电子工程师学会(IEEE)机器人与仿生技术大会等国际专题会议;科学设计出国培训计划,优化培训结构,大力组织企业管理人员和专业技术人才出国学习培训,促进国际化素养水平提升。

5. 梧桐林需得好"耕耘"——科技人才的服务和管理留住人才。科技人才服务是引才育才、用才留才的关键环节,为进一步构建国际科技人才服务体系,青岛完善了相关的制度体系,推动科技人才服务标准化、信息化、专业化、产业化、社会化和国际化建设,并在全国率先启动"外国人入境就业许可"和"外国专家来华工作许可""两证"合一为"外国人来华工作许可",在国际化科技人才来青后的"初创期"提供一对一服务,针对每位服务对象提供精准化个性化的解决方案和规范流程,青岛市在全省为高层次特别是国际高层次科技人才首设"服务绿卡";为国际化人才来青岛后的"适应期"提供"保姆式"无忧服务。为保障服务进行过程中畅通无阻,实现40多个部门联动,解决了社会保险、医疗保障、子女就业、驾照换领等一站式、一体化、联盟式服务;为国际化人才来青后的"发展期"提供联谊交流服务,增强海归人才和海外人才的归属感。青岛市大力加强科技人才的管理机制建设。根据中共中央《关于深化人才发展体制机制改革的意见》的精神,制定了相关的落实政策,调研分析科技人才发展体制机制中的障碍和瓶颈制约因素,调研专家和科技人才管理标杆城市,从顶层设计的高度,对国际化科技人才管理体制和管理方式、科技人才集聚、科技人才培养、科技人才评价激励和服务保障等方面提出了一系列可操作的改革举措,明确了科技人才改革的时间表和路线图,为科技人才发展体制机制改革提供了制度保障和方向。

6. 梧桐林需得分层次——科技人才评价表彰人才。科技人才评价是科技人才发展体制机制的重要组成部分，是人才资源开发管理和使用的前提。建立科学的科技人才分类评价机制，对于树立正确用人导向、激励引导科技人才职业发展、调动科技人才创新创业积极性、加快建设科技人才强国具有重要作用。青岛市围绕实施科技人才强国战略和创新驱动发展战略，在科技人才评价上大下功夫。第一，评审权限下放。用人单位拥有中初级评审自主权，高级科技人才的评审委员会增加，拓宽了科技人才评价的平台。第二，摒弃僵化的考核方法。规定职称外语和计算机应用能力考试不再作为青岛市组织的中级、高级专业技术职务资格评审的必要条件。第三，推动成果转化政策创新，激发科技人才创新活力。青岛市首次以市委全会形式专题研究科技创新工作，出台《关于深入推进科技创新发展的意见》，在政府简政放权、为科研人员松绑、科技人才自主评聘、外籍专家"市民待遇"等方面深入改革、破解难题。出台《青岛市促进科技成果转化股权和分红激励实施办法（试行）》，下放科技成果使用权、处置权和收益权，提高科技人员成果转化收益比例，真正让科技人才实现名利双收，形成了人人渴望成才、人人努力成才、人人皆可成才、人人尽展其才的良好局面，使优秀科技人才脱颖而出。

二 青岛市科技人才引进发展存在的问题

（一）科技人才引进发展总量存在的问题

1. 科技人才资源总体数量少，人才结构不合理

如上表7-1所示，青岛市现有科技人才队伍的数量与周边及国内先进地区相比差距较大。截至2016年，如上文分析，青岛人才总量约为169万人，上海高达476万人，杭州人口规模与青岛相当，但人才资源总量已经达到215万人。青岛市一般人才数量、产业低端化与农村社区人口占绝大多数的现象并存。

青岛的科技人才结构不合理。青岛每万人人才数量为1836人，而杭州为2340人。从人才结构上看，青岛万人研究与研发人员数量为50.4人，与深圳（169.39人/万人）、上海（100.5人/万人）和杭州（108.3人/万人）相比太少。青岛市制造业、建筑业、房地产业集中了大多数的技能性人才，而新兴行业和国家机关，缺少高技能科技人才。从人才占社会从业人员的比例上看，青岛低于其他三个城市，这与青岛市第一产业占

比较高的产业结构特点有关。

2. 高端人才缺少，行业地域分布不均衡

青岛市的高端科技人才资源少，如上表7-1所示，从科技人才质量上看，青岛在院士、享有国务院政府特殊津贴人才数量和吸引国际人才等方面不具有比较优势。从高技能人才的行业和地域分布来看，行业上青岛市科技人才主要集中在石油化工、汽车机车、船舶海洋工程、机械钢铁和港口物流等支柱产业，占到了40%以上，高新产业人数较少，现代服务业、战略型新兴产业等重点发展领域急需科技人才较为缺乏。市内四区和市直以上行业企业，占到科技人才总量的82%；特别是作为正在开发建设中的西海岸新区，城市综合服务功能较弱，科技人才政策与先进地区相比缺少竞争力。

3. 科技人才吸引力指数低，人才发展缺乏动力源泉

BOSS直聘网以不同人才的意向求职地、求职互动等为评价指标，评估各城市对不同人才吸引力从而得出人才吸引力指数。青岛市低于上海、深圳和杭州。从政策层面分析原因，杭州、上海、深圳一直在大力推行科技人才引入政策，投入力度不断加大，依托地域辐射范围广，不断吸纳周边地域科技人才。待遇是吸引科技人才的第一动力，杭州一跃成为第四名，和它"互联网+金融"的成功定位带动薪资升高有关。

表7-7　　　　2017年四城市科技人才吸引力指数对比表

	青岛	上海	深圳	杭州
人才吸引力指数	3.87	37.39	25.41	20.75
排名	17	2	3	4

（资料来源：BOSS直聘《2017年最具人才吸引力城市排行榜》）

（二）科技人才引进发展影响因素存在的问题

科技人才引进发展影响包括科技人才职业发展环境、科技人才生活环境和科技人才政策环境三个二级指标。具体情况如表7-3、表7-4、表7-5所示。

1. 青岛经济总量高，但人均收入水平偏低

经济环境方面，青岛在经济总量上无法与一线城市上海和深圳相比。与经济总量相当的杭州相比，青岛大型领军企业（上市22家）的发展相

对滞后，杭州为100家。青岛市的居民工资在全国主要城市中处于较低水平。根据青岛市统计局公布的数据显示，2016年度青岛市在岗职工月平均工资为4910元，远低于上海和深圳。青岛市城镇居民可支配收入结构中，主要来源仍是工资性收入，经营性收入和财产性收入占比相对很低。"十二五"期间，在国内十五个副省级城市中，青岛市的恩格尔系数处于较高水平，而城镇居民人均可支配收入排名仅在第八。较高的物价水平导致了较高的恩格尔系数，使得青岛市城乡居民的实际收入大打折扣，给科技人才集聚造成了阻碍。

2. 规模以上企业总规模小，不能很好吸引科技人才

据青岛市统计局统计显示，青岛市规模以上高技术制造业企业只有278户，仅占规模以上工业的6.3%，2017年上半年实现增加值118.5亿元，仅占全市GDP的2.3%，占规模以上工业的7.2%，低于全国（12.2%）近6个百分点、全省（8.8%）1.5个百分点。四个城市中，2016年青岛市高技术制造业产值占规模以上工业的比重排名居后，规模偏低。深圳市比重最高，为65.1%，其高技术制造业主要集中在电子及通信设备和计算机及办公设备制造业，占到90%以上。

3. 研发环境落后，创业环境有待加强

如上表7-2所示，从研发环境各项指标看，深圳的科技研发环境优于青岛，研发投入占GDP比重为全国最高，达4.1%。青岛研发投入强度为2.84%。在企业研发投入占比和企业研发机构占比方面，青岛距离深圳还有一定差距。深圳企业研发机构占比90.0%，研发投入占比94%，青岛分别为70.0%和80.0%。截至2016年底，青岛经各级认定和备案的众创空间总数为143家，其中国家级众创空间总数跃升至66家，仅比深圳少一家，总体规模仍低于上海（500家）的体量。

4. 创新平台与优质高校资源数量较少，科技人才发展缺乏载体

高等学校是培养人才的第一载体，但是青岛市在高水平教育机构数量上处于劣势。近年来，青岛致力于大院大所的引进。截至2016年底，已经签约引进的高校（或机构）29所，相比数量较少。如表7-2所示，截至2017年，青岛市公办普通本科高校仅为7所，远低于上海（31所）、深圳（10所）、杭州（18所），每万人大学生毕业数量青岛（9.4人/万人）、上海（17.1人/万人）、深圳（15.31人/万人）、杭州（11.19人/

万人）对比，青岛处于劣势。教育科研领域的培育人才载体不足。在影响力和吸引人才方面不如上海市，在教育理念、服务能力、人才培养模式等方面还处在不断积累和提升的阶段。

5. 科技人才保障服务和城市配套设施不完善，不能很好留住人才

青岛市虽然作为全国旅游文明城市，但城市设施还有待于完善。比如人均公园绿地面积较小，青岛市一些老城区如市北区、李沧区、城阳区则存在着老城市人员拥挤、交通拥堵、布局混乱、省市建筑老旧等问题。青岛市也是全国城市中比较缺水的城市，人均拥有水资源仅占全国的1/10。青岛市还没有彻底实现科技人才一站式服务，科技人才信息化服务水平有待提高。子女教育是海内外高层次科技人才落户最为关注的问题之一。青岛市的教育保障措施不健全，基础教育发展不完善，每万人拥有高中数量在四个城市中处于不利地位，优质公共幼儿园和小学教育资源相较于发达城市比较稀缺，配套设施还不完善。青岛市的中考更是残酷，从1991年开始，作为全国职业高中教育试点城市，青岛市就将中等职业学校与普通高中招生比例确定在6∶4左右，2005年确定为5∶5的比例，随后一直坚守这一"普职比例"。这个人为设置的比例显然是非常不利于青岛市中学生考取高中的，让很多中学生错失了升入高中的机会。青岛市国际学校数量对比其他三个城市处于薄弱环节，对科技人才引进发展形成很大阻力。根据不完全统计，目前青岛的国际学校数量有8所，远低于上海的国际学校数量（21所）。见表7-8。

表7-8　　　　　　　　科技人才生活环境指标对比

三级指标	四级指标	青岛	上海	深圳	杭州
收入状况	人才平均月薪（元）	4910	8962	8892	4793
	人均可支配收入/人均消费①	1.26	1.45	1.33	1.64
居住环境	人均公园绿地面积（平方米）	14.6	7.6	12	14.5
	人均水资源量（立方米）	147	118	162.54※	2319.3

续表

三级指标	四级指标	青岛	上海	深圳	杭州
住房保障	每平方米年收入房价比②	4.39	2.81	1.94	3.01
	政府保障住房建设数量（万套）	5.80	5.00	6.12	4.74
医疗保障	政府医疗保障投入占GDP比重	0.89%	1.21%	0.77%	0.69%
	每万人拥有卫生技术人员量（人）	1.74※	70.47	76.19※	126.15※
	每万人拥有病床数量（张）	53.43※	89.0※	32.01※	70.56※
子女教育	国际学校数量（所）③	8	21	9	9
	每万人中拥有高中数量	0.05	0.12	0.078	0.035
	中考升学率（%）④	57	98.72	73.09	99

（截至2016年底。带※注释的数据为2015年数据。资料来源：青岛市人保局《青岛市人才发展报告》，青岛、上海、杭州、深圳市政府统计年鉴。①该数据为第三方机构针对人才就业市场的调研数据；②根据第三方机构调研数据估算；此处国际学校指接受外国人才子女的小学、高中教育机构；③为根据网培资料库集统计，为不完全统计；④根据网络数据统计得知）

6. 科技人才的融资环境不够健全，人才缺乏"走进来"和"留下来"的动力

在科技人才集聚的过程中，资金是吸引科技人才的重要因素。青岛相比上海、杭州、深圳来说，风险投资业不够发达，风投机构投资金额远低于上海、深圳和杭州，不能很好地为集聚科技人才提供动力。在对科技人才的融资环境构建上，青岛无法为科技人才创业或创新提供及时、有力的资金支持。知识产权质押融资金额方面，2016年青岛明显低于其他三个城市，为1.2亿，上海2011年就到了9.32亿，深圳是16亿，杭州2015年是8.62亿，融资规模较小；融资渠道较窄。青岛挂牌的"新三板"企业仅为上海的1/5，科技型企业发债融资较少，银行支持较弱。

7. 科技人才政策环境不完善，人才引进发展缺乏制度支持

具体来看，科技人才政策环境分为人才奖励与补贴、创新平台建设和出入境/居留便利度三方面。青岛的科技人才补贴策略突出"拔尖效应"，特别在科技人才补贴与服务上加大力度。在高端科技人才和团队的补贴水平上来看，几乎与深圳持平，特别是对高学历科技人才的住房补贴上，已经超过深圳。青岛给予博士人才每月1200元住房补贴，连续补贴3年，最高补贴共计4.32万元，深圳给予博士人才住房一次性补贴3万元（见表7-4）。

在创新平台建设方面，由于青岛近年来引进"大院大所"成果显著，在创新平台建设上几乎追平深圳和上海。青岛在国家实验室、省级重点实验室、工程技术中心数量上，与杭州状况相近，但与深圳和上海还有一定差距。截至2016年，深圳拥有国家重点实验室14个，省市级重点实验室、工程实验室、工程中心等1423个；上海拥有32个国家重点实验室和323个省市级重点实验室、工程实验室、工程中心；青岛的国家重点实验室只有9家，省市级重点实验室、工程实验室、工程中心87家。

在外籍人才出入境居留便利方面，深圳与青岛同为口岸城市，是我国对外开放的前沿阵地。青岛致力于建设国际化都市，人才政策的国际化程度十分关键。提升外籍人才出入境和居留便利程度是近年来中央与国家人才工作的重点。就目前情况看，青岛在这一方面的政策还有待完善。青岛应积极向上级政府申请改革权限，推动外籍人才制度便利化。其他指标评估详见表7-5。

（三）人才发展效力存在的问题

表7-9　　　　　　　　科技人才发展效力指标对比

二级指标	三级指标	四级指标	青岛	上海	深圳	杭州
科技人才发展效应指标	经济产出	人才平均产出增加值（万元）	57.04	57.47	68.37	49.98
	创新产出	年发明专利申请数量（件）	34953	46976※	56336	24951※
		年发明专利授权数量（件）	6561	17601※	17666	8647※
		有效发明专利密度（件/万人）	19.87	28.97※	83.81	39.85※
	创业产出	每万人小微企业数量（家）	336	386	924	370
		"新三板"挂牌企业（家）	103	561	698	213
产业集聚指标	新兴产业环境	新兴产业增加值增速	16.9%	5.0%	10.6%	12.0%
		高新技术企业数量（家）	1348	6938	8027	1986

（截至2016年底。带※注释的数据为2015年数据。资料来源：青岛市人保局《青岛市人才发展报告》，青岛、上海、杭州、深圳市政府统计年鉴）

1. 青岛市科技人才发展效应低，产出效果不尽人意

在科技人才效能方面，青岛在创新产出和创业产出两个方面与其他三个城市有着较大的差距，主要与青岛以制造业和服务业为重心的经济发展定位相关，其创新创业起步相对较晚。而深圳在科技人才产出、经济产出、创新产出和创业产出四方面均明显高于其他三个城市。

从经济产出看，青岛相比较上海和深圳还有差距，从统计数字来看，深圳科技人才平均产出增加值最大，为 68.37 万元，上海为 57.47 万元，青岛为 57.0 万元。杭州科技人才平均经济产出值比青岛略低。由于存在统计口径的误差，此处不做详细分析。

从创新产出看，青岛相比上海、深圳和杭州也有不小差距，表现为发明专利总量相对较小，大企业科技人才创新能力不突出。

从创业产出看，青岛低于深圳、上海和杭州，虽然青岛创业空间等硬件设施不断扩张，创业补助等政策红利不断推出，但其科技人才创业广度深度相比深圳和上海仍有不小的差距。以每万人创业企业数和"新三版"挂牌企业数来间接衡量，青岛的每万人小微企业数仅约为深圳的1/3，"新三版"挂牌企业数仅约为上海的1/5（详见表2-6）。

2. 青岛市产业集群不完善，高端领军新兴产业数量少

新兴产业环境方面，青岛比较落后。深圳高新技术企业数量高达8027家，而青岛仅有1348家。青岛市的产业结构尚在调整之中，特别是一些重点项目还在建设之中，致使高层次科技人才往往在选择时犹豫不决。高新技术企业（1348家）相比于上海（6938家）、深圳（8027家）杭州（1986家）数量少，同时，青岛市政府在引才对象、目标设计方面，缺乏与产业共生、互动的局面；尽管确立了优先发展的产业，但由于领军型科技人才缺乏、依附性科技人才不足，导致产业发展不利。与上海、杭州等城市相比，产业群和高层次科技人才的成长和打造远远不足。同时，青岛大型领军企业的发展相对滞后，2016年上市企业数量仅为22家，而杭州为100家。另外，青岛市的高技术制造业中主营业务收入占规模以上工业比重合计仅为2.8%，短板明显（详见表7-9）。

3. 科技人才创新成果少，成果转化利用率低

通过上文和杭州市、上海市、深圳市三个城市的对比，青岛市的科技人才创新成果比较少，而且创新成果的含金量比较低。不同新颖度产品实现的市场份额决定企业产品市场竞争力。2016年青岛市工业企业推出的新产品中，拥有"国际市场新"的仅占3.7%。同时，"国际市场新""国内市场新"和"本企业新"的产品销售收入占主营业务收入的比重分别为4.7%、6.9%和5.3%，无创新产品比重高达83.1%。说明青岛市工业企业的创新成果科技含量高得不多、产品经济效益佳得不多、市场竞争能力强得不多，转型升级还有很大的提升空间。

第四节　促进青岛市科技人才引进发展的对策

促进青岛科技人才引进发展是个庞大的系统工程，需要政府、企业、高校、科研机构和社会各界能够明确自身职责、发挥各自优势。青岛市促进科技人才的引进发展不应仅停留在区域或者数量层面，而要深入到青岛市各行各业的科技人才实际情况，以产业为核心，依托青岛现有重大产业项目、优势产业，基于未来发展规划吸引、培育新兴产业，基于产业带动，遵循科技人才流动的一般规律，以开发为主引进为辅为原则，按需集聚，切实做到"以用为本"，完善科技人才培训、评价、激励机制，持续不断地激发科技人才积极性、创造性和科技人才活力，促进科技人才集聚的高效益。

一　以优化创新平台为载体，吸引更多科技人才

一是优化青岛各个创新平台，重点是建设或升级企业技术中心、工程研究中心、重点实验室和博士后工作站、院士专家工作站等高端研发平台，力争全市高端平台总量突破，增强对高层次科技人才和项目的承载能力。二是深度推进政产学研合作平台建设。支持企业与高校、科研院所联合开展技术攻关，支持高层次科技人才共同申请国家重点支持项目，联合开展科研成果转化。以国家及省市级产业园等创新创业载体建设为抓手，积极探索政产学研长效合作机制。三是鼓励支持企业研发平台建设。进一步引导企业增加研发投入，建立研发机构，开展研发活动，加快培育一批具备自主研发（设计）能力的本土科技骨干企业。四是大力发展教育开发平台。大力发展高等教育，着眼于科技人才基础性培养和战略性开发，提升青岛市未来科技人才竞争力。在高等学校、科研院所、重点实验室、

工程技术中心、企业技术中心建设一批青年英才培养基地。适度改革中考制度，实行十二年义务教育，扩充国际学校数量，吸引国内外优秀科技人才加盟。

二　以产业规划为契机，用高端领军产业链发展科技人才

青岛市要重视产业发展现状，定位产业升级目标，做好产业规划，推动产业发展和产业链延伸。通过加大优惠措施引入国内985、211大学的方式，进一步与国内知名院校和科研院所合作，合作发展科技园区，共建工业技术研究院，在开展产业链延伸的基础上，加大市重点产业发展投入，组织产业创新团队，开展产业发展技术研究及成果转化产出。做好科技人才规划，以产业导向发展产业相关人才。依据青岛市"十三五"产业发展规划所确定的产业升级和产业链延伸的目标，核实产业人才及其技术水平，明确能促进产业升级和产业链延伸的科技人才缺口，并制订可行的方案引进和培养科技人才，储备更多能促进青岛市产业升级的高端领军科技人才，突破产业发展的软瓶颈。需要政府给予企业适当引导，鼓励其加大研发投入，引导其转变思路，争取从产业链下游向上攀升，从生产型向技术性企业转变，促使其掌握核心技术，留住核心科技人才。

三　以经济发展为依托，提高科技人才收入水平

要在短时间内吸引更多高层次科技人才来青岛工作，关键是提高科技人才收入水平，提高科技人才项目申报机会、社会保险、津贴荣誉等隐性收入，解决区外创新创业科技人才住房、户口、配偶子女随迁等隐性消费问题。除了提高物质待遇，还可以提升科技人才的非物质薪酬。针对紧缺科技人才，可加强软环境建设，以荣誉性、舒适型为主要创新切入点，提高他们的工作满意度，形成与业绩相联系的浮动薪酬制度，给予高素质科技人才以较大的晋升空间，为其谋划出更好的工作前景，特别优秀的给予其入选人大代表或政协委员的重点推荐。"高收入、低消费"的集聚方式，能在短时间内吸引科技人才流向青岛市。若从根本上解决青岛市创新创业科技人才的集聚，需提高青岛市优势产业的发展，创新驱动产业升级，从而增强区域或产业的竞争力，加快区域经济稳步发展。

四　以市场需要为依据，实现科技人才的合理化配置

针对青岛市科技人才分布不均、发展不平衡的特点，未来青岛市将推动建设能承载海内外高层次科技人才创新创业的产业园、创业园、工作站等基地，促进青岛市科技人才资源、科技资源的高效配置。青岛市结合城市定位，发挥优势产业，发展新兴产业转移，优化科技人才资源配置机制，转变政府观念，加强科技人才管理部门对于各类战略科技人才的调配功能，使得科技人才能够得到有效分配。对于区域内岗位不合适，不能够充分发挥战略科技人才作用的情况，应该积极进行科技人才调整，使科技人才能够实现对口使用，更大地发挥科技人才的价值。要按照确定的经济结构和空间结构定位，调整优化市区科技人才结构布局，实现市区科技人才、技术、资本等创新要素的高效流动，形成功能完善、环境相融、协同并进的创新共同体。

五　以完善科技人才服务政策和城市管理功能为保障，提升人才幸福指数

青岛市要完善科技人才服务政策功能。对标国内一流城市制定出台完善的科技人才集聚政策，根据差缺补漏的原则出台各项配套措施，加快科技人才信息化建设水平，学习杭州市"最多跑一次"的科技人才服务优秀做法，加快实现科技人才服务一站式工程，实现协调统一、规范便捷的科技人才服务机制。加强外国人居留居住全方位服务工作，解决配偶、子女生活教育事务。切实解决科技人才留青的痛点问题，提高政策的可操作性，对政策的时效性和执行力进行监管，积极比对国内外先进城市的规划管理理念和标准，推进城市规划管理体制机制创新，结合自身实际，制定实施各类规划管理技术规定和制度，强化对城市生态要素和重要空间资源的管控，统筹区域性基础设施和公共服务设施建设，促进城市全面、协调、可持续发展。在市政设施配套方面，青岛要着手研究制定城市公共设施建设标准和城市公共服务规范导则，并在此基础上着力提升城市管理水平。生态环境保障上，对标德国、日本、韩国等国家现代化国际城市标准，以改善生态环境质量为主线，加紧研究制定生态环境指标体系，提升科技人才的生活幸福指数。

六 以技术创新因素为支撑,提升科技人才创新水平

一是建立以高等院校、科研机构、技术高新区、科技园区等载体为支撑的科技创新基地,鼓励吸引青岛市科技人才进行技术创新、专利研发等。二是加大对技术经费的投入,保障技术创新研发工作持续有效进行。加强技术经费投入与使用的监督管理,健全技术经费合理有效的协调机制,提升技术经费贡献率。三是优化专利、科技项目成果转化进程。青岛市需强化专利、科技成果转化,优先推荐前瞻性专利与科技项目,做到专利、科技成果转化目标明确、分工合理、责任到人,确保专利、科技项目成果高效产出。加快建设技术产权交易综合服务平台,推进科技成果转化基地建设。四是不断提升创新引领及辐射。积极采取倾斜和扶持措施,精准施策,加快培育有竞争力的优势产业,扶持一批支撑可持续发展的龙头企业;加大企业创新示范和群体效应;推进战略性新兴产业等重点产业的创新集聚,以培育产业结构升级和经济发展的新动能为目标,遵循企业创新与产业发展相结合的原则,打造产业集聚创新模式;继续加大对科技孵化器和众创空间的支持,注重扶持小微企业的创新,对有发展潜力的企业和创意,从政策、资金、税收等多方面加以支持,帮助其发展壮大。

七 加大对科技人才的投资力度,优化科技人才融资环境

积极开展领军科技人才和高层次科技人才项目的资助活动,继续加强各方面的集成支持,帮助企业尽快做大做强。要通过设立创业风险投资基金和财政融资担保资金等途径,搭建创新创业融资服务平台,择优扶强一批高层次科技人才创新创业企业。实施促进自主创新的政府采购,建立财政性资金采购自主创新产品制度,在满足采购需求的条件下,优先采购自主创新产品。加大融资扶持。市县级成立创业投资引导基金和政策性担保公司。加大科技人才创办企业担保融资。鼓励设立科技支行,对科技人才创新创业项目,给予信贷增信支持。对上市、"新三板"挂牌的,由市政府分别给予一次性奖励。

第八章 国外科技人才引进发展的比较分析

第一节 世界发达国家科技人才引进发展实践

一 德国

德国是世界经济强国,更是世界科技创新强国,德国近年来一直被列为创新领导型国家行列。德国发展成为世界科技创新强国,与其在吸引全球顶尖科学家、管理高层次科研人才、培养青年后备人才方面实施的相关政策、采取的一系列行之有效的措施密不可分。突出体现在薪资制度、人才评价机制、高端人才引进和激励措施、青年后备培养计划、立法保障等方面。人才开发涉及的因素众多,显现的效果是综合作用的结果。

(一)科技人才引进体系

1. 逐渐放宽的移民计划

德国历史上素来有大量移民活动,在第二次世界大战之后,共经历过三次移民潮,分别是客籍工人潮、回归移民潮和难民潮。由此可见德国的外来人口之多,且德国对人才的吸引力之高。德国一贯严格限制外籍人员移民本国,但却从20世纪90年代末开始,逐渐修改《移民法》,采取更为积极的移民政策,扩大移民数量,广招天下贤才。可以说,《移民法》的重新修订使德国向一个移民国家迈出了决定性的一步。

为了缓和国内对计算机人才的紧缺,德国政府在2000年提出绿卡计划,7月,绿卡计划在联邦议会上获批,并于8月1日起开始实施。由于该计划是针对国内紧缺的计算机人才,所以对计算机人才的引进限制非常宽松。只要这些专家人才在短期内获得一份工作许可,就可在德国居留最长5年时间,并且在居留期内允许更换工作。该计划也同样适用于欧盟以外的专家人才。绿卡计划被提出的直接利益是为了解决IT业人才短缺的问题，但它并不是真正意义上的移民措施。绿卡计划的一个主要局限点在于，实施之后，人才所带来的利益全部转化为企业的利益。

之后，德国于2005年颁布实施了《移民法》，全称《关于控制和限制移民和规定欧盟公民和外国人居留与融合事宜法》。该法于2004年7月先后在联邦议院和联邦参议院顺利通过，于2005年1月1日正式生效，之后分别在2005年、2007年、2009年和2011年对部分条款进行修订和完善。这部法律将在德国的居留简化为"居留许可"和"落户许可"两种形式，对外国人申办程序进一步进行了简化。

"移民法"中关于技术移民的核心内容是：拥有特殊专业知识的科学家、处于特殊位置并有积极作用的教学人士或科研人员，以及拥有至少相当于法定医疗保险费衡量线两倍的收入、有特殊职业经验的专家和处于领导岗位的工作人员，可在一进入德国就获得无限期的"落户许可"，同时其家庭成员有权从事一个工作。"移民法"在关于外国高校毕业生找工作的规定中，明确为寻找一个相应的工作位置，居留许可最多延长一年，这为吸纳高校留学生创造了条件。"移民法"还规定了外国人可以"投资移民"。最初规定外国投资者要获得居留许可，则必须投资至少100万欧元和创造至少10个工作岗位，在2007年修订移民法时，这一条款更改为50万欧元和5个工作岗位，2009年又更改为25万欧元和5个工作岗位。这样获得的也并不是无限期的落户许可，许可的最长期限是3年，3年之后通过评估来判断是否可以长期居留。

此外，德国还放宽留学生签证制度，增加了针对外国留学生的奖学金。从2011年起，外国留学生如果被德国企业或在德国被聘用，就可以获得在德国的居留许可。对于毕业后未能及时在德国成功就业的留学生，移民政策允许其居留一年寻求合适的就业机会。

2018年10月，德国的新移民法案的呼声越来越高，通过艰难谈判，联盟党和社民党终于就新法案达成一致，一天之后，内阁会议就通过了法案。这次会议通过了两个新法案：《专业劳工移民法》和《就业容忍法》。在经历了长达20多年的讨论后，德国终于有了一个现代移民法。《专业劳工移民法》规定：德国将降低欧盟以外国家和地区专业技术人才的入境标准，以此使更多具有专业工作技能的外国人进入德国。首先降低的是对移民人才学历的要求：德国对于没有本科文凭，却具备行业经验或职业教育背景的专业人才敞开了大门。《就业容忍法》称：有容忍居留身份、能自食其力并较好融入社会的外国人将获得30个月居留身份，前提之一是，拥有全职工作至少达到18个月。该项法规暂定实施至2022年6月30日止。

新法案取消了"所有非欧盟申请者的最低工资不得低于每年52000欧元"这一下限，而对于技术移民，无须找到"年入百万"的工作就可以实现技术移民；新法案取消了"只有在德国范围内没有相关人才时劳动局才会发放签证"这一优先原则，但政府仍保留了重启"德国人优先"的解释权；新法案取消了"申请工作签证人员在高校接受教育的背景必须与其在德国将从事的职业相符合"这一条件，对申请签证者的专业背景不再设限；新法案将吸引移民的范围扩大到了有专业技能的人才，即上技术类院校和专科类院校的毕业生也有机会工作移民到德国；新法案移除了市场上的国家审查成分，即只要存在找到工作的前提下就可以办理签证，且没有收到工作邀请的专业人才或高校毕业生可进入德国半年寻找工作，但前提是不能申请社会福利。两个新法从2020年1月1日起生效。

2. 丰厚的基金激励

德国政府还通过设立基金会、研究基金奖的方式吸引国内外人才，如国际研究基金奖、洪堡基金会和一些非盈利科研协会等。

2007年底，德国政府采取积极政策以吸引全球优秀人才赴德国定居，德国联邦政府出台的"国际研究基金奖"正是如此。它具体表现在以下方面："范围广"，即所有学科和所有国家的人才都可以申请，欢迎各界人才来德工作。"国际研究基金奖"支持德国学术界、高校和其他国家结成合作伙伴，吸纳优秀人才赴德工作。"奖额高"，即德国至今所设立的各种国家科学奖中，该奖所设额度为最高，其最高额度为500万欧元，德国高等院校和科研机构因此而吸引了众多高端科研人才。"育能力"，即该奖项的用途主要是用于建设新的研究小组，资助新的科研项目，以及给研究者发放薪水。奖项不是单独给某一研究者，而是用于整体团队建设。因此，研究者提交的研究方向必须以其高校发展方向为导向来进行设置。

与"国际研究基金奖"类似，洪堡基金会也是一个专门引进人才的机构，它制订了一系列的人才吸引计划。洪堡基金会的主要措施有：向已获得博士学位，年龄不超过40岁的外国科学家发放研究奖学金，每年名额不超过 600 名，没有国别和专业比例的限制；向国际知名的外国科学家授予洪堡研究奖，每年名额不超过 150 名，其中 80 名授予来自美国的自然科学家。另外，还每年颁授国际合作马克斯·普朗克研究奖，名额不超过 12 名。联邦总理奖学金计划。根据该计划，每年向美国和俄罗斯顶级人才提供奖学金，每年 10 名；设立高额奖金，吸引和留住人才。由洪堡基金会一次性颁发的以 35 岁以下科学家为对象的索菲亚·科瓦列夫斯卡娅奖，2004 年起改为每两年颁发一次。2004 年获奖的 11 人中，有 2 人为中国籍。德国政府在"二战"前及战争中流失了大量的人才，因此，在人才政策的制定上，德国政府不仅制定了许多政策和措施以吸引国外优秀人才，还在海外留学生的回流问题上下大功夫。首先，德国许多机构为了吸引众多海外留学生以及在国外工作的优秀人才归国，都充当了"中介"的作用，"牵引"众多海外人才归国。德国学术国际网（GAIN）正是这样一类机构。另外，创造条件，优化环境。洪堡基金会于 2007 年 8 月推出了"颁发奖学金和奖金的科学生涯阶段模式"，其主要特点是：博士后可以申请长期奖学金以此保证其研究项目进行的稳定性；对于那些有经验的科学家，他们可以按照规划将奖学金分成三部分，分阶段使用；国外的一些年纪较轻的优秀人才还可以在保留国内职位和休假机会的前提下，与在德国的研究机构或小组建立合作关系。而且，自从 2007 年以来，洪堡基金会为了使国外基金获得者与德国研究机构或高校通畅的合作，新增了一项研究补贴，为优秀人才来德创造了环境条件。

德国的非营利科研协会和基金会都会制定政策吸引人才，如洪堡基金会、弗朗霍夫协会和学术国际网等都制定了一系列人才计划吸引国际一流的科学家。民间非营利组织洪堡基金会每年约资助 600 个洪堡科研基金项目，额度为每月 2250 欧元，同时，基金会负担差旅、家属补贴、学术会议补助等费用；德国弗朗霍夫协会则推出"吸引力"计划，旨在招募新人和培养有创新思想的杰出外来科学家。此外，德国所设立的国际学术联盟网络（German Academic International Network，GAIN），为旅居北美乃至全球地区的德国科学家搭建了交流平台，进行职业活动、研讨会等信息的分享。GAIN 重点吸引旅居美国、加拿大的德国科技人才参与各项联络活动，强化与其的联系，同时为这些人才的家属提供学习、工作机会，进而提升他们的国家认同度，以此吸引优秀科技人才的回流。

(二) 科技人才发展体系

1. 人才激励措施

面临人才短缺的重要问题，德国为吸引人才回归大力实施计划。德国联邦经济技术部（BMWi）举办的"2008 特修斯（THESEUS）人才创意竞赛——培养未来因特网后备人才"计划于 2007 年 10 月正式启动。该比赛将会奖励 1 万欧元奖金给获奖者，并且会邀请获奖者参与共同开发未来因特网，同时 THESEUS 联合组织中企业和科研机构对有关未来因特网创意的实现会提供物质和人员方面的支持。在资金方面，将获得联邦经济技术部 9000 万欧元的专项资助，其中，50% 由参与项目的联合组织中的企业及其他合作方承担，另外 50% 则由经济界和科学界各分配一半。

另外德国政府还通过设立研究奖的方式，激发人才的创新活力，通过竞争实现人才培养的不断进步。具体有海因茨·迈尔－莱布尼茨奖、埃米·诺特计划、哈森贝格计划赫尔研究奖学金。海因茨·迈尔－莱布尼茨奖也称小莱布尼茨奖，于 1977 年设立，旨在表彰杰出的科研后备人才。每年颁发一次，获奖者不超过 10 人，为在德从事研究的年轻科学家提供奖金，奖金为 2 万欧元（之前为 1.6 万欧元），可自主用于研究支出，也可用作差旅费。埃米·诺特计划用于支持优秀后备科研人员，通过独立领导与教学任务有关的青年研究小组获取科研领导资质，尤其是获取大学教授资格。也资助从国外引进杰出的后备科研人员回国。申请对象是获得博士学位不超过 4 年（对于执业医师或需要照顾 12 岁以下孩子的申请人可延长至 6 年）和正在从事科研工作并在高水平的国际期刊上发表过论文的后备科研人员，资助期限为 5 年。哈森贝格计划主要资助已获得教授资格或同等资质的杰出后备科研人员。除了正常的奖学金以外，他们还可向德国研究联合会申请用于购买设备的补贴性经费。通过该计划的资助，青年学者能获得组建科研工作小组的能力，资助期限为 5 年。研究奖学金用于资助科研后备人才进行国际交流，在国外开展特定的研究项目或建立新的科研方法。申请对象是获得博士学位的德国青年科研人员和在德居住多年、至少有 3 年科研经历（包括读博和博士后阶段），并声明将来仍愿意在德从事科研工作的外国青年科研人员，资助期限多为 2 年。

2. 人才教育模式

德国教育和德国科学基金会联合发起"德国大学卓越计划"（以下简

称"卓越计划"），以资助大学的年轻科研人员，增加高校与高校、高校与国际学术机构之间的合作。进入"卓越计划"的德国精英大学名单由科学基金评审，筛选标准高，且可进可出，不存在终身制。德国大学"卓越计划"分别从博士研究培养项目，跨学科、跨单位的研究项目，以及有特色、有国际竞争力的科研和学科这三个方向进行资助，将教学与科研结合于一体，把科研和人才培养列为大学"卓越计划"的核心内容。此外，德国联邦政府还设立了"国际研究基金奖"，支持德国科学界和高等院校与国际合作伙伴结成顶级国际联盟，吸纳所有学科、所有国家的顶级科学家到德国工作，最高奖金可达500万欧元。

德国的双元制职业教育在全球范围内都具有领先性和指导性，所有人员必须经过职业学校的知识传授型学习以及企业、单位的校外实训。双元制教育模式使学生能够同时接受理论和实践培养，对社会具有非常高的价值。在双元制职业教育体系下，整个教育是在工厂企业和国家的职业学校培训中完成的，教育期间，免除学生所有学费书本费，教育经费及学生实训工资由企业承担。德国联邦政府对职业教育进行统一指导与协调，并制定相关法规完善双元制教育制度。德国社会对双元制教育的承认度非常高，以企业为主的职业技能培训在德国有广泛社会基础，职业培训证书的含金量与学位证书相当，通过培训的人员的收入待遇也处于德国较高水平。双元制教育强调学徒为将来的工作而学习，理论课程以适应实践需要为主要目标，确保了培训质量和效率。双元制大学模式要求学生具有一定的毕业证书，进入双元制大学的学生还要与企业签订合同，在培训期间可以获得工资，以此进一步激发人才的积极性。同时，双元制教育制度还具有学制较短、实践性强、专业水平高的特点，保障了德国传统优势工业后备人才库的人员充足。

另外德国政府还实行后备人才科学院计划，该计划是一种培养后备科学家的战略手段，旨在方便青年学者在资深科学家带领下独立开展科研、自主管理项目，培养自己争取第三方资金的能力，弥补本研究领域的人才短缺。资助期限为2年，项目经费用于支付教授及青年学者的差旅费、研讨会，项目科学院计划旨在为高校聘任期没有超过6年的年轻教授在其职业生涯的初期阶段提供开展科研的机会。通过支持申请人参加专题研讨会，开展科研交流，帮助其完成项目申请的准备工作。资助期限最多2

年。德国其他科研机构也设有很多为促进青年后备成长和吸引全球优秀青年科研人才而设立的科研奖项。如拥有最多国家科研财政支持的亥姆霍兹国家研究中心联合会的青年科学家小组计划，其针对博士毕业2—6年的高水平青年科研人员，并面向全球招聘青年科学家小组组长。获奖者在未来6年内，每人每年可获30万欧元资助，用于在各自研究领域成立自己的研究小组，培养学术领导能力。

此外，一些研究机构还资助博士生参加研讨会、暑期课程等各种形式的学习，通过这种方式，不仅可以加强合作，也可促进导师间的交流，这为博士后研究及其未来科研合作创造了机会。不同类型的人才培养项目为德国青年后备人才成长的各个阶段（博士、博士后、学科带头人、取得教授资格等）提供了及时有效的资助，更重要的是可确保德国未来的科研竞争力。

（三）科技人才发展保障体系

1. 技术服务机构

为了更好地留住人才，德国政府实施了一系列保障政策，主要为技术服务和立法两个方面。在德国，行业协会和技术转移中心是最重要的科技服务机构，也是服务体系的两大系统。该地区拥有一批世界著名的科技服务机构，如史太白基金会（Steinbeis Foundation For Economic Promotion, STW）、弗劳恩霍夫应用研究促进协会（FHG）、德国工业研究联合会（AIF）和德国工程师协会（VDI）等，其中史太白基金会历史最为悠久。目前该基金会在巴登－符腾堡地区建立了300多家技术转让中心，占德国的60%。但德国政府对专业人才服务机构的开放较为谨慎，自从1922年开办了首家人才服务机构后，1994年才允许民营机构介入人才服务。德国法律规定所有服务组织的从业人员，都要有培训要求，从业人员必须经过职业技术培训才能上岗，政府、企业和各类商会、协会联合会有责任和义务开展技术培训。

德国的技术转移服务机构主要通过现代化的运营管理理念、多层次的技术转移服务模式、多元化投融资支持、有活力的利益分配和开放的合作网络打造全链条、精细化、市场化的技术转移服务体系。

2. 后备人才培养立法保障

2002年，德国联邦议院通过《高校框架法第五修正法》草案，为在大学建立青年教授制度提供了法律依据。2006年，联邦教研部制定《科技人员定期聘任合同法》，规定将公立科研机构研究人员的定期聘任合同的最长期限放宽至12年或15年，以留住青年科技人才。2012年，大型研究机构改革博士生资助模式，以资助合同取代奖学金。最早的改革实践者是德国四大研究机构之一的莱布尼茨科学联合会，到2014年，莱布尼茨科学联合会培养的3000名博士生中，有80%已经签订了聘用合同。2015年4月，马普学会发布了全新的博士生资助条例，从2015年7月起为新入选的博士生提供资助合同，以聘用工作的模式替代此前的博士生奖学金资助。马普学会用于科研后备人才培养的预算因此增加40%，相当于每年增加5000万欧元。学会所属研究所每年培养约5000名博士生，其中半数为非德国籍。根据新条例，马普学会与其博士生从攻读博士之日起签订为期3年的资助合同，合同到期后可根据需要延长12个月。这一模式下，青年科学家们大都可通过资助合同获得半个标准科研岗位，每月的资助额为1750—1950欧元，同时在社会保险和科研自由方面得到更多保障，较博士生奖学金资助额（1365欧元/月）提高很多。新资助条例的重点还包括为博士生提供更深入的专业辅导，除主要负责导师外，博士生还将得到第二位独立科学家的咨询和辅导；导师/博士生比例也从专业辅导效果的角度得到优化。此外，博士生还将在职业选择上得到更多支持。马普学会主席表示，未来会将更多经费用于后备人才的培养，而不是机构本身的拓展。

吸引和培养人才涉及的因素很多，显现的效果是各种因素综合作用的结果，不仅要有完善的政策和措施，还要有较好的工资待遇和完善的科研条件，包括生活环境以及科研和文化氛围，是综合了各方面因素的战略和谋略的竞争。总之，德国在开发高层次科技人才方面的做法值得深入研究和借鉴。

二 美国

（一）科技人才引进措施

1. 移民政策

美国是典型的移民国家，在发展过程中每年都有世界各地的人才涌入美国，而美国的移民政策也在不断随着国内对人才的需求进行修订与完善。1865年至1882年美国实行完全自由的移民政策，大量欧洲人和中国人进入美国。从1882年开始，美国移民政策发生了重大变化，相继出台了限制和排斥外来体力劳动者的法律，如1882年实施的"排华法案"，限制华人进入美国。1960年之后美国开始重点引进技术移民和投资移民。在美国移民发展史上主要有以下几部移民法。

1921年《移民配额法》，该法以吸收国际上精农耕技术的人才为主，标志着美国移民政策转向为对各类专业人才的引进。

1952年《移民与国籍法》，该法案是战后美国第一个吸引技术移民的重要法案，该法案规定全部移民限额中的50%用于美国急需的、受过高等教育的、有突出才能的各类技术人员，是技术类移民在限额制度中首次占如此大的比重。

1965年《外来移民与国籍法修正案》，是一部具有开放性政策精神的"优惠制"移民法，主要针对20世纪60年代美国社会、经济和文化的发展变化，每年专门留出2.9万个移民名额给来自国外的高级专门人才。该法案是在1952年移民法案的修订基础上，把受过高等教育、具有突出才能的移民，以及美国急需的熟练与非熟练劳工列为优先限额移民。其重要作用就是移民的素质普遍提高，其中专业技术人员、管理人员占很大比例，且大量来自亚洲。

1990年《家庭团聚与就业机会移民法》，在原有移民法的基础上又做出了两个具有突出贡献的修订：一是拓宽了技术类移民的范畴，设立了"投资移民"条款。凡能在美国农业地区投资50万美元以上，在城市投资100万美元以上的移民均可入境，此类签证每年有一万个名额。二是引入外侨登记卡（绿卡）制度。这实际上是一种长久居留身份的证明，凡绿卡持有者可以方便地进出美国，在美国住上一定时期后可以申请加入美国国籍。明确要求吸引更多美国所需的高科技移民，重点向投资移民和技术移民倾斜，鼓励各类专业技术人才移民美国。推出了EB—1签证、投资移民签证，吸引在科学、艺术、教育、商业、体育等方面具有特殊才能的人才。同年，美国国会创立了H—1B工作签证计划，允许具有学士学位或更高学位的外国人到美国工作，为期6年，每年限额6.5万张。

1998年，美国国会通过了H—1B签证修正案，将1999年至2000年的H—1B签证数额增至11.5万张，涉及领域扩大到科学、艺术、教育、企业、体育领域。截至2009年，美国已经出现了面向来美接受培训或者提供劳务的H—1B、H—1C等多种短期工作签证。

2006年5月，美国国会通过了21世纪首部新的移民法案，其中的重要条款包括增加11.5万份H—1B工作签证，并增加29万个绿卡名额；同时决定给所有在美国大学接受高等（硕士学位以上）科学、技术、工程与数学教育的外国学生免除临时工作签证与绿卡配额的限制，只要他们毕业后愿意留在美国，就可以迅速获得美国公民资格。

2013年12月1日《高技术移民公平法案》，美国众议院以389票对15票的压倒性优势通过了一项专门面向专业技术人员的新移民立法，该法案旨在吸引更多的中国和印度专业技术人才前往美国。开通了"绿卡通道"（Green Cards Faster），帮助有志前往美国寻找工作机会的工程技术人员和高科技人员迅速拿到签证并获得绿卡，这项法案取消了职业移民的国家配额上限，并将亲属移民的国家配额上限从原来全体人数的7%增至15%。该法案在2015年完全取消了职业移民的国家配额上限。

2. 基金援助计划

美国政府还通过设立各种基金援助计划奖励使用高端人才。一是通过针对性的设立专项基金吸引海外人才，特别是针对一些高科技和尖端行业的稀缺人才。美国政府会主动为外国获奖者办理绿卡或入籍手续，并劝说其继续留美效力，从而实现吸引并开发与利用人才的目的。二是通过国际合作利用别国高端人才。目前，美国与世界上70多个国家和地区签署了800多个科技合作协议，利用各自的资源优势合作攻关。虽然这些合作协议依据的是"共摊经费和其他投入以及共享合作成果"的互利原则，但由于美国在这些科技合作项目中往往拥有财力科技和人力上的优势，因而是开发与利用高端人才价值的最大受益者。

3. 激励措施

为了吸引国内外人才，美国政府还制定了一系列激励措施。美国一流大学的教授具有丰厚的薪酬待遇，平均年薪15万美元左右。其实不仅是教育领域人才的薪资待遇，其他领域高科技人才的收入也较为丰厚。据统计，科技人才在美国的收入是在发展中国家收入的几十倍。同时为了更好地激励员工的创新热情，美国从上到下制定了各种各样的奖励制度，联邦政府出台法律鼓励企业创新并给予税收优惠，给人才的发展创造了巨大的空间；各个企业也制定了各种吸引人才的制度，如奖金、股票期权激励机制。尤其突出的是经理层的奖励制度，包括奖金、利润分成、收益分成、高层经理短期奖、高层经理长期奖等，也有针对一般员工的表现奖、员工持股计划等。

其次，美国还实行股权激励机制。1950 年美国总统杜鲁门签署了《1950 年收入法案》，该法案首次规定任何企业都将有权向雇员发放一种新颖的货币，即股票期权。正是这一天股票期权获得了"合法身份"并正式登上了世界经济的舞台。由于股票期权制在很大程度上解决了企业代理人激励约束相背的问题，被普遍认为是一种优化激励机制效应的制度安排，因而得到广泛应用，20 世纪七八十年代，股权激励在美国盛行。它把员工与公司的利益"捆绑"起来，目的在于激励员工要充分地发挥自己的才智为企业服务，硅谷奇迹就是最好的证明。

最后，是各种各样的奖励制度。自 20 世纪初以来，美国逐步建立了与市场经济发展相适应的科技奖励机制，它已成为美国政府鼓励基础研究和引导技术创新的重要手段之一。它主要可以分为四个层次：第一层次是以总统名义设立的奖励，主要奖励在物理学、生物学、数学或工程学领域做出突出贡献的科学家。第二层次的奖励是国家部委和美国科学院、美国工程院、国家科学基金会和美国科学技术促进会等机构设立的科技奖励。第三次层次的奖励主要是全国性自然科学学会和各州科学院设立的奖励。第四层次的奖励是学会的下属分会、公司企业和个人设立的奖项。

4. 海外留学生措施

为持续加大对海外留学生的吸引力度，美国政府先后推出了《共同教育和文化交流》和《国际教育法》，从 1946 年开始实施《富布赖特计划》，每年通过提供奖学金接受各国学生及学者赴美学习。一是推出公费留学项目，大学竞相提供优厚的奖学金助学金和优惠贷款，吸引全球最优秀的人才。美国设立了多种资助外国留学生的资金，如国际开发署和富布赖特基金会、福特基金会、洛克菲勒基金会都为第三世界国家的留学生提供了种类繁多的奖学金，每年对外国留学生的投资多达 25 亿美元。在政府大学及民间机构的推动下，留学美国的外国学生不断增加，而他们毕业后大多数会留在美国工作，成为美国经济发展所需的高端人才。二是为应届外国留学生办理为期一年的滞留工作签证。2008 年金融危机爆发后，美国科学与数学学科学生实习计划 OPT（Optional Practical Training）规定，凡是持有自然科学、技术、工程学、数学四类学位的外国留学生，实习工作期将由 12 个月延长至 29 个月。另外，还对 OPT 的申请做出了一些程序上的改变，如允许学生在 60 天内提出申请等，以吸引更多紧缺专业的留学生为美国效力。三是聘用外国专家学者充实科研队伍。美国利用其优越的研究开发、创新条件和生活环境，通过提供科研资助、合作研究、学术和讲学等各种形式邀请外国专家学者到美国从事研究工作，通过聘用机制实现高端人才的国际开发与利用。

（二）科技人才发展措施

1. 重视人才教育

美国是当今世界上教育最为发达的国家之一。它拥有世界一流的高等教育。卡耐基小组的相关研究表明，美国的经济实力有 50% 是从它的教育制度上获得的。美国政府对教育高度重视，关于美国大学的发展主要有以下几个标志性的阶段。

美国在 1958 年通过的《教育法》，把大力发展教育事业确立为国家的战略重点。1862 年，参议员贾斯廷·莫里（Justin Morrill）提出的《赠地法案》，一批"赠地大学"随即诞生了。"二战"胜利后，美国国家研究与开发办公室主任万尼瓦尔·布什（Vannevar Bush）向罗斯福总统呈交了《科学——没有边界的战线》的报告，倡导开放式的科研路线，主张用合同制的形式，把研发任务交给大学去办。这使得大学在经费和人才方面双受益。一批世界一流大学就这样成长起来了。1962 年，美国又发布了《人力发展和训练法案》，宣布实行全国统一的人才政策。到了 20 世纪 80 年代，美国又制订了"教育创新计划"，打出了"为全美国人的科学"的旗号，意在提高全体国民的科学素养，迎接知识经济时代的到来。在 1994 年发布的《符合国家利益的科学》的政府文告中，美国又确立了"造就 21 世纪最优秀的科学家和工程师"和"提高全体美国人民的科学技术素养"的人才开发战略目标。美国是世界上教育经费投入最多的国家。自 20 世纪 90 年代以来，美国的教育经费投入一直维持在 GDP 总量 7%—10% 的水平上。目前，教育的年均投入已达到 3500 亿美元的水平。2017 年 9 月，特朗普签署"总统 STEM 教育备忘录"，确定联邦政府每年至少投入 2 亿美元用于 STEM 教育，并要求社会企业也参与进来，鼓励年轻人从事该学科的研究和学习。特朗普在签署备忘录之际，特地将计算机科学列入 STEM 教育，并表示："更多设置 STEM 和计算机科学课程，将确保我们的孩子发展竞争所需的技能，从而赢得未来。"

另外，私立大学创造了美国教育的奇迹，在美国最优秀的大学中，约有85%是私立大学。如哈佛、麻省理工、普林斯顿、斯坦福、加州理工，等等。这些研究型大学都是由慈善家捐资兴建的，从这些名校毕业的优秀校友会以捐款的形式回报母校，汇集起来的捐款基金不仅成立了各项奖学金激励着学生的学习动力，还资助了大量的科研和学术活动，为人才的培养贡献了巨大的力量，而学校培育出的优秀人才又以捐款的形式资助母校的发展，由此实现一个良性循环，人才培养的源动力生生不息。

除了大力支持教育外，美国政府还制定了一系列留学生政策。首先在全世界的名牌大学排名中有百分之七八十的大学是美国的，本身就对世界上的优秀人才有非常大的吸引力。为了支持留学生教育，美国政府还和许多大学配套实施了一系列资助外国留学生的奖学金计划，如国际开发署和富布赖特基金会、福特基金会、洛克菲勒基金会设立了种类繁多的奖学金。通过提供奖学金使各国学生有机会赴美学习，众多的留学生毕业后选择留在了美国，他们成为美国高科技人才的后备军。

2. 产学研协同培养人才

美国具有良好的产学研协同创新机制，一些大型企业与高校建立了长期合作的实验室，例如贝尔实验室、桑迪亚国家实验室等，均是由企业主导、与众多高校合作的著名实验室。美国高科技公司有比较完善的模式来制订和实行股票期权激励计划，使员工个人利益与企业及其股东利益保持一致，保持员工的黏性和创造力，提升公司业绩，如股票期权计划。此外，美国对创新企业的规划管理非常重视，筑就了如硅谷、128 号公路高技术产业地带等世界著名科技园区，反哺企业人才培育，实现互相促进的良性循环。

美国的大学和政府、社会在培养人才时实现了良性互动：首先是政府、大学与产业间的互动，自 1973 年开始，美国国家科学基金会实施了"大学与企业合作研究计划"，鼓励学校和企业在双方急需领域里进行合作。最成功的范例就是高科技园区与高水平的大学及科研院所之间建立起了相互依存的关系。如硅谷依托于名校斯坦福大学，研究三角园区

(RTP) 依托于北卡罗来纳大学和杜克大学等高校,微软总部所在地的西雅图科技园区则依托于华盛顿大学等。这些高科技园区基本上都是由民间推动、自下而上形成的。在这些高科技园区里,政府、高校、风险投资机构和创业者之间共生共存,建立起了一种完全平等的关系。其次是人才在政府、高校和社会间的自由流动,美国公立高校和科研院所中的成员是国家公务员的重要组成部分。中、高级人才基本上可以在政府部门、高等院校、科研院所和企业间自由流动。美国的各级政府每年都要从高等院校、科研院所中聘用大批专门人才到政府机构中供职;政府的高官需要充电时,往往回到大学进修或者到科研机构通过参加课题研究来提升自己;卸任的官员仍可回校执教。人才在美国社会中的这种良性互动被戏称为"旋转门"。有了这扇"旋转门",社会人士才便于介入教育,教育才能真切地了解社会。

(三) 科技人才发展保障措施

1. 科技服务

美国的科技服务业组织机构一般由技术咨询或经纪机构、大学和科研机构的技术转移办公室、孵化器、技术评估组织、技术测试与示范机构等组成。

国家设立的非营利科技服务机构的典型例子包括国家技术转让中心(NTTC)、联邦实验室技术转让联合体(FLC)等。更多的非营利机构是民间设立的,其中大部分属于综合性较强的服务机构,即同时承担相当于我国行业协会、生产力促进中心、科技企业创业服务中心、技术市场、人才市场等多种职能。

美国的人才服务机构除了向服务对象提供常规的服务外,还提供诸如心理素质测试、职业技能培训等附加服务。美国政府充分发挥调控职能,不仅对地方政府所属的人才服务机构提供支持,对民营机构也同样提供财政资金支持。人才服务机构通常由社会机构运作和协调,这种形式有利于人才服务机构提供更加有效和灵活的服务。

2. 充足的科研经费保障

充足的科研经费为科技人才的发展提供了强有力的保障,美国的国家科研机构主要有三个:一是国家科学基金会(NSF),占联邦科技预算的4%,它提供了联邦政府支持科研机构基础研究经费的20%,它的预算也是逐年递增。二是国家卫生研究院。其预算由国会决定，与食品药品管理局和美国疾病控制中心为并列机构。三是美国国家科学院。没有直接的政府财政拨款，其主要经费来源于政府、私人机构和学术组织的委托项目研究。

此外，美国很多大公司都成立了自己的基金会，如福特基金会、卡内基基金会等；商务部、国防部、能源部、环保局等政府部门还推出很多研究计划，这些计划经费充足，只要研究人员有专长、有项目即可申请。充足的资金支持，为众多的科研人员提供了良好的工作岗位，保障了更多人才价值的实现。

三　日本

日本岛国国土资源缺乏，面积狭小，人口老龄化严重。针对日益严重的国际人才争夺战，日本积极应对，出台了大量的人才引进政策来应对国内的严峻形势。积极的人才政策为日本营造了良好的人才环境，吸引了周边很多科技人才，根据日本法务省统计，截至2017年12月末，日本国内共有8917人持有外国高级人才签证，其中67%为中国人。

（一）科技人才引进措施

从1952年占领期结束开始，日本政府制定了主要针对亚洲国家的吸引人才来日留学的政策。在战后发展过程中，日本出现许多无法解决的科学技术难题，为此日本政府于1960年建立了"外国人流动研究员事业"，引入大量外国先进研究者在日工作。

直到20世纪80年代以后，为吸引更多的外国优秀人才，日本社会开始真正有计划地进行研究交流工作。文部省于1983年召开"面向21世纪留学生政策恳谈会"，之后成立了"21世纪留学生政策委员会"，它是专门为留学生提供政策咨询的机构。该委员会提出《关于21世纪留学生政策的建议》的报告，确立了在21世纪接受外国留学生大约10万人的计划，在人才吸引方面发挥了重大的作用。

从20世纪90年代中期开始，日本政府加强了对科学技术事业的支持和管理。1995年出台了将"科学技术创造立国"作为基本国策的"科学技术基本法"。之后，又在科学技术基本法的基础之上陆续制定出"科学技术基本计划"，目前已制定出四期计划，分别是1996—2000年的第一期、2001—2005 年的第二期、2006—2010 年的第三期，2011—2015 年的第四期、2016—2020 年是第五期。

1998 年正式推行"外国人特别研究员事业"，其前身是原先的对外国研究员奖励制度。该政策规定凡是与日本建交的国家，都欢迎他们的研究人才到日本，日本会负责他们赴日的旅费和生活费等。这一项目的实施极大地推动了日本研究事业的发展。近年来，发达国家为吸引海外优秀人才到本国参与研究事业，配备了高额资助和齐全的研究设备。日本也以此来吸引人才赴日工作，为赴日人才提供一条龙的帮忙和资助，提供充足的科研经费，提供宽松的政策环境和优越的科研环境。

2006 年日本政府在全国推广"外国人研究者接受促进事业"，经认定的研究人员可以将签证从 3 年延长到 5 年。据统计，2006 年，来日的年轻研究人员中，有 60% 的研究员是来自亚洲，欧洲和美洲的研究人员占 25% 和 15%。据统计，有 6000 余名中国研究人员在日本从事研究事业。[①]

2007 年日本政府出台落户政策。通过提高科研和社会居留环境，为国外人才提供工作地，为留学生提供招聘信息等方式促使人才在日定居。同年日本政府公布了《创新 25 战略》，提出日本今后发展的重要支撑正是"人才创新"，指出要推进日本的国际化就要完善政策和社会环境，引进高级人才。另外还提出"亚洲门户构想制图"，这项计划主要是对中、韩等亚洲国家留学生进行援助。这一构想包括"高度专业留学生育成项目"和"高度实践留学生育成项目"两个内容。前者主要是公费资助留学生学习研究方面，后者则是为有意留在日本的留学生开设，做一些文化、经营方面的培训。

2008 年 1 月，日本政府制定了"30 万留学生政策"。该次计划仍旧是以吸收亚洲地区留学生为主要方向，兼顾其他地区，接收范围也囊括众多的领域和不同的级别，对于本科生以及硕士、博士研究生的接收以不同的政策和措施来进行，对其发放的奖学金也分出级别，物质刺激留学生更努力的学习达到更高的水平。日本政府提出选出约 30 所"重点大学"来接受和培养留学生。这些重点大学被要求接收大约为总学生人数的 20%

---

① 乌云其其格、袁江洋：《日本科技人才政策的国际化转向》，《自然辩证法通讯》2009 年第 3 期，第 59—62 页。

数量的留学生，并且其在课程设置方面，所设置的课程中有三分之一为英语教学，在教师设置方面，留学生较多的专业相应要配备一定数量的外国教师。为留学生提供一站式服务，简化审查制度和程序，便利他们来日学习、生活及未来毕业留日就业或回国事宜。这一制度有些像我国的高校"211"计划和"985"计划，他们是选取一些高校进行重点的资金、基础设施以及师资的支持，培育出许多科技人才。2008年10月，日本又发布了《关于通过推进研究开发体系、强化研究开发能力、提高研究开发效率的法律》。

2009年7月，日本正式通过了《入国管理法》，具体实施是在一年之后开始执行。该法中指出要将来日的留学生与教师的居留资格做统一管理。学生升学或在普通教育机构学好语言后进入大学之时不必再重新进行居留申请，大大方便了来日学习的人们的学习和生活。

日本政府在2011年底针对有专业技术和知识的外国人，出台了"外国人高级人才积分制"的新政策。该制度对外国人根据学历、职历以及年收入等进行评分，如果达到一定以上标准，日本则认定其为"高级人才"。针对这些人将给予优惠待遇，其中包括放宽永住资格和配偶就业条件，父母永住申请等。对评定合格的外国人，日本政府将把原则上需在日居留10年以上的永住资格许可条件放宽为5年。其配偶则不再有工作时间上的限制，还可以允许其带父母和佣人到日本，从而为这些高级人才提供易于生活的环境。

2014年6月11日，日本国会通过《入管法改正案》，从2015年4月1日起，增设"高度专门职"在留资格，截至2015年末，共1508人取得该在留资格，其中中国人占64%，数量最多。而这次产业竞争力会议上放宽永久居住权的对象为拥有"高等专业职"在留资格的高端人才。

2017年，在由日本首相安倍晋三主持日本政府召开的产业竞争力会议上，提出了"达成名目GDP600兆元的成长计划（日本再兴战略草案）"，在这个草案中，提出了"世界最迅速的外国高等人才绿卡"计划，最早在秋季之前讨论出结果，2017年的通常国会上提出出入国管理法的修正法案，这个法案即《出入国管理法》（入管法）修正案已于2018年10月8日在参议院本会议上通过并成立。

2018年日本政府成立了一个跨部门小组，专门研究"专业技术领域外国人才"获取日本在留资格事宜,希望更多有一技之长的外国人以工作为目的赴日,解决日本面临的日益严重的劳动力不足问题。

除了制定系列政策措施吸引人才外,日本为了提升其基础科学研究在国际上的地位,还加强了与发达国家的强强合作。日本于2004年由学术振兴会实施了以建立和加强日本一流大学和研究机构与15个科学发达的西方国家在科学前沿领域的国际合作为目的的强强合作计划。该计划的目的是为了建立并加强日本与这些国家的研究网络以及支持并加强研究人员的短期合作,它有"战略研究网络"和"正合行动动议"两部分。它是为建立国内外合作研究网络奠定基础。日本为了更好地推进国际科技合作,还举办了许多学术交流会议。例如,为了建立顶级研究基地而开办的亚洲研究基地项目;以在其他国家建立研究基地为基础,共同讨论亚非地区一些重要课题为目的的亚非学术平台建设项目;以及为了构建共同合作研究的网络关系而实施的亚洲科学技术交流形成战略。知识在全球是共享的,因此,科学技术的交流也是无国界的,通过邀请外国学者来日参观或短期交流等方式,吸引了众多的科技人才赴日进行研究工作或赴日定居。

(二)科技人才发展措施

1. 重视高等教育基地建设

日本为了聚集大量顶级的人才,于20世纪末建立了国际化的高等教育基地。政府选择了一部分大学和研究机构为重点,在政策和人、财、物方面都给予了很大的支撑,使其成为"教育研究基地",这吸引了大批国内学子和国外研究人员,使其在研究方面有很大潜力。

在2001年设立了综合科学技术会议,综合审议科技计划、政策和人才资金等资源分配方针。2002年推出了"21世纪COE计划",该计划由学术振兴会组织实施,从2002年开始每年对部分博士科研项目进行资助,每个项目资助时间跨度为5年,每年资助1亿到5亿。它主要是为了提高日本大学的国际竞争力,建立一流的教育科研基地。2007年,日本政府又推出了"世界顶级研究基地形成促进计划",该计划仍旧是为了打造世界顶级水平的研究基地而构建实施的,继续对其进行长期而稳定的支持,为其创造优良的政策和软硬件环境,吸引世界各国出色的研究人员,建立多个世界顶级水平的教育研究基地。

2. 国际化的人才战略

为满足日本经济发展和国际科技合作对于国际化人才的需求，改善日本国内人才国际化步伐落后的局面，同时弥补日本国内人口结构的失调，日本政府连续出台了多个人才培养战略。一是"新成长战略"，于2010年6月公布。该战略从经济、科技、金融、旅游、就业和人才等方面指明日本到2020年发展路径的同时，将包括人才战略在内的六大战略作为日本今后发展的重点。二是"国际化人才培养推进委员会"和《国际化人才培养战略》，于2010年5月设置，委员包括内阁官房长官、国家战略担当大臣、外务大臣、文部科学大臣、厚生劳动大臣和经济产业大臣。三是"产学合作推进国际化人才培养委员会"及《产学合作培养国际化人才战略》报告。由文部科学省担任事务局的"产学合作推进国际化人才培养委员会"设置于2010年12月，其委员主要来自大学和企业。设置该委员会的目的在于通过强化产业界、大学和政府相关部门间的合作，推进国际化人才的培养。

另外，自2012年起，以文部科学省为主，日本中央政府各有关部门纷纷推出"全球化时代人才培养"的政策措施和具体实施项目。以实现以下几个目标：（1）未来10年，日本的18岁人口将维持在110万—120万人的规模。（2）到2020年前后使日本20岁左右的同龄人口中，具有海外留学一年以上经历的人数比率达到10%（约11万—12万人），其中高中阶段3万人，大学阶段8万人。

3. 实用型和复合型人才的培养

日本的国际化人才战略主要是以大学为载体，并通过大学的国际化战略来实现。日本在实现大学国际化的过程中，还加强与产业界的密切合作，培养和社会相接轨的实用型人才。另外，日本政府还通过产学合作的方式培养复合型人才。日本的产学合作始于20世纪90年代末的"政府诱导型"，如今已内生化，大学与产业界已高度认识到产学合作的不可逆趋势。日本以前称产学合作为"产学协同"和"产学交流"，制度化之后开始称"产学连携"。小田切宏之认为，"二战后，大学反省战时的产学军联合，抗拒产学合作，直到20世纪70年代后半叶到80年代，产学合作才开始被接受，逐渐开放"。20世纪80年代，日本产生了产学合作论，国立大学相继设置"共同研究中心"（具体名称各大学不完全相同），先进的私立大学进行了产学合作事业化试验等尝试。在文部科学省的政策和社会各界的呼声下，各研究生院积极开展与社会、产业界的合作，设置了产学连携中心，也有的大学在研究生院层面设立产学连携推进室。例如京都大学 2001 年设置了国际融合创造中心，作为该大学的"产学共同研究中心"。东京大学研究生院工学系研究科，于 2016 年 12 月设置了"社会连携·产学共创推进室"。该产学共创推进室配备了专职教授，在推进室讨论研究成果的推广和普及、策划各类产学合作和社会合作的活动、举办面向社会和市民的讲座、进行共同研究和委托研究。

（三）科技人才发展保障措施

1. 国家层面政策的放宽

2013 年 10 月，日本政府提出建设国家战略特区，定位于在指定区域内，通过实行较为宽松的政策，进一步吸引外资企业开展促进全球化创新业务。一是放宽城市建设方面限制。二是放宽外籍人才创业限制。三是放宽先进医疗健康限制。此外，为提升商务服务功能，由 JETRO（日本贸易振兴机构）设立东京商务服务中心，协助外资企业和创业公司办理在企业经营过程中所需的章程认证、注册、税务、年金及社会保险、入境管理等各种手续。JETRO 还设立了援助企业顺利开展业务的东京劳动雇佣咨询公司，帮助外国企业或新开业的企业切实理解日本的雇佣规则。

2. 完善的科技服务体系

日本具有独特的科技服务体系，机构管理主要采取经济和法律并行的手段，通过政府一系列的规范和准则，使科技服务机构走向规范化、标准化。科技服务机构主要可以分为政府认定的事业法人机构、民间机构、外资系统和银行系统的大型咨询机构、科学城和技术城等高新技术园区、技术交易市场等。

日本政府不但会为促进企业科技创新制定宏观战略规划，鼓励其积极引进国外先进技术，以推进本国科技服务业发展，而且政府在必要时也会跨越组织协调职能，直接参与企业的科技创新过程，建构起"政府—企业"的技术创新体系。

第二节 世界发达国家科技人才引进发展经验借鉴

通过对德国、美国、日本等科技人才引进与培养政策完善的国家的梳理，对比山东省人才政策现行阶段，共总结了三个方面的经验，以期为现行的科技人才政策和科技人才发展提供理论借鉴和可行性基础。

一 科技人才引进

（一）明确科技人才引进的战略定位

引进科技人才的首要任务就是明确战略定位，以上几个发达国家的人才引进政策随着不同的发展时期而不断变化，总结起来主要有两个方面。

1. 建立全球化视野。当今是全球化的时代，随着信息、科技的飞速发展，世界的距离正逐渐缩小，科技人才全球范围的流动更加方便和快捷。对科技人才的引进不应该还局限在国内层面，而应该建立全球化视野，面向全球的科技人才。

2. 针对性的科技人才引进。德国、美国等在引进全球人才时制定了大量的移民政策，并且随着人才引进工作的进展不断修改，在人才引进中掌握主动权。无论一个企业还是一个地区在引进科技人才时都需基于自身的需求，明确目标定位，针对性地引进科技人才，而不是追赶"人才大战"的潮流笼统的引进。只有对各类科技人才进行严格区分，基于对自身发展程度和阶段所需的科技人才的明确定位，才能有针对性地引进所需的科技人才，才能最大限度地保证人才效能。

（二）丰富科技人才引进的措施

1. 完善引进政策

德国、美国等在引进全球人才时制定了大量的移民政策，并且随着人才引进工作的进展不断修改，较为常用的方式有移民法、绿卡计划和技术移民，由于在政策制定时完全基于本国的发展，在人才引进中掌握了主动权。首先，在引进科技人才前需完善相关立法，实现法律先行，为科技人才的全球范围引进保驾护航。其次，制定明确的科技人才引进政策，保证引进的科技人才都是地区发展所急需的，实现科技人才队伍的精准化发展。最后，完善科技人才政策的配套政策。仅仅有精准的科技人才引进政策只能短时间内吸引人才，无法长久的留住人才，只有制定完善的科技人才配套政策和保障政策才能降低科技人才的流失率，避免科技人才的"引进—流失—引进"的循环。

2. 激励措施多元化

完善的科技人才激励措施不仅可以增加对科技人才的吸引力，还可以激发科技人才的活力，德国、美国、日本等在科技人才政策的制定和实施过程中均提供了大量的激励措施，通过总结主要有两个方面：第一个方面是资金激励。通过高额的收入吸引所需科技人才，高额的收入在保障科技人才生活条件的同时，也是衡量科技人才贡献能力的一个指标，为了实现生活需要和心理上的成就感，高额的资金奖励无疑是一个较为可行的方式。甚至有些企业在引进科技人才时还会出让一部分股份，以进一步实现科技人才的认同感和归属感。第二个方面是基金援助。设立科技基金和奖金也是可行的途径，通过科技人才之间的竞争更能保证创新活力，通过交流与互动可进一步提升科技水平。

3. 完善海外留学生政策

我国每年都会有大量的留学生到海外留学，造成了大量人才流失，近年来我国逐渐意识到这一局面，纷纷出台了大量吸引海外留学生归国创业就业的优惠政策，但取得的成效仍旧有限。在制定有关政策时需充分考虑到海外留学生的心理以及真实需求：一是国内条件不如西方发达国家，在制定人才引进政策时需充分比较国内外发展条件，完善有关政策。二是国内的大环境与西方存在差距，因此要优化科技环境，增强对海外留学生的吸引力。三是国内的再教育水平相对落后，海外留学生出国留学的主要目的是学习先进技术与知识，因此要提升科技教育水平。另外，随着我国的崛起，在国际上的话语权和影响力正逐渐增强，对海外科技人才已经产生了极大的吸引力，在吸引海外留学生回流的同时，还应促进外国留学生来华留学的趋势。通过制定与完善留学生签证、实习奖学金计划、实习计划、留华就业等系列措施，增加科技人才的全球化储备。

二 重视科技人才教育

美国是世界上教育最为发达的国家，具有世界一流的高等教育，据统计，美国的经济实力有一半来自于其教育制度，美国无疑是一个重视科技人才培养的国家，每年在教育上的投入也是巨大的，在科技人才的教育方面，不仅仅是美国，德国、日本等先进国家也具有许多值得学习的地方。

（一）科技人才培养定位

科技人才的教育培养主要有两个方面：一是建立全球化视野。在全球化竞争加速的时代，科技人才的总量与质量关系到国家的整体实力。对科技人才的培养不应仅仅局限在某一方面，应该站在全球化的角度，站在科技发展前沿，培养世界前列的科技人才。二是对不同类型科技人才的培养。由于科技领域具有很多的分类，科技人才也有很多类型的划分，在制定科技人才培养方案时应该具有针对性，不同类型的科技人才采取不同的培养模式。不仅要培养目前急需的科技人才类型，还应战略性的抢先培养未来发展所需的科技人才，走在世界前列，才能在未来的全球科技竞争中占据有利地位。

（二）科技人才教育投入

以上发达国家每年的财政税收有相当大的一部分都投入到了教育上，十年育树百年育人，科技人才的教育培养是一个长期的过程，在本就落后于西方发达国家的前提下，只有更大力度的教育投入才有机会赶超发达国家的科技人才的教育。另外美国等国家存在大量私立学校，且较多都是企业家捐建的，并且该校的优秀毕业生也会以捐款的形式回报母校，汇集起来的捐款基金不仅成立了各项奖学金激励着学生的学习动力，还资助了大量的科研和学术活动，为人才的培养贡献了巨大的力量，而学校培育出的优秀人才又以捐款的形式资助母校的发展，由此实现一个良性循环，人才培养的源动力生生不息。

（三）后备人才培养

科技人才的后备人才储备是未来科技发展的保障，加强后备人才的教育影响着未来的科技人才总量和质量。首先，加强基础教育。我国目前已实行义务教育，充分体现了对基础教育的重视，但是受到应试教育的影响，在基础教育中科技教育较少涉及，因此应加强基础教育中的科技兴趣培养，为科技人才的培养打下基础。其次，加强主体之间的合作。目前比较常用的方式是产学研协同合作的模式，在美国有许多企业、科技园区依附于高校建立的现象。企业以盈利为目的，走在社会发展的前列，在这种模式中，企业对科技人才的需求影响了高校的人才培养，而高校培养出的科技人才可以直接输送到企业之中。另外，一些非营利科研协会也会为科技人才的科研活动提供援助。最后，完善留学生教育。随着我国综合国力的不断提升，目前来华留学的留学生数量正逐年增长，但大部分都学成归国，应该积极创造条件，留住国外留学生中具有科技知识和技能的人才。

三 完善科技人才发展保障

完善的人才保障是留住科技人才的重要基础，科技人才的引进不是根本目的，留住科技人才并创造科技产出和价值才是根本目的。

（一）提供完善的科技服务

科技人才在择业就业时除了会结合自身兴趣、现有平台和发展前景外，还会考虑到相关的配套条件，其中最主要的就是科技服务，科技服务机构主要以提供技术咨询和技术转移为目的，实现科技的市场化。首先，科技服务要保证规范化和标准化，既方便管理又方便提供服务与支持。其次，实现科技服务的市场化，既可以提升科技转化率，又可以创造社会价值，实现科技人才的价值。再次，打造全链条的科技服务体系，实现精细化管理。完善的科技服务产业链有助于科技资源的流通，精细化的管理可以减少科技资源的浪费。最后，将科技服务的常规化服务外延扩大。常规的科技服务模式就是提供科技转化和相关的咨询工作，但美国的科技服务机构还提供诸如心理素质测试、职业技能培训等附加服务。充分产业化、规模化的科技服务体系对科技人才的引进与留用具有重要的作用。

（二）提供充足的经费保障

以上梳理的几个发达国家在科研经费保障方面制定了许多优惠政策，并提供了大量的资金支持，充足的科研经费为科技人才的发展提供了强有力的保障。首先，设立严格的人才计划，通过严密的筛选，甄选出拔尖的科技人才，为这类具有领军水平的科技人才提供研究资金和条件支持，助力科技成果的产出，还可以通过人才计划激发科技人才的竞争活力。其次，成立研究计划，针对急需项目和领域成立研究计划，统筹相关的科技人才，提供资金支持，共同攻关科技难题，提高科技产出效率。最后，设立基金会，无论是美国还是德国，为了给科技人才的科研活动提供支持，均设立了大量的基金会，如福特基金会、卡内基基金会等，有些基金会的资金来源于政府，也有很大一部分来自企业。充足的资金支持，可以为众多的科研人员提供良好的工作岗位，也保障了更多人才价值的实现。

结　　论

　　本书首先对科技人才的概念、特点和分类以及科技人才引进、发展的概念、模式、影响因素和理论概述进行界定，通过比较鲁苏浙粤沪、青深杭沪以及京津冀鲁三个方面的科技人才工作，从科技人才的职业发展因素、生活环境因素、政策环境因素三个方面进行了对比分析，结合科技人才引进发展的现状分析，找出山东省存在的诸多问题，借鉴其他四个省市在科技人才引进工作中的成功经验，最终提出科技人才引进工作中以"四个千"顶尖人才引进工程为契机，增强高层次领军科技人才输血能力；以"五平台"人才培养为依托，增强山东省高层次领军科技人才造血能力；以"四全面"完善人才公共服务创新，打造国际领先的顶尖人才发展环境；以"两创新"为改革动力，提升顶尖人才收益；以"十个度"为保障，提高政策执行力度，希望能够对青岛市科技人才引进工作提供参考和借鉴。

　　总而言之，科技人才引进发展工作是一项系统而复杂的工程，由于作者本身研究水平有限，本书还有许多不足之处，比如没有深入探究山东省在新旧动能转化背景下的高层次领军科技人才需求，对于高层次领军科技人才引进对策也只是做了一个初步探讨，对策的可行性和可操作性还有待于实践的检验与升华。

参考文献

习近平：《习近平谈治国理政》，外文出版社2014年版。

习近平：《在庆祝中国共产党成立95周年大会上的讲话》，人民出版社2016年版。

王通讯：《人才学通论》，天津人民出版社1985年版。

薛永武：《人才开发学》，中国社会科学出版社2008年版。

陈振汉、厉以宁编：《工业区位理论》，人民出版社1982年版。

叶忠海、陈子良、缪克成、杨永清编：《人才学概论》，湖南人民出版社1983年版。

《聚天下英才而用之——学习习近平关于人才工作重要论述的体会》，中国社会科学出版社、党建读物出版社2019年版。

《论语·子罕》。

《论语·微子》。

《论语·八佾》。

《论语·述而》。

《论语·子路》。

《论语·卫灵公》。

《论语·宪问》。

《论语·卫灵公》。

《论语·公冶长》。

《史记·仲尼弟子列传》。

《论语·雍也》。

《论语·里仁》。

《论语·尧曰》。

《论语·为政》。

《论语·季氏》。

王安石：《上仁宗皇帝言事书》。

王安石：《兴贤》。

吴帅：《我国引进海外人才政策创新研究》，党建读物出版社2015年版。

《党的十九大报告辅导读本》，人民出版社2017年版。

中共中央文献研究室编：《习近平关于科技创新论述摘编》，中央文献出版社2016年版。

《十八大以来重要文献选编》（上、下），中央文献出版社2014年版。

习近平：《在中国科学院考察工作时的讲话》，2013年7月17日。

习近平：《在中央财经领导小组第七次会议上的讲话》，2014年8月18日。

习近平：《在网络安全和信息化工作座谈会的讲话》，2016年4月19日。

习近平：《在广东考察工作时的讲话》，2012年12月7日。

习近平：《在参加十二届全国人大三次会议上海代表团审议时的讲话》，2015年3月5日。

习近平：《广开进贤之路　聚天下英才而用之》，《新华日报》2017年3月14日，第1版。

《在全国组织工作会议上的讲话》，《十八大以来重要文献选编》（上），中央文献出版社2014年版。

《在中国科学院第十七次院士大会、中国工程院第十二次院士大会上的讲话》（2014年6月9日），人民出版社单行本。

中共中央：《关于深化人才发展体制机制改革的意见》，2016年3月。

国家科技部：《"十三五"国家科技人才发展规划》。

中共山东省委组织部办公室：《引进顶尖人才"一事一议"实施办法》，2017年1月4日。

[美]西奥多·W.舒尔茨：《论人力资本投资》，北京经济学院出版社1990年版。

[美]彼得·德鲁克：《管理的实践》，机械工业出版社2009年版。

中文期刊：

人民论坛编辑部：《习近平总书记关于人才工作的重要论述》，《人民论坛》2017 年第 5 期。

郭强、张林祥：《科技人才科学管理研究》，《软科学》2005 年第 2 期。

苗绿、王辉耀、郑金连：《科技人才政策助推世界科技强国建设——以国际科技人才引进政策突破为例》，《中国科学院院刊》2017 年第 5 期。

高显扬、周尊艳：《我国高层次科技人才引进政策研究》，《合作经济与科技》2019 年第 1 期。

娄伟：《我国高层次科技人才激励政策分析》，《中国科技论坛》2004 年第 6 期。

叶忠海：《高层次科技人才的特征和开发》，《中国人才》2005 年第 17 期。

贺德方：《基于知识网络的科技人才动态评价模式研究》，《中国软科学》2005 年第 6 期。

盛楠、孟凡祥、姜滨、李维桢：《创新驱动战略下科技人才评价体系建设研究》，《科研管理》2016 年第 37 期。

郑文力：《论势差效应与科技人才流动机制》，《科学学与科学技术管理》2005 年第 2 期。

王广民、林泽炎：《创新型科技人才的典型特质及培育政策建议——基于 84 名创新型科技人才的实证分析》，《科技进步与对策》2008 年第 7 期。

易经章、胡振华：《科技人才测评指标研究》，《湖南工程学院学报》（社会科学版）2003 年第 1 期。

刘亚静、潘云涛、赵筱媛：《高层次科技人才多元评价指标体系构建研究》，《科技管理研究》2017 年第 24 期。

牛冲槐、张永胜：《科技型人才聚集环境及聚集效应分析——市场环境对科技型人才聚集效应的影响分析》，《太原理工大学学报》（社会科学版）2009 年第 1 期。

周扬：《论人才集聚》，《人才开发》2011 年第 10 期。

李灵稚、顾婷：《江苏省高端人才流动原因及对策分析——以高技术产业为例》，《经济与社会发展》2013 年第 3 期。

朱杏珍：《人才集聚的动力因素分析——以浙江省为例》，《社会科学战线》2010 年第 1 期。

顾承卫：《新时期我国地方引进海外科技人才政策分析》，《科研管理》2015 年第 S1 期。

法维纳：《国内外人才项目现状分析及若干思考》，《人才资源开发》2016 年第 14 期。

杨冬生：《凝聚科技工作者力量 服务高质量发展实践》，《科协论坛》2018 年第 7 期。

梁玮：《优化环境加大高层次科技人才引进和成长研究》，《科技创新与应用》2018 年第 36 期。

涂晓群、朱毅：《科技人才引进和培养路径探究》，《科技广场》2015 年第 4 期。

陈建武、张向前：《我国"十三五"期间科技人才创新驱动保障机制研究》，《科技进步与对策》2015 年第 10 期。

罗剑钊：《国外人才政策对我国优化科技人才战略的启示》，《科技创新发展战略研究》2017 年第 2 期。

付革、王静：《科技人才高效流动引领京津冀协同创新》，《理论建设》2017 年第 3 期。

涂晓群、朱毅：《科技人才引进和培养路径探究》，《科技广场》2015 年第 4 期。

陈丹红：《科技人才激励机制的宏观构建与微观实施》，《企业经济》2006 年第 10 期。

王小琴：《高科技企业科技人才评价与激励》，《科研管理》2007 年 S1 期。

陈媛媛：《首都科技人才梯队现状、问题与对策研究》，《全国流通经济》2019 年第 4 期。

王鲁捷、侯健：《科技人才绩效评估指标体系探讨》，《中国人力资源开发》2005 年第 1 期。

赵伟、林芬芬、彭洁、包献华，屈宝强，白晨：《创新型科技人才评价理论模型的构建》,《科技管理研究》2012 年第 24 期。

刘亚静、潘云涛、赵筱媛:《高层次科技人才多元评价指标体系构建研究》,《科技管理研究》2017 年第 24 期。

贾明媚、张兰霞、付竞瑶、张靓婷:《基于竞优评析的高层次科技人才评价》,《科技进步与对策》2017 年第 16 期。

肖志鹏:《美国科技人才流动政策的演变及其启示》,《科技管理研究》2004 年第 2 期。

顾玲琍、王建平、杨小玲:《科技人才政策实施效果评估指标体系构建及其应用研究》,《中国人力资源开发》2019 年第 4 期。

黄津孚:《人才是高素质的人——关于人才的概念》,《中国人才》2001 年第 11 期。

罗洪铁:《再论人才定义的实质问题》,《中国人才》2002 年第 3 期。

宋成一、王进华、赵永乐:《领军人才的成长特点、规律与途径——以江苏为例》,《科技与经济》2011 年第 6 期。

赵华、要修富:《习近平科技创新人才思想研究》,《新西部》,2018 年 7 月中旬刊。

胡平:《我国古代人才选拔评价方法的研究》,《中国考试》2012 年第 3 期。

章华伟、白雪莲:《我国创新科技人才培养模式及其政策分析》,《中国现代教育装备》2017 年第 275 期。

林金辉:《中外合作办学的规模、质量、效益及其相互关系》,《教育研究》2016 年第 7 期。

张妍:《在重大科技项目实施中加强创新人才的培养》,《中国科技信息》2007 年第 6 期。

蔡亮:《产学研联合培养研究生模式及其运行机制的思考》,《现代职业教育》2018 年第 2 期。

丁学君、田勇:《研究生产学研联合培养模式研究》,《高教论坛》2016 年第 6 期。

李燕萍、刘金璐:《改革开放以来我国科技人才队伍建设的实践与展望》,《中国人力资源开发》2018 年第 11 期。

潘娜娜:《改革开放以来中国共产党知识分子政策的演进及其基本经

验》，《中国石油大学学报》（社会科学版）2018年第6期。

杨得前、姜群：《长江学者特聘教授成长路径研究》，《高教探索》2018年第5期。

杨卫：《杰青基金20年打造基础研究梦之队》，《中国科技奖励》2014年第10期。

《苏州："状元主产地"》，《国学》2009年第9期。

蒋晓光、李理：《经济发展水平对人才聚集的影响分析》，《当代经济》2014年第23期。

鞠伟、周小虎：《新时代中国科技人才政策的变迁与展望》，《中国人事科学》2018年第11期。

牛衍、周建中：《基于CV分析方法对中国高层次科技人才的特征研究——以"百人计划"、"长江学者"和"杰出青年"为例》，《北京科技大学学报》（社会科学版）2012年第2期。

廉思：《中国青年发展报告（2014）》，《经济学动态》2014年第6期。

李燕萍、刘金璐、洪江鹏、李淑雯：《我国改革开放40年来科技人才政策演变、趋势与展望——基于共词分析法》，《科技进步与对策》2019年第3期。

黄红、杨宁、潘地震：《加大海外高层次人才引进力度》，《党政论坛》2018年第4期。

郑代良、章小东：《中美两国高层次人才政策的比较研究》，《政策分析》2015年第21期。

鲁才轩：《盘点2017年：山东人才发展全面驶入快车道》，《党员干部之友》2018年第2期。

朱婧、周振江、胡品平：《广东省新三板企业发展情况及对策建议》，《广东科技》2017年第9期。

张宏：《京津冀协同发展背景下的河北引用北京人才策略》，《产业与科技论坛》2014年第2期。

王凯、周密：《日本首都圈协同发展及对京津冀都市圈发展的启示》，《现代日本经济》2005年第15期。

董微微、李贺南、宋微：《中日韩首都圈发展模式比较与启示》，《经济论坛》2015 年第 3 期。

温金海：《珠三角人才开发一体化如何突破难点》，《中国人才》2011 年第 1 期。

肖鸣政：《当前区域人才开发合作的成果、问题与对策》，《中国人才》2009 年第 8 期。

王金花：《德国高层次科技人才开发政策和措施》，《全球科技经济瞭望》2018 年第 33 期。

宋克勤：《国外科技创新人才环境研究》，《经济与管理研究》2006 年第 1 期。

周桂荣、刘宁：《吸引人才资源回流的经济与科技因素》，《现代财经》2006 年第 2 期。

张榍榍：《我国海外人才流失的动因分析》，《工业技术经济》2009 年第 3 期。

周建华：《发达国家吸引海外高层次人才的主要做法》，《中国人才》2011 年第 21 期。

蔡永莲：《实施优秀人才集聚战略》，《教育发展研究》1999 年第 1 期。

阎光才：《海外高层次学术人才引进的方略与对策》，《复旦教育论坛》2011 年第 9 期。

宋丰景：《努力打造创新创业人才成长发展的良好环境——中关村人才特区建设的实践与思考》，《第一资源》2012 年第 4 期。

王金华：《德国高层次科技人才开发政策和措施》，《全球科技瞭望》2018 年第 7 期。

杜谦、宋卫国：《科技人才定义及相关统计问题》，《中国科技论坛》2004 年第 5 期。

董克用：《建设适应海外人才发展需要的基本公共服务体系》，《第一资源》2012 年 6 期。

叶龙、王蕊、唐伟：《以"思"为生：技能的本质与新时代工匠精神的重构》，清华大学学报（哲学社会科学版）2019 年第 34 期。

姚明霞、宗仁德：《国科技人才战略对中国高校教育的几点启示》，《中国农业教育》2019 年第 4 期。

盛景：《德国如何吸引和培育优秀科技人才》，《华东科技》2008年第4期。

方阳春、黄太钢、薛希鹏、李帮彬：《国际创新型企业科技人才系统培养经验借鉴——基于美国、德国、韩国的研究》，《科研管理》2013年S1期。

武勤、朱光明：《日本科技人才战略及其对中国的启示》，《中国科技论坛》2008年第1期。

陈娜、张向前：《美国适应创新驱动的科技人才发展机制对中国的启示》，《科技与经济》2015年第6期。

曹欢、郭朝晖：《美国引进高层次创新型科技人才的政策及启示》，《湖北教育（领导科学论坛）》2011年第4期。

董娟：《日本科技人才培养政策与企业实践》，《中国人力资源开发》2008年第9期。

马名杰：《新时期创新型人才培养与发展制度建设》，《中共经济时报》2019年3月21日，第4版。

毛黎：《美国人才引进政策造就其高技术领域优势》，《科技日报》2009年1月15日。

刘庆传：《权力抢抓人才"回流潮"》，《新华日报》2017年11月20日，第1版。

《深圳专利密度居全国城市第一》，《南方日报》2016年5月21日，第4版。

谷业凯：《年龄莫成"分水岭"》，《人民日报》2018年02月12日，第20版。

《总量全国第一！广东新三板挂牌企业累计近2000家》，《21世纪经济报道》2018年6月22日，第3版。

《2016年广东财政收入1.04万亿 首次破万亿稳居第一》，《21世纪经济报道》2017年2月20日，第4版。

《青岛砸1亿争夺院士，科技奖背后是城市竞争》，《齐鲁晚报》2017年5月26日，第3版。

李佳：《德国、日本人才资源政策引入对我国的启示》，硕士学位论文，山西师范大学，2013年。

伊博：《完善辽宁省科技人才支撑体系的对策研究》，硕士学位论文，东北大学，2013 年。

王顺：《中国城市人才环境综合评价研究》，硕士学位论文，中国农业大学，2005 年。

曾颖：《我国城市人才环境综合评价研究——以北京市为例》，硕士学位论文，首都经济贸易大学，2008 年。

陈晶晶：《促进山东半岛蓝色经济区海洋人才集聚的对策研究》，硕士学位论文，中国石油大学，2015 年。

沈荣华、李小平、李春森：《上海科技领军人才开发（实证）研究》，2004 年。

科技领军人才的选拔培养状况调查课题组：《科技领军人才的选拔培养状况调查报告》，中国科学技术出版社 2013 年第 1 版。

中关村科技园区管理委员会：《中关村国家自主创新示范区人才特区发展报告（2015）》，北京出版社 2016 年版。

电子文献：

《党的十八大以来习近平总书记关于人才工作的系列重要讲话精神》，人民网（http：//news.cntv.cn/special/2014rcgz/xjp/）。

张建国：《引进用好外国人才》，《学习时报》，2018 年 1 月 31 日（http：//theory.people.com.cn/n1/2018/0131/c40531-29796915.html）。

倪邦文：《知识分子要在奋斗中砥砺爱国之情担当之志》，2018 年 10 月 12 日，《光明日报》（http：//theory.people.com.cn/n1/2018/1012/c40531-30336476.html）。

沈荣华：《习近平人才观的核心：聚天下英才而用之》，2017 年 06 月 29 日，人民网（http：//theory.people.com.cn/n1/2017/0629/c40531-29370538.html）。

《2018 年毕业生就业：山东会成为全国城市抢人大战中最大输家？》，2018 年 07 月 10 日，新浪网（http：//k.sina.com.cn/article_6449284007_1806843a700100b5cp.html）。

孙国茂：《山东上市公司经营绩效研究——基于与粤、苏、浙三省上市公司 2015 年报的比较》，2016 年 6 月 21 日，齐鲁财富网（http：//

www.qlmoney.com/content/20160621-191914.html）。

纽约商务新闻社采访组：《杭州——以一流环境吸引一流人才以一流人才建设一流城市》，新浪博客（http://blog.sina.com.cn/s/blog_4b676f940102x8wd.html）。

《2018年中国科技论文统计结果发布：我国国际高被引论文数量保持世界第三》，新浪网（http://k.sina.com.cn/article_2011075080_77de920802000df24.html）。

沈慧：《〈中国区域创新能力评价报告2017〉发布：粤苏京居前三》，《经济日报》2017年11月25日，（http://district.ce.cn/zg/201711/25/t20171125_26995536.shtml）。

《深度解读：浙江"最多跑一次"改革的"前世今生"》，2018年6月22日，搜狐网（http://www.sohu.com/a/236930340_448551）。

《浙江省人才服务平台正式上线运行 推进人才服务的数字化转型》，2019年5月16日，中国网（http://zjnews.china.com.cn/yuanchuan/2019-05-16/174642.html）。

《2018亚太知识竞争力指数发布，港沪京粤台排名前十》，2018年10月29日，新浪网（http://sh.sina.com.cn/news/k/2018-10-29/detail-ihnaivxq1260128.shtml）。

吴少龙、王君晖：《新旧动能转换：山东的困局与破局》，2018年4月13日，腾讯网（https://finance.qq.com/a/20180413/002173.htm）。

《中国区域科技创新评价报告2018：上海北京天津位列前三》，2018年10月29日，中国科技网（http://www.stdaily.com/zhuanti01/2018pujiang/2018-10/29/content_725043.shtml）。

《数说2016中关村全力打造人才管理改革试验区》，2017年1月22日，创新创业中关村网（http://mp.weixin.qq.com/s/u_oJDRW0-mht-Pb-SKiENLA）。

赵兵：《2016年中国留学回国人数265.11万人 大规模海归潮形成》，2017年04月12日，《人民日报海峡都市报电子版》（http://www.mnw.cn/）。

《中国"出产"两院院士最多的城市竟然不是北京上海》，2019年5月5日，每日经济新闻网（https://news.china.com/domestic/945/

20190505/35826032_2.html)。

《历年当选的两院院士,来自哪些学科的多?》(http://www.sohu.com/a/280907529_232611)。

《中央人才工作协调小组关于实施海外高层次人才引进计划的意见》,2008年12月23日,中国人才网。(http://cpc.people.com.cn/GB/244800/244856/18246001.html)。

《青年海外高层次人才引进工作细则》,2010年11月04日,南京大学网(https://hr.nju.edu.cn/5f/af/c6679a155567/page.htm)。

百度百科:两院院士,(https://baike.baidu.com/item/%E4%B8%A4%E9%99%A2%E9%99%A2%E5%A3%AB)。

林健健:《人才发展要避免"马太效应"》,共产党员网(http://www.12371.cn/)。

中共中央文献研究室:《习近平关于科技创新论述摘编》(http://theory.people.com.cn/GB/68294/402884/index.html)。

百度词条:国家杰出青年科学基金

(https://baike.baidu.com/item/%E5%9B%BD%E5%AE%B6%E6%9D%B0%E5%87%BA%E9%9D%92%E5%B9%B4%E7%A7%91%E5%AD%A6%E5%9F%BA%E9%87%91/5838391?fr=aladdin)。

《2010年我国R&D人员发展状况分析》,2012年5月22日,中国科技统计网(http://shsts.stcsm.gov.cn/home/news.aspx?FunId=18&InfoId=520&ModuleID=5)。

《2018年中国研发投入19657亿 同比增长11.6%》,中商情报网

(https://baijiahao.baidu.com/s?id=1626804741340954031&wfr=spider&for=pc)。

中华人民共和国教育部:《2018年度我国出国留学人员情况统计》,教育部网(http://www.moe.gov.cn/jyb_xwfb/gzdt_gzdt/s5987/201903/t20190327_375704.html)。

后　记

　　春种一粒粟，秋收万颗子。本书是在总结归纳山东省软科学重点课题"高层次领军科技人才引进与培养的省际比较研究"（2017RZE28004）、山东社科规划专项课题"山东省推动高质量招才引智工作策略研究及对策建议"（19CRCJ04）、山东社科规划人才专项课题"山东融入京津冀一体化战略人才协同发展研究"（15CRCJ05）、青岛市双百调研课题"青岛市人才集聚研究"（2017-B-34）的课题基础上，对其的升华和提炼。这些年在众多师长同仁的指导和帮助下，对人才学这一领域进行了初始的探索，经历了初学期间千头万绪思路纷乱甚至研究无法推进带来的痛苦，也有实现某种突破获得的欣喜和成就感，而就是在这种欣喜和成就感之中，我愈加感受到了人才学研究的魅力，如陈年佳酿，日久弥香。作为一个懵懂的初学者，我知道自己的未来还需要进步和提升的地方有很多，但我不怕路途遥远。但行好事，莫问前程。

　　善之本在教，教之本在师。在我确定该选题及写作过程中，凝聚了很多师长指导的心血，在这里，我首先要感谢我的导师纪光欣教授，是他把我引领到这个研究领域，在学习研究中，他广博的知识、深邃的思想、开阔的视野使我受益终身，本书稿的完成也是得益于纪老师从整体架构到语言表述逐一用心的指导和匡正；生活工作中，他高尚的人格、善良的品质、严谨的作风，给予我温暖的慰藉和信念的支持，在此感谢纪光欣老师十九年来如一日亦师亦友的关心与支持。再次，感谢山东高等教育人才研究会及其工作人员的大力信任和支持，感谢齐秀生会长对人才研究会的魄力领导和用心组织，正是在齐教授不遗余力的努力下，才给大家创造了这宝贵的出版机会，在整个写作过程中，齐教授也给予我极大的鼓励和信任；感谢薛永武教授以他深厚的人才学的研究积淀对书的架构和内容的斧正；感谢人才学老前辈郑其绪教授谆谆的指导和诚挚的鼓励；感谢司江伟教授，他也是我人才学研究的引路者和指导者。从这些众多的人才学研究的资深专家教授身上，我深深感受到人才学研究的魅力和乐趣，正是因为前辈们多年的附身躬耕，潜心研究，更不忘鼓励和引领年轻人，才有今天人才学理论界繁花盛开，新苗不断，生生不息，蒸蒸日上。

悦亲人之情话，乐稚儿以消忧。前进的道路上从来都不会感觉孤单。在我努力构思本书的许多个夜晚，忙于整理素材的每个白天，以及在电脑前长时间写作时，我的两个妈妈（赵海仙女士和陈翠荣女士）、我的先生和我的女儿们都给了我无条件的支持、鼓励和陪伴。赵女士含辛茹苦养大包括我在内的七个孩子，教育我成人，没有她就没有今天为人师为人母的我；陈女士作为我的婆婆，一直视我为亲生女儿，十几年如一日任劳任怨地照顾我和家人的饮食起居而无怨无悔，我的先生和女儿给了我一个温暖幸福的家，他们是我前进的动力和源泉，是他们的爱与支持使我的努力成为可能，使我付出的一切万分值得。木欣欣以向荣，泉涓涓而始流。当我苦思不得其解，彷徨不得其知时，金钗之年的大女儿会给我加油鼓劲，牙牙学语的小女儿会给我唱歌排忧，正是因为她们的陪伴，才激励我走下去，遇见所有的美好。谨以此书献给他们。

众人拾柴火焰高。书稿的完成还要得益于人才研究会王金凤女士耐心仔细的幕后服务工作，也有我的研究生吴立宗和丁欣同学对我书稿的认真校对和资料的辛勤整理工作，本书的出版得到了中国社会科学出版社的支持，特别是安芳女士付出了艰辛的劳动，用她严谨的工作态度、认真的工作作风，为了我书稿的问世字斟句酌、审读校对，在即将出版的时刻，在此对他们表达一致的感谢！

赵霞

2020 年 5 月 20 日